简单易行 行之有效

床头椅上，随时随地解决健康问题

5000年来，东西方动养生的精华总结

医学博士谈健康

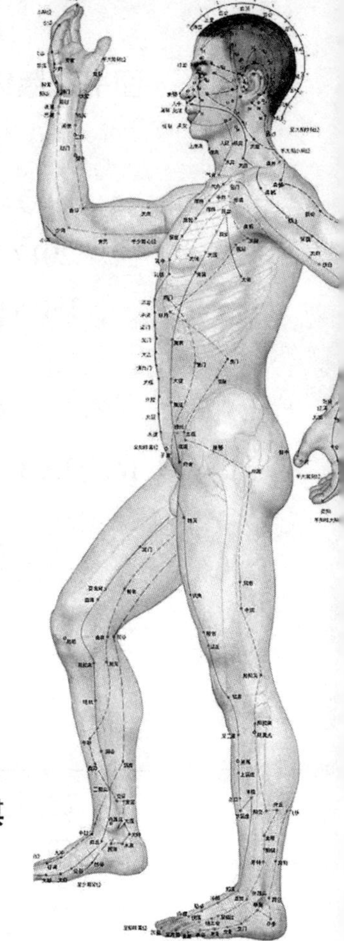

动一动　保健康

编著／王涛　高玉琪

图书在版编目(CIP)数据

动一动，保健康/王涛,高玉琪编著. -- 北京 :中国人口出版社，2017.7

ISBN 978-7-5101-5232-0

Ⅰ.①动… Ⅱ.①王… ②高… Ⅲ.①健身运动－基本知识 Ⅳ.①G883

中国版本图书馆CIP数据核字(2017)第190104号

动一动，保健康

王涛　高玉琪 /编著

出版发行　中国人口出版社
印　　刷　唐山市铭诚印刷有限公司
开　　本　710毫米×1000毫米　1/16
印　　张　14
字　　数　224千字
版　　次　2017年7月第1版
印　　次　2021年12月第1次印刷
书　　号　ISBN 978-7-5101-5232-0
定　　价　35.00元

社　　长　邱立
网　　址　www.rkcbs.net
电子邮箱　rkcbs@126.com
总编室电话　（010）83519392
发行部电话　（010）83534662
传　　真　（010）83519401
地　　址　北京市西城区广安门南街80号中加大厦
邮　　编　100054

编辑推荐

您每天都在为工作繁忙没功夫健身而烦恼吗？

您正在为日渐显现的轮胎腰及啤酒肚而犯愁吗？

您总是在为没有毅力坚持健身计划而懊恼吗？

您在为您的居室太小没地方锻炼而烦恼吗？

您在为亚健康而烦恼吗？

《动一动，保健康》为您解烦忧。

本书的理念：随时随地做运动，时时处处保健康。

《动一动，保健康》是医学博士谈健康系列图书中的一本，已由中国人口出版社正式出版发行，最适合在办公室工作的上班一族阅读使用，同样，没有户外运动习惯的人，甚至腿脚不便的人都可找到适合自己的动作，可以说，只要一个人还能动，他就能从本书中找到自助健身的方法。本书凭借医学博士掌握的深厚专业知识为您讲解日常健身的先进理念，其中设计了很多科学实用的健身小动作，能在办公室、公交车站、家庭休闲时轻松完成，只要你有空闲的时间，不需空间，不用刻意去做，你即可达到理想健身的目的。这是您走向健康之路的必备图书。

记住：《动一动，保健康》助您：时时做运动，天天保健康。

《动一动，保健康》是传统养生方法与现代健身理念的完美结合,其中的“健康功效”让您选得清楚，“健康原理”让您炼得明白，“操作方法”让您学得到位，“专家提示”让您动得安全。

从头到脚，不同情况不同方案，小动作给您健康和活力！从内到外，不同病患不同动作，小动作让你避过健身雷区！这本书第一次提出弹腔养生（拍打或敲击颅腔、胸腔、腹腔、耳腔及口腔等部位，以起到刺激脏器和重要神经丛的作用的一种养生方法）的重要性，与经络按摩同等重要！第一次提出机能养护的动作概念，提升动作养生层次！第一次提出由表及里的动养生五件套，给动养生分清了层次。本书还首次提出了呼吸是第一类运动，其他感官运动是第二类运动，机能类动作是第三类运动，有氧运动是第四类运动。

这本书为不同人士拟定了体贴详尽的动作配方，本书为您讲解日常健身的先进理念。

对于使用者来说，本书有以下特点：

1.简单方便，易于掌握：无论您是健康人，还是病人；无论您是老年人，还是青年人，只要能够按照要求进行练习就一定能够取得良好的健康效果。

2.自我为主，主动锻炼：这些动作练习不需要借助他人的帮助，不依靠外界物质的作用，而运用自我的能力运动肢体、调节情志、改善脏腑功能及代谢水平，以达到防病保健、益寿延年的目的。

3.动静结合，形神兼养：本书提供的养生小动作动以养形，静以养神，动则强壮，静则长寿，两者相互兼用、相互促进。

《动一动，保健康》阅读指南

同您读到的其他关于动养生的任何一本图书都不同，本书不是简单的动作罗列。本书的价值在于以下几点：

1.本书搜集了非常多的小动作，并深入分析了他们的作用、特点，进行了总结归纳及合理的分类，它让我们对流传数千年的动养生有了一个全面而清晰的认识，可以说结构清晰，脉胳清楚。有助于您更明白地进行动养生。

2.中国传统的动养生可以分为两类：导引类和按摩类。例如，导引类，就好比当你伸开五个手指，尽力伸展、弯曲，这种肢体向外的动作，称为导引。你伸开两个指头，去抚摸另两个指头，或者你用这只手去按摩另一只手的穴位，这种通过手或者器具向内对身体施加影响的，称为按摩。按摩是种什么情况呢？他是通过外在对内在的刺激而实现治病目的的，身体实际上是被动的。导引是什么情况呢？他是通过身体内部运力伸展，从而对经络或器官施加影响，达到保健、强化器官功能的目的，身体是主动的。比较一下你就知道，如果你随意按穴位，按摩，你可能达到治病的目的，但也可能给自己按出病来。如果你做导引，身体通过导引实现更流畅地行气血的目的，只要你不产生劳累，你不可能给身体导出病来。所以，导引比按摩安全。

3.动作分为小动作和运动，小动作就是那种不用离开地的动作，运动则是迈足走出去或不停迈足的动作，小动作也可能动足，比如本书中我们将太极拳也归入小动作，因为他的运动范围小。你在椅子上伸伸腿，不能叫运动，叫小动作。运动不当的反作用很明显，比如会产生运动自由基，令人早衰、关节疼、肌肉损伤等，但小动作不会，你在椅子上伸伸腿，做几个动作，不会有这些反作用。

4.过去人们做动作，就是为了治病、强身，其实这都是次要的。做动作的最主要作用是维护和增强身体的机能，比如我们的心脏健康，血液循环流畅；然后是增强器官的功能，比如使我们的眼睛明亮视力好；然后才是强化肌肉，最后才是塑形，才是治病。小动作能治病，其实这个治病还是归结于第一条，强化身体机能，身体机能强了，病自然好了。所以说，这本书告诉我们，通过小动作强化身体机能是最重要的。

5.过去我们讲到动作的时候，就是武术动作、瑜珈动作，然后就是经络按摩、找穴位，其实，按摩类动作有“五件套”：搓肤、拍肌、弹腔、敲骨、按穴，由表及里，这是完整的五件套。而且，这五件套越往里疗效越高，但风险也越大。穴位固然神奇，可也很难掌握，而搓肤、拍肌则很容易掌握，风险相对小很多。

6.本书中选择了各类动作，既有导引类也有按摩类，既有小动作也有体育运动，可以说，我们给了读者一个非常全面的选择，读者可以根据自己的现实需要，选择适合自己的动作或运动。

最后，本书中内容有一些重叠的地方，因为我们从不同的角度，不同的情况做出的动养生方案。另外，有一些动作可能也应该出现在本章中，但却在另一章出现了，于是这一章就不再出现。对于本书中的这些情况以及其他的一些情况，读者要灵活阅读。

目　录

编辑推荐

《动一动，保健康》阅读指南

第一章　超越体育运动的健身良药

现代医学认为运动是健康四大基石之一，但我们对于运动的认识存在严重的误区，运动有许多种，我们平日说的运动就是体育运动，或者有氧运动。从运动来看，如果运动要分四个层次，那么，呼吸运动是第一层次；其他感官的运动是第二类层次；机能类微小动作，包括按摩经络的触按动作，是第三层次；而有氧运动及无氧运动是第四层次。第一和第二层次可以合并为感官运动，这样也可以分三个层次。

你首先要做呼吸运动，然后做微小动作，最后才是去做适度的有氧运动。对于促进身体的健康来说，呼吸运动和微小动作的功效是超越体育运动的，其中微小动作独有的对身体机能和器官功能的促进作用，更是体育运动所不能代替的。

动一动 保健康

第二章 动作健身总指导

我们要对种类繁多的健身运动做一个整体的把握，不能用片面的思想去指导健身，比如有的人将健身运动简单化，认为自己每天只要爬爬楼梯，就足够达到健身的要求了。实际上，爬楼梯只是进行了有氧运动而已，他只促进了身体的一个重要方面，虽然对健康有利，但还是远远不够，必须配合其他的动作才行。

要想有效地健身，必须懂得各种动作的搭配。

首先，要懂得哪些是有益于身体机能提高的动作；其次，要掌握增强或维护器官功能的小动作；再次是有氧和强化运动；最后，以减肥及美体为目标的塑形运动才成为我们更进一步的追求。要知道，健身的第一目的是保持身体机能的正常、高效。只是片面追求减肥、美体效果的运动是不可取的，同样的道理，单纯地追求肌肉发达，身体强壮的运动也是不科学的，因为这样的运动会对身体的机能平衡产生危害。

最好的健康动作搭配是什么呢？

第一，保证身体机能健康的动作。

第二，做一些适当的器官功能增强类的保健动作。

第三，有些人可再增加以强壮肌体或塑形美体为目的的动作。

如果有特殊的身体情况，比如疾病，或者体质偏弱，则应采用温和动作来实现保健强体，等身体强壮后再进行更多的有氧运动和强肌健体性的运动。

第三章 由表及里动养生五件套

在动作健身中，我们过多地强调了经络的神奇。实际上，动养生中还包括触健康，顾名思义它是用手指或手掌，或其他器物以不同方式接触身体的某一部位的“小动作”。触健康从里到外有五件套，穴位按摩只是其中的一件，其他四件也同样重要，缺一不可。

搓肤做为触健康的第一道工序。

拍肌做为触健康的第二道工序。

弹腔做为触健康的第三道工序。

敲骨做为触健康的第四道工序。

按穴做为触健康的第五道工序。

先要五件套圆满，动养生才圆满。

第四章　机能养护——钻石级动作

机能养护动作属于东方古老养生学的领域。东方的养生动作与西方的健身动作的区别非常明显：东方养生学中的养生动作，从表面上来看，都是小幅度动作，相对来说是非常轻柔、细致，无剧烈运动。可以说，东方养生学更像是精致的工笔画，非常讲究，每一个步骤的细节都非常精准，包括如何做、作用在哪个点（如穴道）、作用几下，用多大的力道，用快还是慢的节奏，甚至在数量上也有明确的规定。

东方养生学对于数量的控制是非常讲究的，这主要来源于周易、五行，及其他许多中国特有的传统学说。比如中医中叩齿讲究叩36下、24下，捶背讲究360下等，这些数字都与大自然的气象周期有关。

东方，特别是中国的传统养生学中的动作，其针对性非常强，目的非常明确。如养耳的动作、养眼的动作、健肾的动作……从外在的四肢五官到内在的五脏六腑，都有相对应的保健动作。

从深度上来看，东方的养生学更加注重机能的养生，讲求养护先天之气，以及人的精、神，这些动作着眼点在于养护身体的完美机能，而不是单纯地为了强健体格。东方养生学希望把身体养护到最佳的状态——更像少年时期甚至儿童时期的身体。一般而言，东方的养生学对机能的养护不追求肌肉的发达和力量的强大，不希望锻炼出肌肉坚硬的身体，反而希望锻炼出柔韧的甚至是柔软的身体，如同婴儿的身体那样。

第五章　官能增强——黄金级动作

五官是我们人体保卫健康的前沿阵地，我们的活动离不开五官和四肢的协调运作，任何一个器官产生问题都会让我们的生活大受影响，同时，五官集中了众多的经络和神经，他们对身体机能产生决定性的作用，从五官入手进行小动作，对调节身体机能，促进我们的健康具有重要意义。

动一动 保健康

第六章 从内到外——健康依次得

要健康，先要身体内脏器官健康，保健康，就要从内部入手，小动作也不例外，那些能够预防内部疾病，保障内脏器官正常运转，提升内脏功能的动作，是我们应当首选的动作。

目　录

第七章　从头到脚——健康全到位

如果要想保健你的全身，那么从头到脚，对重要的、敏感部位来一次全面的小动作，是非常不错的选择。

第八章　生活动作最健身

我们平时总是讲究运动健身，实际上，家务活就是最好的健身，我们人类在长期的进化过程中，身体已形成了这样的机制，他适应了家务活，并在家务活中受益，如果我们能够多做家务活，勤打扫，勤洗刷，勤劳作，我们就能保持身体的健康。

第九章　上班族的办公室养生动作

现代的上班族遇到的健康问题非常多，有许多问题已经严重困扰了上班族的工作和生活，其实，这些问题可以通过在上班时间的一些简单易行的小动作来解决，诸如疼痛和压力，疲倦和效率低下，都有相对应的小动作可以有效地治疗。

第十章 健身+美体+减肥

有许多女性朋友只注重减肥，不注重美体，更不注重健身，结果，减肥跟健康成了冤家。实际上，减肥并不需要节食或吃减肥药，减肥也可以促进健康，只要你认真去做以下的小动作，那么，你就能得到既减肥，又美体，又健身的结果。

10

动一动 保健康

第一章

超越体育运动的健身良药

现代医学认为运动是健康四大基石之一，但我们对于运动的认识存在严重的误区，运动有许多种，我们平日说的运动就是体育运动，或者有氧运动。从运动来看，如果运动要分四个层次，那么，呼吸运动是第一层次；其他感官的运动是第二类层次；机能类微小动作，包括按摩经络的触按动作，是第三层次；而有氧运动及无氧运动是第四层次。第一和第二层次可以合并为感官运动，这样也可以分三个层次。

你首先要做呼吸运动，然后做微小动作，最后才是去做适度的有氧运动。对于促进身体的健康来说，呼吸运动和微小动作的功效是超越体育运动的，其中微小动作独有的对身体机能和器官功能的促进作用，更是体育运动所不能代替的。

动作虽小，大益健康

你是不是常常感到工作繁忙劳累有压力，忽视了自身健康，身体越来越差？或者视力下降，颈椎变形，肩周发炎，肠胃胀痛，腰酸背痛，三高来袭，疾病缠身却没有时间去健身房锻炼？那么，就在家里，就在办公室中，就在路上，利用学习、工作、娱乐间隙，做一些科学的健身小动作，开始这场新的健身革命，让我们的健康指数悄悄上升！不需要花费大量时间，不受环境限制，小动作一样可以带来大健康，解决大问题！

不管是在家里看电视，打扫卫生，洗衣，做饭，还是坐在办公桌前或者是在逛街购物，乘车，去银行，无论何时何地都能轻松锻炼。不管是穿着家居服、工作服，还是休闲装，都可以完成这些小动作。要想不花时间就能身体好，那就赶快加入小动作健身的行列！

无论白领阶层、工薪一族，还是家庭主妇、全职太太，我们每天都会把或多或少的时间花费在枯燥乏味的等待中。如排队、等车、等人，或是其他的琐碎事情，往往需要“稍候片刻”或是“耐心等待”，其实，我们完全可以利用这些小空闲，做一些健康的小动作，既赶走无聊烦闷又锻炼了身体，一举两得，何乐而不为呢？

对于长期坐在电脑前办公的上班族，可以在每工作2小时后，有意识地做1～2分钟静力性肌肉活动，如做几次双手捏拳与放拳、全身肌肉的一张(吸气)一弛(呼气)等小动作，这些动作有助于体能的调整，缓解工作疲劳，提高工作效率。

对于由于长期伏案而造成职业性肥胖的人群，只要一个小动作——纠正坐姿，收腹挺胸，便能减去约1千克聚积于腹部的脂肪。这种易于消除的脂肪，是针对四肢匀称、体重标准，脂肪只聚集于腰腹导致腰围大于臀围的局部性肥胖人群。

对于长时间步行的朋友来说，只要稍微注意纠正自己的走路方式，不仅可以保持腿部线条健美，塑造挺拔身姿，还能够让脚踝得到充分运动，腿部的肌肉得到锻炼，促进足部、腿部的血液循环。俗话说“人之有脚犹如树之有根”，人的双脚与人体健康息息相关，呼应着几乎全身的各个器官，纠正走路方式提升了局部的运动效果，获得了身体的整体健康。

还有一个值得一提的小动作：试着将腿向前伸直而坐，左膝弯曲置于右侧大腿肚上，右手抓住左脚脚踝，左手放在膝盖上，将膝盖尽量往下压，维持5秒钟，左右来回交替运动3次，然后放松肌肉，这个小动作不仅能矫正体形，还可以帮忙燃烧脂肪。

另外，中国古老的养生学中，有很多对身体健康非常关键的小动作，如提肛功可以提升身体阳气，驱除风寒；再如手指操，因为活动的是手掌反射区，所以能影响到全身各处器官，类似这样的小动作，你在任何时间、任何地点都可以做，甚至在上厕所的时候都可以做这些对健康有神奇效果的小动作。

在我们的日常生活中，这些看似微不足道、很不起眼的小动作，却有着相当大的养生功效。一个小小的动作，一项局部的运动，却与全身的器官功能相呼应，与机体整体健康不可分割，对我们的身体健康产生意想不到的促进作用。

可以说，只要你会动，你就能健康。

小动作与中医的全息论

中医学将人体看作一个有机的统一整体，人体的各部分在结构上不可分割，在功能上相互协调，互为补充，在病理上相互影响。因此，人体某一局部的病理变化，往往与全身的脏腑、气血、阴阳的盛衰有关。这就决定了中医在诊治疾病时，可以通过观察面色、形体、舌象、脉象等外在的变化，来了解和判断其内在的病变，以作出正确的诊断。这是中医学的整体思想在诊法上的体现。

这种整体思想后来渐变为全息观，即一个事物的整体性质、特点和规律，会反映在这个事物的各个局部的性质、特点和规律上。因此，观察、分析和作用一个事物的某个局部，能推算、估量影响这个事物整体的性质特征或者这个事物其他局部的性质特征。

全息论，小动作，是中国养生智慧的集中体现。以表测里，以点代面，见微知著，综合辨证的全息观正是中医的特点和要义。察寸口脉搏的变化,测全身脏腑气血的盛衰虚实；观舌及苔的变化，验全身脏腑气血的表里寒热。针刺井荣俞经合，调节十二经；按摩皮肉筋脉骨，调理精气神。这样的诊疗理论，中医已经实践了几千年。全息论的出现进一步验证了中医理论和实践的先知先觉性，这是中医及古人对世界科学及医学的杰出贡献。

中医学的全息观认为，人体某些局部存在着大量反映整体变化的信息，人体缩影于各个相对独立的部位之中，在人体特定信息区域内，所有信息均包括在他的任何一个分离的小部分中。人体的任何一个相对独立的部位，如每一肢节，每一器官，都寓藏着整个机体的生命信息。中医始终遵循统一性和完整性的原则，把人体各部分与全身、人体与自然统一协调起来。诊脉测病、观舌测病、以及耳针、手针、面针、鼻针等诊治方法，是中医固有的基本理论和基本技能，中医的诊断中，大量地利用了全息感应现象和全息观理论。

以小动作来促进身体整体健康，作用于小局部，影响改变大身体。通过小动作与五脏六腑同步，一处动作，全身相关。小动作的主要反射区是手、足、腹、五官、鼻两孔、人的舌体，他们与脏腑有着密切的联系。例如，整个舌体，舌尖属心，舌边属脾，舌根属肾，舌两旁属肝胆，舌心属胃。经常运动舌体，能葆青春，抗衰老，有益于脏腑的健康。

宇宙自然在我们的身体上安排了无数救我们于病痛的“按钮”，这些“按钮”就是一些主要的身体反射区，只要善于运动，调节这些反射区，哪怕是非常微小的动作，都能起到巨大的养生保健作用。通过局部改变整体，就是“小动作，大健康”的方法论。我们说的“小动作，大健康”，主要就是以这种小周天、全息论为基础的。

小动作：通过一点，撬动全身，这是超越体育运动的健康益寿良药。

用小动作激活机体免疫力

参加运动锻炼能增强机体对疾病的抵抗力，同时激活机体免疫力。在运动过程中，骨骼肌收缩，神经系统兴奋，血液循环加速，机体各部血液供应充足，新陈代谢加速，体内的细胞更新加快，各种免疫球蛋白不断更新，识别消灭各种病原体能力随之上升，这样我们的免疫功能也就得到了提高。但是运动并不一定要大强度的动作，其实，我们只需一点小动作也可以达到强身健体的作用。

科学家对每周坚持5日以上，每日2小时小强度运动（如散步、爬楼梯）的人进行了免疫功能测定，并与无运动习惯的人作为对照。结果表明：具有运动习惯的实验组的淋巴细胞反应性明显高于对照组，单核细胞对酵母多糖的吞噬功能也大大高于对照组。可见，运动习惯对细胞免疫功能有较大影响，他使人体细胞免疫功能明显增强。所以说，小动作的作用并不亚于大强度的运动。

小动作运动不同于极限强度的竞赛，参加长期剧烈的比赛或训练的运动者，容易患感冒、咽炎等上呼吸道感染疾病，在大强度长期训练后，机体免疫功能受到抑制，这一时期由于免疫系统功能低下，机体对致病因子的免疫监视与杀伤功能下降，使致病因子停驻在体内。重复训练后，机体免疫功能没有足够时间恢复，结果免疫功能进一步降低，导致运动员感染率上升。中等强度运动时感染率最低，感染率会随着训练强度增大、时间延长而呈上升趋势。所以运动员要合理安排训练强度和训练量，提高机体免疫力，防止感染疾病。对于普通人来说，一些简单易行的小动作就能满足身体的需要了，利用小动作进行锻炼，既不疲劳又不占用时间，何乐而不为呢？

小动作——运动不足者的良药

若想健康长寿，最好的秘诀就是每天从事适量的运动锻炼。但是很多人都说自己没时间锻炼，其实锻炼的机会无处不在，没时间运动你可以做小动作，小动作的健身功效比大量运动要好。

早晨起床时，先从头到脚做一遍自我按摩，每天只需要5分钟。既简单易行，又不耽误时间，每个人都能做得到。走路上班更是有效的锻炼。如果是乘车上班，可以在扶稳的前提下，原地活动足部肌肉；如果是开车上班，等红灯时，拉上手刹，伸伸腰，蹬蹬腿，活动一下脖子，缩缩肛，权当休息，也能收到很好的效果。

1. 上班时间也可以进行必要的和可能的小动作。早在二十世纪五六十年代，“工间操”曾在全国范围推广，许多单位长期坚持并形成制度，对改善职工的健康和体质状况发挥了积极作用。那么，怎样才能在不影响正常工作的情况下，进行简易的健身活动呢？

★建议一：去洗手间“舍近求远”，尤其在高层办公楼内上班者，更要充分利用条件增加步行的距离。

★建议二：坚持在办公室做“123练习”（即利用1平方米的面积，每天2次，每次3分钟），改变体位做徒手操，基本练习可包括：

（1）头部运动，仰面望屋顶，低头看地面，缓慢两侧转，左顾再右盼；

（2）上肢运动，单手拍后背，双臂大绕环，用力来扩胸，两肩向后展；

（3）全身运动，原地高抬腿，提肘前后摆，屈膝做蹲起，配合深呼吸。

★建议三：充分利用单位周边环境和内部健身设备，选择自己喜欢且能够长期坚持的方式，在中午或上班前后的空闲时间进行锻炼。务必控制适当的运动负荷，这样才能既有利于健身又不影响正常工作。

2. 下班回到家门口时，最好走上楼去，不必要坐电梯。

爬楼梯是个既快又有长期效益的运动。有位健康专家请一群坐办公室、很少运动的女性，从每天爬一次200个阶梯开始，进阶到每天爬6次（可以坐电梯下楼），每次2分钟。换言之，每位妇女一天只活动12分钟就好。不到两个月，这群女性发现不仅自己身材变好了，而且经检查她们血液中胆固醇的含量也降低了，这也减少了患心血管疾病的几率。另一个研究是找13500位男士，请他们每天爬100个阶梯，或是不限日数，每星期上下700个阶梯，每次运动量相当于花30～40分钟走路2公里，发现死亡率因此降低了20%。从消耗热量的角度来看，爬15分钟楼梯和快步健走30分钟所燃烧的卡路里一样多。爬楼梯相当于垂直健走，好处多多，消耗热量惊人，而且可以锻炼体力、修饰肌肉，还能强化骨骼。

正确的锻炼应该是养成一种良好的习惯，比如午饭后不要一屁股就坐在电脑前，走上半个小时，运动运动。坐公共汽车提前一两站下来，走一走都有好处。这应该是一种生活习惯的改变，开始时会有些痛苦，慢慢习惯了就好了。

小动作是心灵的良药

特定的小动作有利于促进心理健康，是心灵的一剂良药。面对越来越沉重的生活和工作的压力，人们开始观注自己的心理健康，通常大多数人认为保持乐观、开朗的心态可以使身心更加健康，这话很有道理，但怎样才能保持我们的心态乐观、开朗呢？繁忙的工作和压力让我们很难有太多的时间去好好放松和享受，那么就抽出几十秒或几分钟的时间做几个有利于身心健康的小动作，让烦恼和压力都统统走开。现在推荐几个简单的小动作，他们能够帮你适时缓解心理压力，放松心情，消除心理负面影响，促进心理健康。

1. 养一株植物。选一盆自己喜欢的绿色植物，每天观察欣赏他的长势，浇浇水，松松土，剪剪枝叶，这些不经意间的小动作不仅活动了四肢，促进了身体健康，而且已经把小小绿色的生命印在了心里，使自己保持心情愉悦。

2. 盘腿而坐，集中精力，注视前方，尽量将双手向后方拉抻，挺胸抬头，保持此姿态 7 秒钟。这个小动作不仅可以使过于亢奋的神经系统恢复正常的生理功能，有益于神经系统的养护，还可以让练习者摆脱杂念，集中精力，平静心境，有效缓解紧张及压力感，促进心理健康。

3. 抓住空当，做小动作，即使一天只有15分钟也好，每天花一点时间在自己最感兴趣的事情上，比如晚饭后看电视时扭扭腰肢，踢踢腿，整理一下阳台上的花花草草，这会让你更容易地找回对生活和工作的热情。

4. 早晨起床很自然的要照镜子梳洗打扮一番，梳洗打扮好后，不妨看着镜子里干净、整洁的自己，用手轻轻地拍几下脸颊，绽放出最温暖的笑容。不要认为这样很自恋，这是爱惜自己的表现，让潜意识里有这种观念，当你在工作时和同事出现矛盾，他就会提醒你：没关系，不要生气上火，我要爱惜自己。 这样一来，上火的程度便会大大降低，这样不仅能给同事留下个好印象，也保持了自己的身心健康，让自己一整天都有好心情。

5. 在办公室，工作间隙，活动活动颈部，做做肩绕环，扶着桌子舒活一下四肢，这样做既能缓解疲劳酸痛，恢复精力，又能赶走烦恼，放松心情。

现如今生活节奏加快，事事都在竞争。职场更是个弱肉强食的角斗场！竞争如此激烈，压力自然也小不了。而一些简单的保健小动作，也许就能使你在这繁杂的生活中偶尔放松下身心，拥有简单轻松的快乐心灵。

老来补不如现在动

与其老来“补锻炼”，不如现在多运动。人在20岁左右的锻炼是一种身体健康的储备，到了30岁左右将达到储备的高峰，之前锻炼得越好，储备的峰值就越高。一旦过了这个年龄，储备的峰值就很难达到原本可以达到的峰值高度，所以要趁年轻多锻炼，以控制体重，保持健康。长期坚持适量的运动锻炼，可以使人青春永驻、精神焕发。

目前，慢性病已成为中国城乡居民死亡的主因之一，2014年5月，据国家卫生计生委疾控局发布的报道称，中国已经确诊的慢性病患者接近3亿，而慢性病导致的死亡已经占到中国总死亡人数的85%，其中，心血管疾病已经成为中国城乡居民的第一位死亡原因。根据世界卫生组织提供的数据，2015年中国50%~57%的人口将会超重，其中，肥胖者高达4600万。膳食结构不合理、身体活动不充足所带来的肥胖等都是造成多种慢性病的危险因素。2014年，博思数据调查显示，中国“亚健康”人群比例高达70%。更令人堪忧的是，高血压、糖尿病等的发病率呈现逐年上升趋势，发病人群年龄渐趋于年轻化。

所以我们说到老年时再来补“锻炼课”，不如趁年轻时多运动。对于超重或肥胖者，还应适当增加运动量，每日争取消耗400千卡以上的热量；体重达标以后，再将每日健身消耗量维持在200千卡左右；如果超量用餐，吃得过多，过饱，则应再消耗因多余进食而增加的热能。

“动则不衰”是中华民族养生、健身的传统观点。早在几千年前，体育运动就被作为健身、防病的重要手段之一。实践证明，科学运动可以代替药物，但任何药物也代替不了运动。随着人类文明程度的不断提高和我国社会经济的发展，人们越来越注重生活质量的提高。运动可以填充一个人的“内三宝”，即精、气、神，同时可以改善一个人的“外三宝”，即耳、目、口。通过运动，内练精神、脏腑、气血，外练筋骨、肌肉、四肢，使内外和谐，气血周流，感觉灵敏，整个机体处于“阴平阳秘”的和谐状态，从而防治百病，老而不衰。

疲倦源于缺乏运动

“累”已经成为许多都市人的口头禅。现代都市中，疲劳感困扰着越来越多上班族。其实，疲劳感并不仅仅是由劳累造成的。生活中的许多因素都会使我们的精力下降，令人感到疲倦、劳累、乏力。

人们常常误以为运动会让人疲劳。事实上恰好相反，如果长期缺少运动，肌肉就会变得很虚弱，当机体要运用他们时，便需要花更大的气力。从而导致更长时间的疲倦，这种长时间的疲倦对于人体身心的负面影响是很大的。

强烈运动以及缺乏运动都会令人产生疲劳感，而其导致疲劳的原因都在于肌肉缺氧。强烈运动过程中，肌肉会消耗掉存贮的大量氧气，这些氧气不是凭借呼吸就能完全补充的，因而经过强烈运动后，肌肉会非常疲劳。而在缺乏运动的状态下，肌肉处于松弛状态，机体内气流不流畅，肌肉中存贮的氧气非常少，肌肉过度松弛，也会产生疲乏无力感。

但这两种疲乏无力是不同的，强烈运动以后虽然会感觉疲倦，但是机体是具有生气的，肌肉状态是积极的，而缺乏运动之后的疲倦感，是消极的，机体是缺少生气的。

经常运动的人，虽然会在运动后感觉疲乏、劳累，但他们平时应付一般的工作并不会感到吃力，而缺乏运动的人，即使应付普通的工作也会感觉到很疲惫、很劳累。

建议那些平时经常感觉到疲劳的上班族，或不爱运动的居家族，如果没有时间或者不喜欢去健身房的，就应当适量地学习本书中的小动作，先从室内的小动作做起，将小动作与日常生活融为一体，让自己拥有更加良好的身体机能，常做小动作不仅能使日常生活和工作轻松自如，还可以为将来的健康打下坚实基础。

并非是大量运动使你长寿

一个人的身体资源是有限的，他分配来运动的精力也是有限的，因此，大量运动并不会起到充实身体精力的作用，相反，会因过度消耗精气而损伤身体。

有人说生命在于运动，但并不是所有运动都能让人身体健康，真正能够促进人体全面协调健康的运动，往往不是那些面对冷冰冰的健身器材的大量运动，而是调节身体各部位机能的健身小动作，在这方面，我们的老祖宗总结下来的许多养生保健动作都是健身之宝。这些小动作做起来简单有趣，蕴含着微妙的玄机，你将从中发现身体的种种奥妙，而且能够体会到身体种种细微的变化。健身绝不仅仅是人们平常所说的那些快跑、做瑜伽、拉单杠、仰卧起坐、俯卧撑、骑自行车，一些小动作同样可以换来大健康。

我们需要清楚的是，大量运动并不能科学地促进身体健康，延年益寿。而科学的健身小动作，有着严谨的科学依据，在医生正确指导下，通过调节身体的各项机能，有针对性地有效促进身体健康，能保持机体活力，延年益寿。

德国科学家皮特•阿克斯特教授给那些不喜欢通过运动来增进健康、延长寿命的“懒惰”人带来了福音，他指出，经过一天繁忙的工作之后，如果能够在沙发上懒散地躺上一会儿，较之参加体育锻炼更有益于健康。

阿克斯特教授最近与他人合作编写了一部名为《懒散给你带来快乐》的新书，书中指出，那些工作了一天之后以懒散方式休息的人，和通过体育活动达到健身目的的人比起来更聪明。而且，每天中午进行小睡的人，也比那些利用午休时间去打壁球的人更易长寿。当然，一个人如果终日闲坐，无所事事，整个机体得不到应有的活动的话，会导致血脉不畅，肌肉逐渐萎缩，内脏器官也会加速退化，加速衰老。同时，他还会产生一种失落感，这样的感觉使人精神萎靡不振，情绪低落，心理抑郁，甚至导致机体各器官的生理功能紊乱，严重影响身体及心理健康。

适度的体育锻炼，也就是健身小动作，例如在闲暇时散步、慢跑，对于人体健康是很有益处的。如果体育锻炼超过了一定限度，反而会对健康产生负面的影响。阿克斯特教授说：勤快和“懒惰”有一个“度”的问题，这个“度”要自己掌握好。运动量不足等于没运动，而运动量过大就有害无益了，个人的健康情况不同，掌握运动量的“度”自然也不会相同。如果在50多岁以前一直坚持过量长跑，只会让自己用于其他方面的精力不足。例如，可能会因此而遭受记忆力衰退的困扰，或者过早地衰老。

长期剧烈运动危害大

54岁的某公司总裁在健身房的跑步机上猝死，总裁的猝死引爆了健身话题的争议，人们不禁要问：锻炼也会对身体有危险吗？如果一个人心脏各项指标都很正常，那么他就不会在做运动时猝死，猝死者多为心血管病的患者。导致总裁猝死的罪魁祸首是心肌梗死。他的突然去世应该是有多种原因的，比如有可能他生活不规律、工作压力大、用脑过度从而造成神经过度紧张、睡眠不足、过度疲劳等，这些因素都有可能诱发猝死。

那么我们如何确认自己身体是否健康呢？这就需要经常参加体检，及时了解自己身体的健康状况，或者找医生为自己量身定做科学的健身计划。适量、适度的运动有益身体健康，过度的运动则会有损身体健康。而且过度劳累的人的心脏承受能力要比普通人弱，因此在健身时要根据自己的健康状况，自身的身体素质条件，掌控好运动量。另外，在锻炼时如果出现头晕、胸闷或呼吸不畅等各种身体不适，最好减少运动量或立即停止运动休整一下，以免过度的运动给心脏带来伤害。

以往人们常常认为偏食和女性月经会引起缺铁性贫血，但研究表明，长期持续的剧烈运动也是导致贫血的重要因素之一。大多数存在起立时眩晕、睡醒后情绪低落、食欲不振症状的人都有不同程度的贫血状况，其中以经常参加剧烈运动者尤为突出。

对此，医生特意将每周进行5天以上剧烈运动(例如田径、篮球、排球等运动项目)的人和其他人分为运动和非运动两组进行观察记录。结果表明，贫血和接近贫血者多发生于运动组，而且与性别无关。

出现这种情况的原因是，在运动过程中，当双脚着地时，足部的血管会受到猛烈冲击，肌肉的急剧伸缩也会使红细胞与血管壁发生摩擦，使红细胞受损，甚至会出现血红蛋白尿；而且，由汗液排出的铁量增多，在这种情况下，即使不发生贫血，也会出现耐力下降、容易疲劳等身体不适感。

过度运动还会使人体免疫力下降。国外研究显示，每周进行3次有氧运动比较合适，过高强度与密集的运动反而会使免疫力下降。多伦多大学对19～29岁不常运动者进行测试，让他们分别每周进行3次或5次40分钟的有氧运动，连续进行12周之久。血液检查发现，每周运动5次者，免疫细胞数量竟减少了33%，而每周运动3次者免疫细胞数量并无改变。从此以后医学家得出结论，每周3次，每次30分钟持之以恒的适度有氧运动较易达到强身保健的效果。

突击锻炼更伤身

现在很多人经常利用双休日进行突击锻炼，期望以此弥补平日健身的不足，结果有不少人在进行突击锻炼后身体反而感到不适，甚至诱发心脏病。最新的医学研究发现，经常参加适度体育运动的人死亡率低于偶尔参加体育运动的人。对于那些不能长期坚持运动的人来说，偶尔高强度的运动，反而会加重生命器官的磨损和组织功能的丧失，从而缩短自己的寿命。因为这些人一星期的前5天大多是在办公室里坐着，基本没有运动，身体已经适应了这种状态。周末突然进行锻炼，就会打破已经形成的生理和机体平衡，其后果恐怕比不运动更差。周末健身也许能提高某些运动技能，很容易让人误认为健康水平也提高了，但技能提高并不等于健康水平增强。

不少年轻白领下班之后上健身房锻炼，错误地把健身运动作为释放压力的一种方式，健身过程中又缺乏专业教练的指导，结果造成了各种隐性运动损伤，健身反变成了“伤身”，严重的甚至会导致死亡。

一位在外企工作的男主管，因公司接了一笔大业务，高压下连续工作36小时后，去健身房锻炼代替休息和调整。没想到，在跑步机上连续跑了1个小时后，猝然倒地，终因抢救无效身亡。经医院检查，死因是由于运动过量导致脑血流突然中断。

突击锻炼还会引发气胸。有一个人在公司每天都要应对许多琐碎事，基本没空去锻炼。一个周末，难得有空的他约朋友一起去打了4个小时的网球，当时感觉还好，可第二天起床后竟感觉胸闷，并伴有疼痛，同时唇部有轻微紫绀，被紧急送往医院救治。

医生诊断他是气胸发作，这属于慢性肺部疾病，诱因可能是剧烈运动、用力咳嗽等。对于体质相对较差、加上平时工作忙碌、比较劳累的人来说，突击锻炼使得肺部和脏层胸膜破裂，气体由肺经裂孔进入胸膜腔，很容易得气胸。

所以我们建议周末健身一族，平时茶余饭后就地、就近进行适度锻炼，就能使锻炼轨迹像链条一样连接起来。原来没有运动基础的人如果现在开始运动，最好采用一些简单的有氧运动，如郊游、踏青、短距离慢跑等，另外，也可选择室内小动作健身，如果能够安排一套合理的室内健身动作，再逐渐在天气好的时候到室外进行动作，效果会更好。

健身是个循序渐进的过程，更是一种生活方式的调整。周末时间充裕，却并非体育健身的最佳时间，这种“暴饮暴食”的锻炼方式比不运动效果更差。

所以，要加强平时的小动作锻炼，他既可以保证身体健康，又可以延年益寿；另外，小动作锻炼讲究持之以恒，对不能坚持的人作用不大。

温和运动最适宜

成年人进行适度适量的而不是激烈的运动可以延长寿命，这种适度的不激烈的运动我们称之为温和运动，常进行温和运动者的死亡率是从不参加体力活动者死亡率的一半。

医学研究证明，30岁以后，人体的各项生理机能以每年0.75%～1%的速率下降，而不运动的人和长时间坐着工作的人，生理机能退化的速率是进行温和运动者的两倍。温和运动者和不运动者，同是35岁，后者比前者的生理指标要早衰老8年；到45岁，彼此的生理衰老程度可相差20年，以后每过10年，差距递增两年。由此可见，常做温和运动——主要是有针对性的健身小动作，是有关生命进程的一件至关重要的大事。

最早提出温和运动设想的是一位叫布林姆•杰佛里斯的体育教师。他向校领导提出了一个既能减肥健身，又不需要做剧烈运动的温和训练计划，其具体内容包括：慢走，娱乐，园林劳动等，并加以量化。这种温和、随意的运动形式很见效。几个月后，凡参加这一训练计划的学生与教职员工都感到他们的健康状况有所改善。

温和运动就是一种低强度、低能量消耗的运动模式，也称为“适度锻炼”。所谓适度，就是每周消耗2000千卡热量的体育锻炼，即相当于打2～3个小时的乒乓球的运动量。日常生活中，每个人每天都能消耗相当于半小时温和运动的活动量，如下公共汽车后走15分钟路程回家，再做20分钟的其他家务劳动就够了。

温和运动以有氧运动为基础，通过一定量的全身运动，全面提高人体机能，进而改善身体素质。有氧运动的特点是：运动所需要的能量主要由氧化体内的脂肪等物质来提供，并且大多数的肌肉群（2/3）都参与运动，运动强度在低度和中度之间，持续时间为15～40分钟或者更长。

在做温和运动时，人体吸入的氧是安静状态下的8倍。长期坚持温和运动能够增加体内血红蛋白数量，提高机体抵抗力，延缓衰老，增强大脑皮层的工作效率，改善心肺功能，增加脂肪消耗量，防止动脉硬化，降低心脑血管疾病的发病率。因此对全民健身而言，温和运动更适合。温和运动的形式很多，可因时因地制宜，时间为每周3次，每次20～30分钟或者更长。根据自身情况，量力而行，强度因人而异：20～30岁，运动时心率维持在每分钟140次左右；40～50岁，心率每分钟120～135次；60岁心率每分钟100～120次即可。

相对而言，无氧运动所需要的能量是由糖酵解系统供能，供能过程中不需要氧的参加，不仅强度大而且持续时间较短，运动时心率一般在每分钟170次以上，例如100～200米短跑等较激烈的运动都属于无氧运动。

从强身健体的意义上说，温和运动的对象适合于各年龄段、各个职业的人群，尤以中老年人和减肥者为宜，前者锻炼的目的是保健益寿，后者因低强度运动由体内有氧代谢供能，消耗的是脂肪，所以减肥更有效。

德国哲学家亚瑟·叔本华说：“我们很少想到自己拥有的，却常常想到自己失去的。”其实保持健康的钥匙就掌握在我们手中，那就是坚持做温和运动。持续的、适度的运动可使人精神振奋，因为这样的锻炼会促使大脑分泌更多的心理“愉快素”。反之，激烈的、过度的运动则会使儿茶酚胺和促肾上腺皮质激素分泌过多，从而使细胞受体因“饱和”而功能锐减，同时还可反馈性地使血液中的淋巴细胞减少，并抑制淋巴细胞的生物活性，从而降低免疫功能。因此，超负荷运动后人体极易疲劳，甚至加重患者的病情，过度过量运动显然对身体非常不利。

对此，我们建议，宜将“生命在于运动”倡导语改为“生命在于温和运动”。美国运动生理学家莫尔豪斯认为：“运动应当在顺乎自然和圆形平面（指一种平缓的而非陡然的过程）的方式下进行。”运动讲求循序渐进，运动量由小到大，动作由简单到复杂，讲究舒适自然。比如跑步，刚开始跑时要跑得慢些、距离稍短一些，经过一段时间锻炼之后，再逐渐增加跑步的速度和距离。

那么，怎样才能掌握一个合适的运动量，进行“温和运动”呢？科学的方法是，用脉搏及心跳频率作为运动量的指标，心跳频率与运动量呈正比。正常成年人的运动量，以每分钟心率增加至140次为宜；老年人的运动量，以每分钟心率增加至120次为宜。另外一种比较简便易行的评判标准是：每次锻炼之后，以感觉不到过度疲劳为度。每个人每天都能累积相当于半小时的“温和运动”，比如骑自行车上下班，乘公交车提前一站下车步行，在机关办公时不乘电梯而爬楼梯或者早晚散步等，这样的活动量就基本够了。

选择了温和运动方式，要养成持之以恒的良好习惯，“温和运动”是持续的锻炼，不仅在循序渐进，舒适自然中促进了身体健康，而且，对人的意志和毅力也是一种考验和磨炼，只有锲而不舍的人，才能享受到他带来的健康快乐。

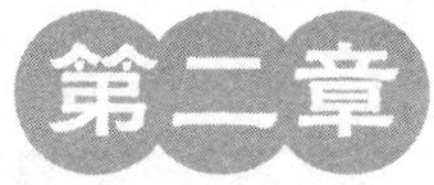

第二章 动作健身总指导

我们要对种类繁多的健身运动做一个整体的把握，不能用片面的思想去指导健身，比如有的人将健身运动简单化，认为自己每天只要爬爬楼梯，就足够达到健身的要求了。实际上，爬楼梯只是进行了有氧运动而已，他只促进了身体的一个重要方面，虽然对健康有利，但还是远远不够，必须配合其他的动作才行。

要想有效地健身，必须懂得各种动作的搭配。

首先，要懂得哪些是有益于身体机能提高的动作；其次，要掌握增强或维护器官功能的小动作；再次是有氧和强化运动；最后，以减肥及美体为目标的塑形运动才成为我们更进一步的追求。要知道，健身的第一目的是保持身体机能的正常、高效。只是片面追求减肥、美体效果的运动是不可取的，同样的道理，单纯地追求肌肉发达，身体强壮的运动也是不科学的，因为这样的运动会对身体的机能平衡产生危害。

最好的健康动作搭配是什么呢？

第一，保证身体机能健康的动作。

第二，做一些适当的器官功能增强类的保健动作。

第三，有些人可再增加以强壮肌体或塑形美体为目的的动作。

如果有特殊的身体情况，比如疾病，或者体质偏弱，则应采用温和动作来实现保健强体，等身体强壮后再进行更多的有氧运动和强肌健体性的运动。

多项运动相结合才能全面健身

无论清晨还是傍晚，公园、社区内的小院里随处可见前来运动健身的人，有的跑步，有的打乒乓球，有的打太极，有的跳健身操，越来越多的人加入到运动健身的行列。如果想拥有一个健康的身体，不运动是万万不行的，但运动如果不科学，不但不能有效促进身体健康，反而还会损害身体健康。长期打球的人会出现双臂粗细不一样的情况，这对于爱美的女性来说，实在不雅观。因此，千万不要只做一种运动，单项运动的效果有限。因为每项运动锻炼不同的肌肉，或以不同的方式使用同部位的肌肉，只有运动多样化才能更全面更有效地促进身体健康。只有优点而没有缺点的理想的运动是没有的。因此，应该考虑由多项运动的组合来健身。

另外，改变锻炼身体的强度和时间，也是运动多样化的一个方面。如果第一天做缓慢的锻炼，第二天则可以缩短时间，增加强度。

健身锻炼不是一朝一夕之事，需要我们适度、有规律、科学并持之以恒地进行。尤其对于老年人，运动量一定要适度，贪多反而会导致身心的严重疲劳。

生命在于运动，但运动方式形形色色，应根据自身特点与需要进行科学选择，这是运动能否有益健康的关键。

运动八要素的合理搭配

运动的八大要素指的是：部位、动作、组数、次数、重量、组间隔、速度、频度。

1. 部位

部位指的是在一次练习中要训练到的肌肉部位。对于初学者来说，部位的概念比较粗略、笼统，例如胸肌、背肌、二头肌等。但是对于专业运动员来说，部位的概念要更细致、精确得多。例如胸大肌的上缘、下缘、中束、内缘、外缘、下内角、下外角等。

2. 动作

动作要素指的是在训练某一肌群时，采用哪几个练习动作。对于初学者来说，每个部位每次做一两个练习动作就足够了。而对运动员来说，有时某个部位的训练动作要6～8个。

3. 组数

在健美训练中，每个动作的组数从1～2组到7～8组，甚至十几组不等，这要视训练阶段、目的以及水平等实际情况而定。一般来说，初学者每个动作做1～4组，中高水平的运动员及健美爱好者做4～6组。

4. 次数

次数指的是某组练习至力竭时所能完成的重复数量，也叫有效次数。一般4次以下为少次数，主要用于提高力量；5～15次为中等次数，主要目的是用于增大肌肉体积和围度；16次以上为多次数，多用于提高肌肉的分离度、精细度和减脂等。

5. 重量

重量要素指的是训练时所使用的重量，根据动作的不同，他与肌肉实际受到的阻力负荷通常是不相同的。若以最大重量（即全力可举起一次的重量）为参照，则最大重量的85%以上为大重量；65%～85%为中等重量；65%以下的为小重量。以中、大重量进行训练，主要目的是增长力量和肌肉围度。用中、小重量训练则可以提高肌肉的清晰度、分离度和精细度，并可减去一部分脂肪。

6. 组间隔

组间隔是一个较少被重视，但又十分重要的要素，指的是前一组与后一组练习之间的休息时间长短。这个时间实际上是一个不定量。在实际训练中，这要视训练者年龄、训练的肌群大小以及当时的身体状况而定。一般是以心率来参考。当心率恢复到极限心率的50%时，即可开始下一组训练，当然是在身体正常的情况下。通常短间隔在20～40秒，1分钟左右为中等间隔，1分半钟以上为较长的间隔。

7. 速度

速度是指做练习动作（包括起落全过程）的快慢。一般每次动作在1秒钟以下的爆发性速度为快速，1～2秒为中等速度，3秒钟以上为慢速度。健美训练中一般采用均匀、缓慢的中等速度。练习时利用惯性的悠摆动作和自由落体动作都是错误的。

8.频度

频度要素指的是每周进行训练的次数。根据训练水平的不同，练习的频度也是不一样的。通常初学者每周3次就可以了，中等水平的练习者每周可以练3～4次，高水平的运动员在赛季可以天天练，甚至每天2次。但对于某些肌群来说，训练频度不宜过勤，而且水平越高，每周训练次数越少。实验表明，在一次剧烈的大运动量训练之后，2～3天身体机能处于下降水平，3～5天恢复到原水平，5～8天才会产生超量恢复。因此，很多高水平的优秀运动员都采用每个肌群每周只练一次的方法进行常规训练。

警惕健身误区

谁都希望自己有一个好的身体，所以现在越来越多的人加入到运动健身的行列里来，“生命在于运动”嘛。但生命在于运动，是指生命在于科学的运动，并不是说，只要运动就一定有利于健康。如果选择的运动方式和运动量不符合自己的身体条件的话，运动不但无利于生命，反而会对生命造成危害，这绝不是危言耸听。我们来科学地分析以下几种常见的错误做法。

1.饿着肚子做运动

饿着肚子做运动无异于开着一辆没有油的坦克，即便你的身体壮得像坦克一样，也需要能量来保证运转。因此，运动前一定要进食，但不要过饱。

一些健康的饮食，如燕麦粥或香蕉，可提供运动所需的额外能量。特别是在上午进行运动时这一点尤为重要，因为经过一夜，人体基本处于空腹状态，热量已经消耗完了，需要给他加些“燃料”，让他重新启动。

2.举重会使脂肪积淀

许多女士拒绝哑铃或杠铃一类的器械运动，她们认为举重运动只会使脂肪积淀，根本消耗不了脂肪。这个观点是不科学的。举重时不仅可以消耗身体的脂肪，在人体新陈代谢中还会继续消耗体内的脂肪。在平时的锻炼中，加入重量合适的哑铃作为锻炼器械，坚持有规律的锻炼，健身效果会更显著。

3.出汗越多，健身减肥就越成功

在健身房锻炼时，有人可能为自己一滴汗也没出，而同伴却汗流浃背而沮丧呢。的确，运动到大汗淋漓可能让人感觉似乎是得到了更充分的锻炼，但是科学实验证明，流汗消耗的其实是水、盐分和矿物质，而不是脂肪。锻炼时出不出汗，同是否消耗脂肪没有关系。

认为出汗才能减肥的人不少，许多人还认为在高温的环境中运动可以减轻体重，但实际上这样的做法只能让自己脱水。出汗过多还会导致抽筋和其他运动伤害。运动时，请保证手边放着一瓶水，以便随时补充水分。

4.省略饮水

肌肉收缩需要水分，因此如果饮水不足，则可能导致肌肉痉挛或者疼痛。运动前、运动中和运动后都需要补充水分。如果自己不属于那种运动中电解质和钾很容易丧失的体质，那么就没必要饮用功能饮料，对绝大多数人而言，白开水就是很好的选择。

5.反正在锻炼，尽兴吃喝问题不大

许多人侥幸的认为，健身期间可以不用节食了，其实不然。从事体育锻炼，身体确实会消耗掉更多的热量和碳水化合物，但关键是要保持营养平衡，多吃水果、蔬菜、纤维素、谷物及瘦肉，只有在饮食和健身之间保持科学的平衡，才可能达到最佳锻炼效果，才能明显地减去赘肉并改善身体状况。

6.正式运动前热身准备没有必要

很多女性轻率地认定：做不做热身运动无关紧要，这是错误的。尚未运动开的肌肉很容易扭伤，因为他还没有做好充分的准备以承受突然性的运动。任何热身动作都可以提高肌肉的适应性，使关节变得灵活滑利。因此，锻炼前的热身有益于心血管系统，有益于健康。

7.健腹器可使腹部完美

拥有完美的腹部成为众多女性的追求，现在市场上充斥着名目繁多的健腹器材，但是，单纯的健腹运动(包括徒手运动以及器械运动)并不能完全减掉腹部赘肉。如果没有一个低脂肪、低碳水化合物的食谱，不做有氧健身运动，单纯靠健腹运动来塑造腹部，等于白白浪费时间。

8.适度负重锻炼效果更好

如果我们观察得仔细些，就会发现许多女士会在手腕和脚踝上带着小沙袋等进行锻炼，以便消耗更多的脂肪，其实，过量的负重还可能造成肌肉和关节的损伤甚至肢体的畸形，包括脊柱变形等。所以，提醒大家进行负重锻炼一定要适量适度。

9.照猫画虎不求甚解

对于那些健身房锻炼的新手们，最糟糕的习惯之一就是把健身房巡视一圈，试图照着周围人的样子做。健身房中通常都会有一些专业教练，如果有疑问，不要犹豫，去请教他们，必须知道如何避免运动伤害。同样，如果你是新参加一个健身班，那么身体有任何不适或疑虑都要请教练指导，这样才会从中受益。

10.起步过猛

不管是在家中跑步机上还是在健身中心运动器材上，很多人经常犯的错误之一就是“虎头蛇尾”，刚开始很短时间内运动量过大。这种起步过猛的锻炼方法很容易导致身体受伤。所以我们在健身的时候，应该与合格的健身师一起制订出细水长流、切实可行的健身计划。

11.忽视缓和运动

运动健身结束的时候，不宜戛然而止。缓和运动可以使肌肉疼痛情况大大降低。原因是缓和运动可以对身体内的乳酸起到“冲刷”作用。因此，在运动结束前，最好依据个人身体状况，花上5～10分钟做慢速简单运动，让心率慢慢恢复正常。

12.锻炼一天，休息一天

对于一些力量型的健身运动，肌肉每锻炼一次必须至少休息24小时。许多人就以此为依据，锻炼一天，休息一天。其实，这种做法是不对的，正确的做法是制定一种轮流锻炼的计划，例如今天练习腿部肌肉，明天锻炼手臂力量。而有氧运动和健腹运动则可以天天进行，这样更有益于身体健康，也不会感到枯燥。

13.急于求成

很多人都希望锻炼一点点就可以收效惊人，这种想法是不切实际的。科学的锻炼量化标准是每周3.5～4小时，以防止体重增加。如果想减肥，每次步行30分钟，一周3次，这样在饮食不变的情况下，体重减轻0.5千克大约需要一个月时间；要想减得更快，还需增加运动量。

14.运动前转脖子对运动健身有好处

人类的颈椎是由7个锥体组成的，保持一个向前的生理弯曲。每一个颈椎都与其相邻的上、下锥体形成3个关节，即由椎间盘连接所形成的关节及两侧的关节凸关节。在仅仅15厘米长的颈椎里共包含21个关节，这一生理特点决定了颈椎与其他关节相比有着较大的活动度，同时也很容易扭伤。在这15厘米的颈部关节中，只要一个关节出现问题就会给整个颈部带来极大的不便。7个锥体各自有相应的功能特性。颈椎的第一节和第二节控制头部左右旋转。当所有的关节都交叠在一起，头就向后弯，头部的生理结构不适合做旋转，是因为旋转会对颈部产生压力，久而久之就会导致颈椎早期退化、锥体关节强直、颈部扭伤，甚至会产生椎间盘突出症状。因此，在热身阶段，头部只需要在3个界面活动，即前后弯曲，侧弯，左右旋转，尽量不要将任意两个界面在运动中叠加。而且，每次热身都做颈部活动是不必要的，他只会增加颈部关节损伤的机会。

警惕运动中出现的危险

科学地进行运动是好事，是保证健康的良药。但人在运动时心跳会加快，并且运动量越大，心跳越快，同时会伴随着许多不适症状，如头晕、头痛、气喘等，严重会出现昏厥、死亡。下面就来看看运动中会出现哪些危险，分析其出现的原因，以预防悲剧的发生。

1.猝死

2003年6月27日凌晨，在法国举行的“联合会杯”喀麦隆与哥伦比亚的半决赛中，28岁的喀麦隆队著名足球明星维维安•福在比赛进行到72分钟时突然倒地不省人事，抢救无效身亡。

专业运动员一般有良好的身体素质和运动能力，而且平时有严格的体检和医生指导，那么他们为什么会猝死呢？

（1）运动不当：很多专业运动员辉煌成绩的背后是疾患缠身，如跳水运动员容易视网膜脱落而导致失明，举重运动员易患腰椎疾病而丧失正常劳动能力，这些都是由于运动过度或者选择了不适当的运动项目造成的。对一般人来说，如果单纯为了健康，不必一味追求高强度和新鲜时尚的运动，慢跑、太极拳及各种体操等有氧运动既有益身心，又不易造成运动损伤。

（2）忽视身体警报：据喀麦隆球星维维安•福的妻子透露，丈夫在赛前便患了痢疾，已经持续两三天了，而且胃部也有问题，并且为此取消了参加一个电视访谈节目的计划。医生获悉这一情况后认为，痢疾可能就是诱发维维安•福心脏病的重要原因之一。在痢疾导致体内液体大量流失的情况下， 比赛当天炎热的天气也是诱发心脏疾病的重要原因。

人体是个精密的系统组织，运动猝死虽然来得很突然，但并非没有任何预警信号。不少人在运动时可能出现胸闷、气促、心慌、头痛、恶心等情况，可大家往往认为这是运动过程中的正常反应而忽视。有的人很久不运动，某天心血来潮突然剧烈运动，这种情况下最容易出事。科学运动应循序渐进，因人而异，根据身体实际状况适当调整运动项目、运动强度与运动量。随着年龄的增加，身体各个器官的功能也会有变化，此时应该注意减少运动量或者换强度小一点的运动项目。如果身体太累，仍然坚持平时的运动量，会使机体负担过重，对身体有百害而无一益。

2.其他危险

运动健身已在现代人中蔚然成风，但要提醒大家的是，运动时出现的许多身体不适等情况，应当引起高度重视。

（1）运动时发生昏厥，运动性低血压：参加运动时如果精神过度紧张，或久蹲后突然起立，很有可能会发生暂时性低血压现象，出现头晕、耳鸣、眼前发黑等症状，严重者会当场昏厥。此时应立即停止运动，适当休息后大部分可自行缓解。

（2）运动性低血糖：运动性低血糖是由于大量运动使体内的葡萄糖过量消耗所造成的。轻者会出现饥饿感、出汗、心跳加快、头晕等症状，严重者则会发生昏迷甚至休克。预防的办法是避免空腹进行长时间运动。

（3）运动时心率不增：人在运动时心跳会加快，一般运动量越大，心跳越快。如果运动时心率增加不明显，就有可能是心脏病的早期信号，今后可能有心绞痛、心肌梗死和猝死的危险。

（4）运动中出现心绞痛：运动时会使心肌负荷增加，心肌耗氧量增多。特别是对一些有不同程度血管硬化的中老年人，在运动时心脏会发生相对供血不足，从而导致冠状动脉痉挛，产生心绞痛。遇到这种情况要及时中止运动，舌下含服硝酸甘油片后，心绞痛一般即可消失。

（5）运动时出现腹绞痛：上腹绞痛多见于游泳时水温过低、准备活动不充分、运动量过大等情况。此时可热敷上腹部20～30分钟，用手点按内关与足三里穴位各3～5分钟，要预防胃痉挛的发生，运动前应做好充分的准备活动，忌过饱，忌食豆类及地瓜、土豆等食品，少食冷饮。运动时脐部周围或下腹部出现钝痛、胀痛，多数是肠痉挛，此时只要停止运动，疼痛即可减轻。用手按揉双侧合谷穴，每穴位按揉5分钟，或用热水敷脐区10～20分钟，亦可止痛。为防止肠痉挛的发生，在运动前应做好充分准备活动，忌进食生冷食物。

（6）运动中出现腹胀痛：在运动过程中，突然出现腹部胀痛，多因大量出汗流失水分和盐分所致腹直肌痉挛。发现腹痛时应平卧休息，做腹式呼吸20～30次，同时轻轻按摩腹直肌5分钟左右，即可止痛。在运动中出汗过多时，及时补充淡盐水（200～300毫升）是预防的关键。

（7）运动时出现肝区痛：在运动时出现肝区胀痛，多发生在长跑或中距离跑时，遇到这种情况可在背部右侧肝俞穴按揉5分钟，即能止痛。在运动过程中应注意呼吸方法，忌张口呼吸，用鼻呼吸是预防的关键。

（8）运动时脾胀痛：在运动时出现脾胀痛，多因运动量过大，静脉血回流缓慢、脾脏充血肿胀所致。出现脾胀痛时应立即停止运动，在背部脊柱左侧胸11～12椎体棘突旁的脾俞、胃俞穴位轻轻按揉3～5分钟，片刻即愈。在运动前做好充分准备活动是预防的关键。

（9）运动中出现头痛：少数心脏病患者在发病时不会感到胸部有异常，但在运动时会出现头痛。多数人往往以为自已没有休息好或患了感冒。因此，提醒那些经常参加运动的朋友，如果在运动中常常感到头痛，应尽早去医院做检查。

（10）运动后出现哮喘：运动后出现哮喘大多发生在寒冷的冬季，这与冷空气刺激呼吸道有关。预防的措施是注意保暖，冬季在进行室外活动前要做好充分的准备工作。

（11）运动性遗精：一些男性青年在剧烈运动后往往会出现遗精现象。这是由于运动后血液循环加快，流经睾丸和前列腺的血液量增多，加之因某些运动器械长时间摩擦等因素，都会刺激诱发性冲动，从而出现遗精现象。

（12）运动后出现血尿：多见于长时间剧烈运动者。有资料显示，在跑完全程的马拉松运动员中约有15%的人会出现血尿。这是由于在剧烈运动时，全身肌肉、关节等处的血液需要量猛增，使供应肾脏的血流量减少，造成肾小球毛细血管壁通透性增加，使原本不能通过的红细胞透过血管壁而进入尿液中，便形成血尿。运动性血尿一般经过一周左右的休息调养即会逐渐消失。如果发现血尿颜色较深，或是持续时间过长，就要及时去医院进行检查，以防发生急性肾炎。

普拉提等高难度动作别自己练

据台湾媒体报道，近来不少台湾人将时下健身房中流行的普拉提健身方法带到家中自行练习，结果不仅没有达到缓解肌肉酸痛的作用，反而练出了肌肉损伤。

普拉提是一项需要配合深呼吸的肌肉深层锻炼方式，融入了西方肌肉训练方法和东方身心统一的运气观念，是一种动作温和缓慢的运动，最初被用来当作军营中卧床休息时的恢复性训练。不过，虽然普拉提看似“温柔”，但是只要真正接触过普拉提运动的人就会发现，短短5分钟的普拉提练习，身体就会有发热、出汗的现象。所以，自己买DVD在家练习，如果掌握不好运动要领，就很容易造成肌肉损伤。

练普拉提时，所有动作都是围绕人体下腹部施加力量的，所以很容易导致肌肉拉伤和腹部酸痛。这就要求运动前45分钟和运动后半个小时内不可进食，并且最好有正规教练陪同指导。如果是老人、小孩、孕妇等特殊人群，或者患有坐骨神经痛，脊椎曾受过伤的人做普拉提，练习时就一定要有专业人员进行指导。

只凭食物不能满足身体必需的热量

我们身体产生的热量是通过胃肠的消化，将食物中蕴含的能量转化而来的。但是，人们常常忽视了一点，那就是，食物中产生的热量仅仅是维持生命之必需，却不足以维护身体机能处于最佳的状态。

事实证明，即便我们喝最烈的酒，吃最辣的火锅，身体所产生的热量，也抵不上我们运动一会儿所产生的热量。

如果想保持身体健康，使身体机能处于最佳状态，除了必需的饮食之外，还要适度的运动。运动产生的热量是维护身体机能的必需品，同时，运动产生的热量也是我们对抗寒冷的法宝。

身体通过运动产生热量，对人体健康具有非常重要的意义。身体被寒气侵袭，是许多疾病产生的原因。张仲景在《伤寒杂病论》中指出，受寒是人们害病的普遍原因。所以，促进机体的抗寒能力，可使人们少患许多种疾病。人们防寒的有效方法不仅仅是食用高热量食品、穿厚衣服保暖，这些防寒措施不能加强我们机体的抗寒能力，防寒和抗寒本质上是不同的。通过运动产生热量，促进机体的抗寒能力才是抗寒的有效方法。

长期进行耐寒运动锻炼，能够预防冬季严寒对人体健康的影响，有效提高人体各组织器官的免疫功能，增强抗寒能力，减少寒冷季节多发病的产生。积极进行耐寒锻炼，最好选择清晨在户外进行。选择性地进行一些有氧耐力锻炼，如散步、骑自行车、健身、慢跑、跳舞、打羽毛球、游泳等，对增强体质都是行之有效的好方法。在锻炼中，衣着宜单薄；锻炼之后，应注意保暖，以防出汗后着凉。每天早晨用冷水洗脸、擦身，也可逐步进行冷水浴以增强抗寒能力。

坚持健身原则不动摇

原则一：先上后下

在健身房中，有些健身者在进行简单的热身之后便开始先进行下肢练习，比如锻炼腿部力量的深蹲或者箭步蹲等，结果往往导致身体不适，甚至受伤，这多是因为他们锻炼的顺序不对，科学锻炼的顺序应该是先上身后下身。

健身房里经常会出现一些“先下后上”的受伤者：有些刚进健身房的人在热身时做弓步蹲练习，在做第2组练习时便出现了腿部肌肉损伤；有的人在进行热身后就马上做深蹲练习，练习几组之后突然感到头晕恶心，出现急性休克的前期反应。

这些情况在健身房里并不少见，多是由锻炼的先后顺序安排不当所致。在运动时，肌肉和韧带都要直接参与运动，而肌肉分为大肌肉群和小肌肉群，腿部的肌肉是大肌肉群，在运动当中，腿部受力相对较大，并且腿部受力时间也相对较长。因此这需要较好的心肺功能和肌肉力量作为支持。而先练上身会使肌肉和韧带得到充分预热，从而为腿部的动作做好前期准备。同时在上身锻炼的过程中，心肺功能相应有所提高，大肌肉群之间的协同部位也得到了适当的锻炼，这样就能最大限度地避免运动损伤。因此，如果一天的锻炼安排中有关于腿部的动作，可将腿部动作安排在锻炼的最后进行；如果在一周的锻炼中安排了下身的锻炼，则可将下身的锻炼安排在一周锻炼内容的最后阶段进行，这样安排都是因为腿部练习对体能消耗较大，而且腿部肌肉的恢复时间也相对较长，至少需要2～3天，如果先练下肢很有可能会影响其他项目的练习。另外，在刚开始进行腿部锻炼时，强度不宜过大，2～3组/天即可，随着心肺功能以及肌肉力量的提高可慢慢增加练习的力度和组数。

原则二：从枝端到根本

很多人在运动的时候，可能从来都没有想过运动要从细处做起。真正对健康有益处的往往是一些小动作，尤其是对于身体机能起促进作用的小动作，而且这些小动作基本上都是通过手、头、足等身体的主要反射区来实现的。

对于动作健身的次序，从细到粗，动作幅度由小到大，是必须遵循的原则。

运动因人而异

很多人下定决心开始锻炼身体时，面对五花八门的健身项目很可能会有无所适从的感觉，是选择最普通的慢跑、游泳、羽毛球呢？还是赶个时髦，试试轮滑、瑜伽、普拉提、攀岩？其实，锻炼身体，要因人、因时、因地而异。根据个人的年龄、性别、性格、健康状况、职业特点等，进行科学合理的选择，选择项目很有讲究。

1.脑力劳动者应力求室外活动

首先，选择哪类健身项目与自己的工作与学习密切相关。

脑力劳动者一般长期坐在办公室内，低头弯腰工作。由于颈部长时间向前弯，流向脑部的血液受限，容易头晕脑胀。另外，长期使用电脑的人容易患神经衰弱。脑力劳动者参加户外体育锻炼，能够使氧气供应更加充足，还能加快肠胃蠕动，促进消化。另外，在运动中，神经细胞的兴奋、抑制过程得到了很好的锻炼，能使人精力充沛。脑力劳动者的体育锻炼就是积极性休息。

综合以上分析，脑力劳动者最好选择在室外健身，充分利用日光和新鲜空气，适合选择散步、慢跑、游泳、太极拳、广播体操、气功等运动项目。

2.体力劳动者力求全身性活动

体力劳动一般来说有锻炼身体的作用，但他并不能代替体育锻炼。因为不少工种需要长期保持某种固定的姿势，或者只是身体的某些肌群某些部位在活动，容易产生局部肌肉疲劳、劳损甚至职业病。因此，体力工作者需要的是全身性的活动，建议这类人参加长跑、打球、游泳、体操、武术等运动项目，以达到全身锻炼的目的。

3.体弱者更适宜中国养生动作

选择健身项目要根据自身的身体素质状况而定，要有意识地加强对薄弱环节的锻炼。例如，臂力差的人可以通过打羽毛球、器械练习等重点提高臂部力量，柔韧性差的人可以练习瑜伽、普拉提等，力求身体各部位得到均衡发展。

对于体质弱者，可以选择气功、太极拳、八段锦及徒手操等养生动作。患病的人最好在医生的指导下选择适宜的健身项目。病愈初期，可以选择散步，随着病情好转可以逐渐加快步速。身体基本恢复以后再选择其他项目进行健身锻炼，并且逐步提高运动次数和负荷。

4.根据性格选择活动

心理学研究表明，不同的运动项目，对心理所起的作用也不同。根据性格选择健身运动，可以纠正性格缺陷，改善心理和精神状态。

对于胆小、害羞、腼腆的人来说，应多参加游泳、溜冰、拳击、单双杠、跳马等项目。这些活动能培养克服胆怯、越过障碍、战胜困难的精神。

容易焦虑的人可选羽毛球、乒乓球、网球、跳高、击剑等健身项目。这些项目要求运动者头脑冷静、思维敏捷、判断准确、当机立断，能改善人多疑、犹豫的毛病。

遇事爱紧张的人应多参加竞争激烈的运动项目，如篮球、足球、排球等。这些运动场上形势多变，紧张激烈，只有冷静沉着地应对，才能获胜。若能经常在这种场合中接受考验，遇事就不会再惊慌失措，而能从容面对了。

性格孤僻的人最好避免独自运动，建议多选择篮球、足球、排球以及接力跑、拔河等团体项目。坚持参加团体项目，能够增强自身活力与合作意识，逐渐改变孤僻的性格。

冲动急躁的人，可以选择长距离散步、象棋、太极拳、气功、游泳等体育项目。这类活动多属静态，需要单独完成，不会带来情绪的过度波动，有助于调节神经，增强自我控制能力。

虚荣和傲慢的人，可以选择一些难度比较大或动作比较复杂的运动项目，例如跳水、普拉提、马拉松等，也可以找一些实力水平高于自己的对手下棋、打羽毛球或乒乓球等，这样可以不断提醒自己，山外有山，人外有人，戒骄戒躁。

需暂停运动的反应

我们的身体也有不适宜做运动的时候，下面列举几种情况，如果身体出现其中一项，就需要暂时停止运动了。

1. 头痛头晕：一般做一些剧烈动作时，会有头痛头晕情况出现，这主要与血压变化、血液中氧气含量过低有关。建议体质较差的人根据自身情况选择适合自己的运动项目。

2. 自我感觉疲劳：运动后身体疲劳是很正常的，但是，如果疲劳现象持续2～3天或者更久，就可能是运动过度的结果。这时就需要暂时停止运动，让机体得到充分休息恢复。

3. 肌肉疼痛：由于乳酸的堆积，运动后肌肉疼痛是正常现象，但如果疼痛持续3～4天或更长时间，就要降低运动强度了。严重的话应该立即停止运动，同时做相应按摩、理疗等。

4. 食欲不振：食欲不振很可能是由于运动量过大，对机体刺激过度，抑制了大脑中的消化中枢造成的，此时要注意饮食的营养和搭配。

5. 恶心呕吐：恶心呕吐症状如果不是饮食引起的，那多数是由于肌体运动过量，缺氧造成的。锻炼者应该根据自己的生理条件制定合适的运动计划，从小运动量开始，循序渐进地进行。

6. 口渴：大运动量后产生口渴现象是正常的，但要注意运动前、中、后应及时补充水分，尤其是运动以后，最好饮用一些含盐分的水。

7. 精神压抑：健身的初衷应该是缓解压力，使身心愉悦，但如果运动中出现精神压抑，应该积极自我调节，减小运动量。

不同年龄的不同健身配方

大家都知道运动对人体有益，但是大多数人不可能一辈子只做同一种运动而不厌倦，而且年纪大时不可能还和年轻时一样蹦蹦跳跳，承受着年轻时的运动量。

那么，如果想要通过运动来健身，到底应该如何进行搭配组合，在不同年龄阶段应该选择怎样的运动方式呢？下面就把一些具体方案介绍给大家，以供参考。

1.20岁造就完整的身体机能

20岁时可以选择一些运动量大的有氧运动，比如跑步、拳击等。这些运动对年轻的身体而言大有好处。在生理上，这些运动能消耗大量的热量，强化全身肌肉，增进精力、耐力与手眼协调能力。在心理上，这些运动能帮助你解除外在压力，让你暂时忘却生活中的不愉快，获得成就感。同时，跑步还能激发创意、提高自律能力；而拳击除了培养信心、克制力与面对冲突的能力等好处外，更适合拿来当作“出气筒”。

（1）女性运动的建议：对于这个年龄段的女性来说，身体各部分的机能正处于鼎盛时期，心律、肺活量、骨骼的灵敏度、稳定性及弹力等各方面均达到了人一生中的最佳时间。所以，要想把身材雕塑的完美，这个阶段是很重要的。但是，现在有些女孩子的做法是非常不可取的。女孩子对身材虽然非常重视，但却很少参加有规律的锻炼。

20岁女性的想法是：节食、吃减肥药、大强度的运动……为了能让身材变好，什么都可以做；但跑步太没意思了，力量训练更讨厌，每次都要和一堆硬邦邦、冷冰冰的运动器械打交道。

如果长期这样下去的话，身体的脂肪会越来越多，肌肉则越来越少。所以，爱美的女孩子们还是应该树立坚持运动的观念。

健身教练说，这个年龄段的女孩儿可以每周锻炼4～6次，每次最好坚持一个小时以上，锻炼重点主要是胸部、腰背部、大腿和臀部，目的是塑造身体的线条。而锻炼的方法则可以根据自己的爱好自行选择，如踏板操、跆拳道、拉丁舞等时尚运动。

（2）男性运动的建议：这个阶段的男性应该通过肌肉强化锻炼来取得“常规体力”，同时还需要对心脏进行耐力锻炼，这样可以提高输血量。总之，20岁的男性应该为今后的身体健康储备“资源”。这个阶段一定要注意坚持锻炼，以保持正常体重，否则30岁以后再去减肥就要事倍功半了。

锻炼可隔天进行一次，如每个星期的二、四、六进行30分钟增强体力的锻炼，方法是：试举重物，负荷量不能超过极限肌力的60%，一直练到肌肉觉得疲劳为止（每次做10～12次）；如多次练习并不觉得累，可以加大器械重量10%，必须使主要肌群(胸肌、肩肌、背肌、二头肌、三头肌、腹肌、腿肌)都得到锻炼；然后再进行20分钟的心血管系统锻炼，如慢跑、游泳、骑自行车等。

2.30岁不要脂肪要肌肉

处于30岁年龄段的人群，建议选择攀岩、滑板、溜冰或者武术来健身。因为，在生理上，除了减肥，这些运动还能加强肌肉弹性，特别是臀部与腿部的肌肉；还有助于增强活力、耐力，改善平衡感、协调感和灵敏度。在心理上，攀岩能培养禅定般的专注工夫，帮助练习者建立自信心与思考能力；溜冰会令人忘却烦恼、心情愉快；武术能帮助练习者在冲突中保持冷静、自强与警觉心，同样也能培养专注力。

（1）女性运动的建议：30岁的女性虽然身体素质还都能保持得不错，但是体形已经开始有所改变了，皮下脂肪堆积渐多。这个阶段的女性不应该强求身材还能像年轻时一样苗条，而应该把锻炼的重点放在保持健康、锻炼身体的肌肉和柔韧性上。

因为，随着年龄的增长，女性的肌肉开始减少，减少的部分被相同重量甚至更多的脂肪所代替。大多35岁以上的女性，肌肉几乎每年在以0.3%～1%的比例衰减，耐力明显下降，而脂肪却在10年之间平均增加了1.5～2.5千克，致使身材日渐臃肿、老态，缺乏生机和活力。

所以，30岁的女性要通过运动建造肌肉，加速新陈代谢，防止脂肪的增长和堆积。

30岁女性的想法是：当了妈妈之后，身材开始走样了，有了小肚腩，腰也变粗了，年轻时的漂亮衣服再也穿不上了，整天忙完工作忙家务，哪还顾得上锻炼呀！

可是，再忙也不能不重视自己的健康，没有时间去健身俱乐部锻炼的女性朋友，可以在下班后或晚饭后和家人一起进行一些低强度的有氧运动，如游泳、快走、爬楼梯等，每次坚持30～40分钟，养成健身的习惯。如果时间允许最好每周三次到健身俱乐部参加一些器械训练，如举哑铃等，以提高新陈代谢率，燃烧多余的脂肪，增加肌肉力量。而瑜伽、普拉提等柔韧性和灵活性的锻炼也是不错的选择。要知道，运动健身，不仅能够强身健体，还可以延缓衰老。

（2）男性运动的建议：对于男性来说，在这一年龄阶段，身体的关节常会发出一些响声，这是关节病的先兆。为了使关节保持较高的柔韧性，应多做伸展运动锻炼。隔天进行一次，每次进行5～30分钟的心血管系统锻炼(慢跑或游泳)，强度不要像20岁时那样大。20分钟增强体力的锻炼，与20岁时相比，试举的重量要轻一些，但做的次数可多一些。5～10分钟的伸展运动，重点是锻炼背部和腿部肌肉。久坐办公室的人更要多做伸展运动，方法是：仰卧，尽量将两膝提拉到胸部，坚持30秒钟；仰卧，两腿分别上举，尽量举高，保持30秒钟。这个年龄段的人仍可进行各种体育锻炼。若间断一段时间，重新进行锻炼时要遵循循序渐进的原则，35岁以上的人锻炼前最好先做心电图检查。

3.40岁不强美丽强骨骼

40岁应选择低冲击有氧运动、远行、爬楼梯、网球等运动。对身体的好处是能增加体力，加强下半身肌肉，特别是双腿，像爬楼梯既可以健身，又很适合忙碌的城市上班族每天就近练习。网球则是非常合适的全身运动，能增加身体各部位的灵敏度与协调度，让人保持活力充沛，同时对于关节的压力也不如跑步和高冲击有氧运动来得大。而在心理上，这些运动让人神清气爽，松弛紧张和压力。以爬楼梯为例，有规律地爬上爬下常是控制自己、让心情恢复稳定的好方法；同样，打网球除了有社交作用，还能抛开压力与杂念，训练注意力、判断力与时间感。

（1）女性运动的建议：40岁人老色衰，女性只能用美容化妆品来“强迫”自己延续美丽，开始察觉出健康的危机。这个阶段的女性要知道身体机能是无法通过美容来提高的，健康才是真正的美。只有通过运动才能使身体变得健康而焕发青春活力，让内心获得愉悦。

女性在更年期以后的5～7年，骨质最多能流失20%，所以很容易患骨质疏松症。经常运动的女性比不运动的女性骨质密度要好。40多岁正是女性骨骼真正开始疏松、肌肉开始失去弹性和活力的时期。每天进行30分钟交谊舞、踢毽子、韵律操、瑜伽等对速度和强度要求不高的锻炼，能增加身体的协调性、锻炼骨节的灵活性、调整机体的疲劳、避免骨质疏松症的发生。

（2）男性运动的建议：超过40岁的人选择运动项目不仅应有利于保持良好的体形，而且能预防常见的中老年性疾病，如高血压、心血管疾病等。锻炼可每星期一、五进行两次，选择中等强度的运动，可进行慢跑、游泳、骑自行车等。

4.50岁以上的人保健康

适合50岁人的运动包括游泳、重量训练、划船，以及打高尔夫球。游泳能有效加强全身各部位的肌肉弹性，而且由于有水的浮力支撑，不如陆上运动吃力，特别适合疗养者、孕妇、风湿病患者与年纪较大者。重量训练能坚实肌肉、强化骨骼密度，提高运动能力；而打球时如果能自己走路，自背球袋，而且加快脚步，常能收到稳定心脏功能的效果。心理上，游泳兼具振奋与镇静的作用，专心的游泳让人忘却杂务；重量训练有助于提高自我形象满意度，让压力与烦躁都随汗水宣泄而出；团队一起划船能培养协同与团队精神；打高尔夫球则可让人更专心、更自律。

此外，还可以做10～15分钟的器械练习，器械重量的选择要比30岁时的轻一些，太重会损害健康，但次数不妨多些。为防止意外，最好不使用哑铃，而用健身器；5～10分钟的伸展运动，尤其要注意活动各关节和那些易于萎缩的肌肉；周三加做一次45分钟增强体力的锻炼，可做俯卧撑、半下蹲等，重复多组，每组约20次。推荐运动项目：网球、长距离滑雪、游泳、慢跑、高尔夫球、跳舞、散步。

5.60岁以上的人养心态

60岁以上的人多做散步、交谊舞、瑜伽或水中有氧运动。散步能强化双腿，帮助预防骨质疏松与关节紧张；交谊舞能增进全身的韵律感、协调感和优雅度，非常适合不常运动的人；瑜伽能使全身更富弹性与平衡感，能预防身体受伤；水中有氧运动主要增强肌肉力量与身体的弹性，适合肥胖或体力较差的人、孕妇或老弱者。这些都不算是激烈的运动，但是在健身之外，他们的最大功用是能使人精神抖擞，感觉有趣，并且有社交的作用，是让老年人保持年轻心态的一个好方法。

老年人要注意科学健身

当春天来到的时候，在房间里歇了一冬天的老年人开始到户外健身器械上锻炼身体。但健身器械运用不当，反而会危害健康。所以我们提醒外出锻炼的老年人：在上器械前应当先做准备活动，锻炼中节奏不要过快，动作要柔和。

随着年龄的增加，老年人的心脏和骨骼往往会出现各种各样的问题，比如动脉硬化、冠心病和骨质疏松等，在这种情况下，大运动量就很容易损伤身体。因此老年人在进行春季锻炼时应该注意以下几个方面：

1.根据个人身体状况，选择适宜的健身项目

老年人由于年龄上的原因,身体各组织器官已经开始衰退,反应速度也开始变慢,活动后恢复时间也比年轻时要延长很多。所以，老年人在健身时应选择适宜的锻炼项目和制定适合于本人身体状况的健身计划。

对老年人来说,首先选择的应该是有氧运动。有氧运动可以简单的理解为中等强度的体育活动。严格的来说,运动时的心率不能超过本人最高心率的70%～75%。

适合老年人锻炼的有氧运动项目有: 快步走、慢跑、登山、爬楼梯、游泳、舞蹈、骑自行车以及一些球类项目。这些项目的特点是持续活动时间可以自由支配,个人可根据当时的身体状况灵活掌握，强度可大可小,呼吸比较均匀,锻炼时还可以与同伴交谈,跑走交替。

2.掌握适宜的运动强度，注意疲劳反应

如果身体没有轻度的疲劳感,说明没有达到锻炼顶点。但疲劳过度,就会对身体

带来不利的影响。那么，我们应该如何掌握适宜的运动强度呢？

首先，我们可以从表象上来判断,如锻炼后身体感到中度劳累,但精神愉悦,心情舒畅,无明显气喘、心跳过速等难受的感觉；食欲有所增加,睡眠有所改善；活动后第二天早晨的血压、脉搏比较稳定,体重保持正常,肥胖者经过一段时期锻炼后,体重有所下降。老年人锻炼后恢复时间延长,一般在24小时内得到恢复是正常现象,最长不应超过2～3天。出现以上的情况，我们就认为运动强度是适度的。

但是，如果健身后出现头痛、头晕、无力、恶心、胸闷、气促、厌练、食欲下降、睡眠不佳；第二天早晨脉搏加快,血压升高,机能减退,疲劳感长期不能消退,体重明显下降,则应视为过度疲劳。

3.掌握产生疲劳的生理心理因素，防止过度疲劳

疲劳或过度疲劳是正常的生理反应，在日常生活中是经常发生的。通常情况下，造成这种情况的原因主要是长时间的体力活动或因脑力劳动引起的精神紧张未能及时调整。体力活动过度经过调整后很快可以恢复,但如果夹杂有其他心理因素：①遇到复杂问题不能顺利解决,产生烦恼；②人际关系所造成的心理困扰；③因个人、家庭或工作上的原因,心情不愉快；④各种原因引起的精神不安定、恐惧、紧张；⑤脑力劳动持续时间过长,引起疲劳积累等，这时候体力就不容易恢复。

身体的劳累、心理上的压抑、单调的动作,都可以产生疲劳甚至过度疲劳。所以应该有针对性的进行调整,使身心恢复到正常的状态。无论是运动健身,还是脑力劳动都应该适当。古代名医华佗说过:“人体欲得劳动,但不当使极尔。”唐代医药家孙思邈说:“体欲小劳,但莫大疲。”他们都认为,人体需要劳动,但不要过度。因此，老年人运动应注意几点：①器械锻炼前应先通过散步、体操等准备活动预热身体，以身体微微出汗为宜；②进行器械锻炼时，动作应舒缓，能够保持正常的呼吸和心跳；③选择一些适合老年人使用的健身器材，如骑马机、腰背按摩器和太空漫步机等，锻炼时以每组15～20个动作为宜；④老年人应养成清晨测脉搏的习惯，平静状态下每分钟脉搏次数超过正常值（80～82次／分钟）6次，就应该减少运动量；⑤老年人最好结伴锻炼，以防出现意外无法求救。

4.老年人要防止日常行为动作不当

老年人日常行为动作不当，很容易导致心脏病、脑血管病的加重或发作，以

及骨关节损伤。所以，老年人在日常生活中一定要注意以下几方面：

（1）举手仰头：老年人举双手去取平日放在高处的东西，或用同样的姿势晾晒衣物，这个动作会对脑血管构成危害，诱发脑供血不足，所以家庭中物品的摆放应适应老年人的体质特点，避免过度的仰头动作，比如电视与坐椅在一条水平线上，不使老人仰脖过高。

（2）说话快速：老年人不宜语速过快、情绪激昂，否则易使血压升高、心跳过快，这些容易导致供血不足，甚至诱发心绞痛。

（3）吃饭过快：老年人胃口弱，牙齿也不好，应细嚼慢咽，才能有助消化；另外，对于偏胖的老年人来说，则更应细嚼慢咽，因为这样可以防止肥胖。

（4）站着穿裤：老年人多骨质疏松，另外老年人的平衡功能已出现障碍，所以站着穿裤容易摔倒，一旦摔倒，很容易造成骨折或韧带损伤。

（5）用力排便：老年人排便不顺时，不能用力硬排。因为用力排便容易导致血压升高，还可能诱发心绞痛。

（6）猛回头：老年人多有颈部骨质增生，颈骨急扭很容易压迫血管，造成脑部供血不足，出现眼黑摔倒。所以老人走在街上，遇熟人招呼或听到异常声响，切不可猛然回头。

早晚健身动作配套指南

“早晚健身，胜似黄金”。早上做一点健身运动能保证一天的好精神，使心情愉悦地投入到学习与工作中去。晚上睡前做一点健身运动，能保证良好的睡眠，使第二天起床精神抖擞。这些运动并不是说要有专门的健身器材，其实最主要的就是活动一下筋骨，抬抬头、扭扭腰等都是睡前与起床后很好的健身运动。

1. 睡前的保健动作

很多人睡眠不好，常常依靠安眠药来保证睡眠，但吃安眠药毕竟不是长久办法，下面介绍几种健康操，睡前做做对改善睡眠很有帮助。

（1）健康操之一：①平躺在床上，双脚伸直；②右脚弯曲往左跨，右脚跟置于左大腿旁；③左手抱住右膝盖往下压（尽量将左肩与右膝贴近床面）；④头部往右边看，数5秒后换边。注意：这个健康操要在空腹时做。

效果：增加肠胃蠕动，改善便秘。

（2）健康操之二：①身体躺平，双手在头后互握，双脚伸直并拢；②脚背用力伸直，慢慢将双腿抬高，能抬多高就抬多高；③将双脚脚底向内勾来伸展腿筋，大约5秒后慢慢放下。

效果：如果平时脚容易抽筋，这个健康操会很有帮助。

（3）健康操之三：①两膝盖弯曲，双手抱膝盖，让大腿贴近腹部，头部抬起；②让身体好像一颗球一样在床上滚动。

效果：有排气的功能，帮助排出宿便。

（4）健康操之四：①平躺在床，双腿伸直，双手往头上方伸展；②双脚曲起，臀部往上抬高数5秒后放下。

效果：有助于腋下和鼠蹊部的伸展，能促进血液循环。

2.起床之前的保健动作

起床之前的保健动作是非常重要的。如果每天早晨起床之前坚持做几个简单易行的小动作，就会使自己在新的一天里精力充沛，有利于增强体质，增进健康。

（1）转睛：转动眼球，先左右，后上下，各转10次，这样能提高视神经的灵活性，增强视力。

（2）搓脸：早晨起床以后，先用双手的中指同时揉搓两个鼻孔旁的迎香穴数次。然后自下而上搓到额头，再向两侧分开，沿两颊自上而下搓到颏尖处汇合。如此反复搓脸20次，可以促进面部血液循环，增强面部肌肤抗风寒的能力，有醒脑和预防感冒的功效。长期坚持，还能减少面部皱纹，起到美容养颜的作用。

（3）梳头：端坐在床上，用十个手指代替梳子，从前额梳到枕部，从两侧颞颊梳到头顶，反复数十次。能够改善发根的营养供应，促进头发乌亮，减少脱发、白发，而且还能醒脑爽神，降低血压。

（4）弹脑：用两个手掌心分别按紧两耳，用食指、中指和无名指轻轻弹击后脑，反复3～4次，可以做到解疲乏、防头晕、强听力、治耳鸣。

（5）叩齿：轻闭嘴唇，上下牙齿互相叩击36次，间宜旋舌，以舌尖舐抵上颚数次。这样可以促进口腔、牙齿、牙床和牙龈的血液循环，增强唾液分泌，提高牙齿抗龋能力和咀嚼功能。

（6）做腹式深呼吸：起床之前，挺腹平卧，伸直双腿，吸气时，腹部用力向上挺起，呼气时放松。反复挺腹十余次，能够增强腹肌弹性和力量，预防腹部肌肉松弛、脂肪堆积，而且还能改善胃肠功能，促进消化。

（7）提肛：聚精会神地提紧肛门十余次，这个动作可以增强肛门括约肌力量，改善肛周围血液循环，预防脱肛、痔疮和便秘。

一年四季健身指南

1. 春季健身指南

严冬刚刚过去，“一年之计在于春”，健身的黄金季节也来了。不过，春季也是一个病菌丛生，各种疾病多发的季节，而且这时候，人体各个器官的功能都处在一个较低的水平。因此，春季锻炼应特别注意卫生保健。只有结合季节特点合理安排运动，才能在保证健康的同时充分享受健身的快乐。春季运动要注意以下几个方面：

（1）注意晨练时间：春天，晨间气温低、湿度大、雾气重，因室内外温差悬殊，人体骤然受冷，容易患伤风感冒，使哮喘病、“老慢支”、肺心病等病情加重，故春天锻炼应在太阳升起后到户外运动为宜。

（2）注意选择合适的运动项目：一般来说，老年人以慢跑、散步、舞剑、做医疗体操为宜；中年人以长跑、爬山、打球为佳；少年儿童则以跑步、跳绳、打羽毛球、做广播体操为好。

（3）注意锻炼前的准备活动：运动前必须先活动活动腰部与四肢的关节，搓搓手、脸、耳等暴露于外的部位，以促进局部血液循环，避免扭伤的发生。

（4）注意感官卫生：春天雾多、风大，锻炼时肢体裸露部分不宜过多，以防雾湿的侵袭，要学会鼻吸口呼，不要呛风锻炼，练习场所宜选在空气清新的地方，以摄取较多的“空气维生素”——负离子，起到健脑驱劳，振奋精神的作用。

（5）注意防寒保暖：早春气候多变，户外锻炼时衣着穿戴要适宜，随时注意防寒保暖，以免出汗后受凉，切忌在大汗淋漓后脱下衣服或在风口处休息，剧烈活动后，不应骤停休息，锻炼后，应用干毛巾擦干身上的汗水，并及时穿好御寒衣服。

2.夏季健身指南

俗话说：“冬练三九，夏练三伏。”夏季高温炎热，人体消耗特别大，各器官的衰老比其他季节更加明显，如果在夏季坚持锻炼，其抗衰健体效果将更加显著。下面我就给大家介绍几种夏季健身的方法：

（1）动静结合养护心脏：夏季健身的目的应该以健脾养心、益气生津为主，锻炼的方式则是以静为主，以动为辅，动静结合，使人体适应夏季气候变化，增强体质，提高抗暑的能力。

（2）晨晚运动轻松适量：夏季健身要讲究科学，做到适时、适量和适地。

适时：因为夏季气候炎热，为了避免强烈阳光对皮肤和身体造成损伤，运动时间最好安排在清晨或傍晚天气凉爽的时候，尽量避免上午10点后至下午4点前的户外运动。

适量：人体在夏季消耗增大，睡眠和食欲都会下降，体能储备相对其他季节较弱，因此我们提倡轻松运动，时间不要太长，应该控制在20～30分钟，强度也要适当减小，可选择游泳、散步、慢跑、拳操和一些非对抗性球类运动等。

适地：不要闷在家里，尽量到户外运动，选择公园、湖边、庭院等阴凉通风的地方。即使在室内运动，也要打开门窗，保持空气流通。

（3）及时补水，水盐平衡：夏季气温炎热，因此补水就变得更加重要。夏季补水的原则应该是保持水、盐平衡和少量多次。应该注意的问题有：补水时最好不要只补充纯净水，而应补充富含矿物质和微量元素的天然饮用水；在锻炼的前、中、后都要补水。

除此之外，还要提醒有晨练习惯的中老年人，应该在晨练前饮用一两杯水，这样对身体大有裨益。因为在起床后饮水能使机体得到充足的水分，促使血液循环恢复正常，微循环畅通，大大降低心脑血管疾病的发病率。

（4）运动之后保证营养：对于运动量较大的人来说，维持均衡的营养十分重要，特别是在夏季。在日常饮食中，除了应多吃些绿叶果蔬以外，还应多吃一些乳制品、禽蛋、动物内脏等富含蛋白质、维生素A、维生素B以及多种微量元素的食物。

夏季运动身体除了水损失增加外，很多矿物质也会随着汗水流失，其中主要是钾和钠。

为了补充矿物质的流失，我们可以通过多吃一些水果和蔬菜来增加这些矿物质的摄入，因为钾、钠、铬、锌、硒等矿物质在蔬菜水果中含量丰富。比如，香蕉、桔子等含有较丰富的钾元素，蘑菇、花椰菜、花生等含有较多的铬。然而有些重要矿物质如锌，则是在牡蛎、牛奶、羊肉等动物性食物中含量较多。所以，运动后饮食要均衡。

（5）宜穿着棉制服装：在夏季锻炼时，衣服的选择也很重要。浅颜色的衣服可以减少热量的吸收，穿起来比较凉快；深颜色的衣服会吸收更多的热能，穿起来就会感到闷热。棉织品透热、吸汗优于化纤制品。所以，夏季运动着装以浅颜色棉织品为最好，一般款式越宽松，散热性能就越好，颜色越浅越不容易吸热。

（6）晨练不宜过早：在夏季，白天比较长，天亮的时间比较早，很多有晨练习惯的中老年人都是天一亮就出门运动，其实这是错误的。正确的做法应该是保证正常睡眠，晨练不宜太早。

（7）别用冷饮降温：有的人在运动后总爱吃一点冷饮来降温。事实上，这是错误的做法，在身体温度很高的情况下吃冷饮会伤害肠胃。这是因为在锻炼的时候大量血液涌向肌肉和体表，这时候消化系统处于相对贫血状态，此时进食大量冷饮不仅会降低胃的温度，还会冲淡胃液，使胃的生理机能受到损害，轻者会引起消化不良、呕吐、腹泻、腹痛等急性胃肠炎，重者还可能导致慢性胃炎、胃溃疡等严重病症。所以，在运动后喝一些温淡盐水是最好的选择。

（8）不要立即冲凉：很多人都喜欢运动后洗个凉水澡，这也是个坏习惯。因为人体在充分运动后会大汗淋漓，全身的毛孔都打开了。如果这时突然用冷水浇身，很可能会引起感冒、发烧。而且冲凉并不能帮助肌肉放松，反而会使肌肉更加紧张。正确的方法应该是等身上的汗都干了，再用温水冲澡，水温应高于体温1～2℃。

（9）游泳是夏季健身首选：如有可能，一星期游泳两次为宜。最初，限定在水中大约20分钟，逐渐增加至一小时，并增加进游泳池的次数。提到游泳的好处，众所周知，游泳可以减肥，降低胆固醇，增强心血管功能等。水的柔软质感可以使精神和身体得到平衡，从而使由工作压力所造成的紧张得到有效缓解，所以水中健身操非常适合经常在办公室伏案工作的人。

3.秋季健身指南

“八月秋风渐渐凉”，进入秋季，身体无疑进入了“休整”阶段。没有酷暑的煎熬，我们会食欲大振，饮食会不知不觉地过量，使热量的摄入大大增加；宜人的气候使睡眠充足，汗液减少。此外，为迎接冬季的到来，人体内还会积极地储存御寒的脂肪，人体发胖是很自然的。

秋令时节，若坚持适宜的体育锻炼，不仅可以调养肺气，提高肺脏器官的功能，而且有利于增强各组织器官的免疫功能和身体对外界寒冷刺激的抵御能力。然而，由于秋季早晚温差大，气候干燥，要想收到良好的健身效果，必须注意四防：

（1）防受凉感冒：秋日清晨气温低，不可穿着单衣去户外活动，应根据户外的气温变化来增减衣服。锻炼时不宜一下脱得太多，应待身体发热后，方可脱下过多的衣服；锻炼后切忌穿汗湿的衣服在冷风中逗留，以防身体着凉感冒。

（2）防运动损伤：由于人的肌肉韧带在气温下降环境下会反射性地引起血管收缩，肌肉伸展度明显降低，关节生理活动度减小，神经系统对运动器官调控能力下降，因而极易造成肌肉、肌腱、韧带及关节的运动损伤。因此，每次运动前一定要注意做好充分的准备活动。

（3）防运动过度：秋天是锻炼的好季节，但此时因人体阴精阳气正处在收敛内养阶段，故运动也应顺应这一原则，即运动量不宜过大，以防出汗过多，阳气耗损，宜选择轻松平缓、活动量不大的运动项目。

（4）防秋燥：秋天气候干燥，对于运动者来说，每次锻炼后应多吃些滋阴、润肺、补液生津的食物，如梨、芝麻、蜂蜜、银耳等，若出汗较多，可适量补充些盐水，补充时以少量、多次、缓饮为准则。

4.冬季健身指南

冬季因为气候寒冷，持续的冷空气进入人体，刺激咽喉，引起上呼吸道的感染，容易使人患感冒、发高烧，如果此时进行一些有氧健身运动，就能有效抵制寒冷空气带来的诸多症状，还能在提高身体免疫力的基础上保持美好身材。不过，冬季健身也不能一蹴而就，要根据自己的身体状况进行适量运动，才能达到强身健体的目的。

（1）冬季健身运动室内比室外好：在室内做运动避免了与冷空气的直接接触，健身后的效果将更好一些；同时，在室内也容易预防感冒，因为冬季气候寒冷，持续的冷空气进入人体，刺激咽喉，引起上呼吸道的感染，容易使人患感冒、发高烧。

（2）运动后最好洗个热水澡：运动后多少会出点汗，如果不洗澡换衣服，很容易会感冒。没有洗澡条件时，用干毛巾把汗擦干也可以。

（3）冬季室外健身适宜在日出后进行：太阳出来后晒到地面，使大气开始上下对流，污染的空气向高空扩散，对人体的侵害会减小。另外，冬季晨间气温较低，要到太阳出来半个小时后才会慢慢缓解。

（4）少用嘴呼吸：无论是锻炼还是在平时，都应养成用鼻子呼吸的习惯。因为鼻孔里有很多鼻毛，能够滤清空气，使气管和肺部不受尘埃、病菌和病毒的侵害。冬季锻炼时，空气温度低，冷空气经过鼻腔时，得到加温湿润，再进入肺部就不会产生强烈刺激了，而用嘴呼吸，冷空气是直接进入肺部，会对肺产生强烈刺激，引起不良反应。

（5）要注意保暖：冬季锻炼，不可忽视保暖，否则会引起伤风感冒。锻炼时要待身体发热后再逐渐减衣，但不要等大汗淋漓时再脱衣服，以免引起感冒；锻炼结束时，应擦干身上的汗水，并立即穿上衣服，以免身体着凉引起感冒。

假日健身新概念

健身并不一定要与器械打交道，也不一定要大汗淋漓，尽量做自己喜欢做的事情，不用顾忌，尽情放松、尽情娱乐，这种做法其实就是一种很好的健身运动。以下的几种方法都可以试一试：

方式1：美美地睡一觉

说了这么多种健身的方式，还有一种最简单的不得不说，那就是睡觉。假期溺爱自己的方式是关掉手机和电脑，拔掉电话线和门铃线，什么也不做、什么也不想地大睡。平时忙于工作，很少能饱睡一次，周末能睡就睡，充足的睡眠对身体是极有好处的。

方式2：愉快地购物

假日里时间充足，可以很悠闲地去购物。心情愉快地走在人流中，也是一种健身，并且要买的东西也顺便买了。

方式3：去公园

公园里有绿树鲜花，空气新鲜，带上一本书，在温暖的阳光下看书，多么惬意；还可以放风筝，充分享受放松的感觉。

方式4：参加派对

与朋友们说话谈天也是放松的一种方式，是让自己快乐起来的一个途径，心情快乐了对身体是百利无一害的。

方式5：旅游

不管是去远方还是在近地，换一个地方也就换一种心情。缓解焦虑、调节心情的最佳方式是到一个完全陌生的地方，享受无人打扰的假期。离开熟悉的环境，放下工作，暂别熟悉的同事，到陌生的地方去过一段完全放松的生活。旅游是一种用较小的代价去享受最大化精神享受的健身方式。

不同病情的健身方法

1. 心脏病患者的健身方法

心脏病患者的健身，应该以增加心肌供氧量、增强心脏工作效率为目的。心脏病患者的健身活动，可使心肌发达，收缩力加强，心率变慢，因此心脏病患者做适量的健身运动非常必要，但要注意以下几点：

（1）心脏病患者必须彻底改变不良的生活方式，并以适度的健身活动来辅助治疗疾病(低脂肪饮食、戒烟酒、适度的走和跑)。

（2）心脏病患者健身活动时应始终注意避免情绪变化太大，保持良好的情绪。

（3）心脏病患者的健身活动必须依据病情、年龄、兴趣及个人条件，在医生指导下进行，而不能随意进行，以免发生不测。

（4）心脏病患者的健身活动以走步或慢跑比较恰当，锻炼时间以下午为好，不宜在早晨进行，还应避免在饭后2小时内进行。

（5）心脏病患者健身后，不宜立即进行热水浴，即使需要洗澡，水温不要太热，并在休息一段时间后(至少15分钟)进行。

（6）在天气寒冷、高温、潮湿季节，应减少活动量。

（7）为了保证健身效果，心脏病患者一定要戒烟酒。

以往认为有了心脏病就动弹不得，特别是急性心肌梗死要卧床休息4～6周，但长期卧床又会造成心肺功能衰竭、肌肉萎缩、关节僵直、血栓静脉炎、褥疮、肺梗塞、脑中风等症，事实上，温和有效且长时间的小动作，对于心脏功能不佳的人有所助益。温和运动可以加强心肺功能，让心脏更强更有力，对于高血脂及动脉硬化病症的改善有所帮助。

心脏病患者最适合的健身运动包括健走、慢跑、骑自行车、羽毛球等。据德国吉森大学的一项研究结果显示，被视为休闲活动的高尔夫球，可能是最适合心脏病患者的运动。因为心脏病患者运动时必须力求适度，也就是要适度施压心脏，强化心脏功能，同时又不能对肌肉造成过重负担，温和、不耗体力但要求耐力的高尔夫自然相当合适。

2.哮喘者的健身方法

哮喘的发作往往与运动方式、强度和持续时间有关。哮喘患者的发作程度与运动时气道内热量散失的变化成正比，热量散失与吸入气体的温度和湿度有关，因此，不同的运动方式，热量散失程度不同，导致支气管反应亦不同。

哮喘的发生与运动的种类、紧张性及当时的气候亦有关。

夏季游泳、划船、举重等运动，较少引起哮喘发作；而在寒冷季节，户外竞走、爬山、跑步、球类运动等都容易诱发哮喘。一些轻体力活动，如散步、太极拳、高尔夫球等，较少引起哮喘。有研究表明，一般短于5分钟的运动较少引起哮喘发作，剧烈运动5～10分钟后才会引起哮喘发作。由于哮喘患者的病情严重程度不同，因此，在选择健身运动时要根据自身病情来定，中、重度哮喘患者须避免剧烈运动。

3.糖尿病患者的健身方法

现代人的健康大忌是肥胖，糖尿病就是肥胖体质的人较容易患的疾病，因此糖尿病患者除了要注意血糖的变化，更要控制体重，以减少并发症产生。

由于糖尿病患者的肢体末端血液循环比较差，小动作可以带动血液的循环，还可促进胰岛素的作用，协助放松精神压力。

糖尿病患者最好选择有减重及有效代谢血糖作用的有氧运动，运动强度当然不能太高。健走是最理想的运动，慢跑、自行车、体操、舞蹈、太极拳、太极舞，还有慢慢上下楼梯等较缓和的运动都是不错的选择，但必须持之以恒。大量或太强的运动，血液循环增快，会导致胰岛素吸收增快而引起低血糖症。运动时间最好选择在饭后1～2小时，每次约30分钟到1小时，一周至少要3次，才能达到效果。

4.高血压患者的动作禁区

在日常生活中，有些高血压患者无缘无故地突然死亡，这除了有病情发展的原因外，也有不少是由于自己不注意造成的。例如：

（1）突然用力：人们在日常生活中，无处不在用力，如用力搬东西，用力骑车，用力生产和运动等，人在用力或突然用力时，会出现肌肉紧绷，血管收缩，精神紧张，全身使劲等生理现象，在不超过承受能力的情况下，对于健康人来说，是可以承受的，如果患有高血压的患者突然用力，即便是在不大的用力或是在健康人的承受能力之内的用力，也有可能因为身体无法承受这种突发的生理性改变，而引起血压骤升，导致心脑血管病的突发而危及生命。因此，高血压患者不可突然用力，不可超负荷用力，只宜做一些轻微的和用力不大的工作及运动，这样才能确保健康和安全。

（2）长时间做下蹲起立运动：生命在于运动，适宜的运动可强身健体，防病治病，对于患有高血压的患者来说，适宜的运动也有益于降低和稳定血压，促进疾病的康复。但有些运动并不适宜高血压患者，除高强度的剧烈运动外，高血压患者还不宜做下蹲起立运动及快速摇头或跳跃等动作，这类运动有引起心脑血管意外的危险，高血压患者的运动，以散步、体操、太极拳等低强度运动为宜，且运动的时间不宜过长，以在运动中和运动后无明显疲劳不适感为宜。

（3）紧扣领扣：穿着高领衣衫，紧扣领扣，显得严肃和庄重，这对于正常人来说并非不可，但对于高血压患者来说，却是要尽量避免的事情，高领衣衫和紧扣领扣，可因长时间压迫颈静脉，造成脑血管供血不足，使脑细胞缺血缺氧，容易造成高血压脑动脉硬化患者突发意外。因此，高血压患者要尽量少穿高领衣衫和紧扣领扣，保持颈部宽松，才有利于大脑的血液循环，才能确保健康。

（4）快速进餐：快速进餐就是暴饮暴食的翻版，对健康是极为不利的，尤其是对高血压、心脑血管病等患者来说，更要禁忌。细嚼慢咽可以锻炼大脑的功能，维护脑血管的健康，帮助胃肠消化，充分地吸收食物中的营养物质，可以有效地控制和减少进食量，防止因进食过量引起营养过剩而致血脂增高和肥胖，这些对高血压患者都是十分有益的。因此，高血压患者进餐时宜定时定量，细嚼慢咽，千万不可快速进餐或暴饮暴食，还要戒烟戒酒。

（5）摒气排便：排便是生活中的小事，有些人因大便干结排解困难，就用力摒气排便，这对于健康人来说，如果是一时性的并无大碍，但对患有高血压的患者来说，一时性的用力摒气排便也是绝对不可以的，否则会因腹部压力增大，血压骤升而引发危险。因此，高血压患者排便应慢慢来，千万不可用力摒气，如果出现大便干结或便秘时，可服用一些润肠通便的药物或外用开塞露等进行治疗，平时可适当地多吃一些粗粮、蔬菜和水果，这样既可防止大便干结，又有益于高血压及心脑血管病的治疗。

（6）大发脾气：心理学家认为心理平衡的作用超过一切保障作用的总和，只要注意心理平衡，就掌握了健康的金钥匙。因此，高血压患者要保持良好的心态，遇事要心平气和地去对待，千万不要大喜大悲，大发脾气。心平气和有益于健康长寿。精神紧张、情绪波动等不良的心理状态，是影响健康和导致及加重疾病的重要因素，大发脾气可使内分泌功能紊乱，导致血管收缩，血压骤增，从而有引起心脑血管病突发的危险。

（7）趴着看书：有很多人喜欢趴在床上看书和看电视，这对于健康人来说没什么问题，但对于高血压患者来说，则是一种很危险的事情。由于人在长时间的趴伏状态下，腹部肌肉受到压迫，影响人的深呼吸，再加上腹部受压和腹肌收缩，容易导致血压骤升而发生意外，所以，高血压患者（尤其是年龄较大者），应禁止趴着看书和看电视，看书和看电视的时间也不宜过长，更不能看惊险刺激的影视作品。

（8）听快节奏音乐：多听一些轻松优美的音乐，不仅能使人心情舒畅，还可以调节人体的神经功能。但是，如果音乐节奏太快，音响声音太高，这对人体是有百害而无一利的。因为快节奏的音乐不仅会强烈地刺激人体的感官，还会引起精神紧张，内分泌失调，血管收缩，微血管循环障碍，从而引起血压骤升，有导致心脑血管病突发的危险。所以，高血压患者应少听快节奏的乐曲，多听一些曲调优美柔和的乐曲，音量也不要太大。

孕妇自我保护的动作指要

做妈妈的感觉会让很多人兴奋不已。但随着体重不断增加，怀孕期间的准妈妈越来越感到行动不便，因此也就需要越来越严格地采取孕期自我保护措施。由于在怀孕期间孕妇的心肺都承受着双重的负担，因此绝对要避免疲劳过度，否则就会引起气喘或其他的意外事故。下面就一起来看看孕妇的动作要领吧：

1.如何俯身弯腰

六个月后胎儿的体重会给孕妇的脊椎带来很大压力，并引起孕妇背部疼痛。孕妇要尽可能地避免俯身弯腰的动作，以免给脊椎造成过大的重负。如果孕妇需要从地面拣拾起什么东西，腹部会妨碍背部做弯曲动作，因此俯身动作不仅要慢慢轻轻地来，还要首先屈膝并把全身的重量分配到膝盖上。孕妇在清洗浴室或是铺沙发、沙发床时也要照此动作。

2.如何起身站立

孕妇往往觉得侧卧更舒服些，为了让全身的体重分配得更均匀，最好在膝盖之间垫上小枕头。如果感觉到身体麻木或肾脏疼痛，可以在侧面垫上小枕头，这样能够避免背部弯曲。如果说怀孕两三个月孕妇起身还算轻松，那么孕几个月后起身就得缓慢有序地去做动作，以免腹腔肌肉过分紧张。仰躺着的孕妇起身前要先侧身，肩部前倾，屈膝，然后用肘关节支撑起身体，盘腿，以便腿部从床边移开并坐起来。

3.如何保持站立

如果孕妇的工作性质需要长时间站立，这会减缓腿部的血液循环，导致水肿以及静脉曲张。快要当妈妈的孕妇必须定时让自己休息一会，坐在椅子上，把双脚放在小板凳上，这样有利于血液循环和放松背部。如果没有条件坐，那就选择一种让身体最舒适的姿势站立，活动相应的肌肉群。比如，收缩臀部，就会体会到腹腔肌肉支撑脊椎的感觉。孕妇常常想伸直腰背挺肚子，这样会引起钻心的疼痛。因此，需要长时间站立的孕妇，为促进血液循环可以尝试把重心从脚趾移到脚跟，从一条腿移到另一条腿。

4.如何保持坐姿

孕妇正确的坐姿是要把后背紧靠在椅子背上，必要时还可以在靠肾脏的地方放一个小枕头。如果孕妇是坐着工作的，有必要时常起来走动一下，因为这样会有助于血液循环并可以预防痔疮。要是孕妇写字或者用电脑的工作量很大，最好是每隔一小时让自己放松一下。

5.如何徒步行走

徒步行走对孕妇很有益，他可以增强腿部肌肉的紧张度，预防静脉曲张，并能增强腹腔肌肉。但一旦感觉疲劳，马上要停下来，找身边最近的凳子坐下歇息5~10分钟。如果没有条件在公园里散步，可以选择交通状况不太紧张的街道，以避免过多吸入有污染的汽车尾气。在走路的姿势上身体要注意保持正直，双肩放松。散步前要选择舒适的鞋，以低跟、掌面宽松为好。

6.如何乘坐公交车

如果孕妇坐火车进行长途旅行，在座位上一坐几个小时对身体是有害的。因此在火车上也有必要站起来在车厢里走动走动，便于血液循环。乘坐无轨电车、公共汽车和地铁的孕妇，为了自己的身体和未出生的孩子着想，千万不要羞于启齿给自己找个座位，因为急刹车会让自己失去平衡和摔倒。另外，要等车完全停稳后才能下车。而坐小轿车的孕妇选择的余地相对较大，可以挑选最舒适的座位，背靠沙发座或者躺下都可以。

7. 孕妇应切记的事情

（1）切记不要站在小凳子上够取高处的东西。

（2）切记不要长时间蹲着做家务。

（3）切忌不要双手拾取重东西。

（4）切记不要做使腰部受压迫的家务。

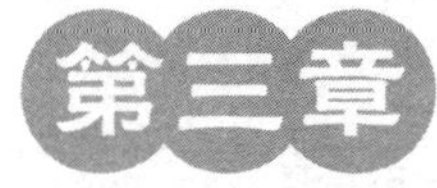

第三章 由表及里动养生五件套

在动作健身中，我们过多地强调了经络的神奇。实际上，动养生中还包括触健康，顾名思义它是用手指或手掌，或其他器物以不同方式接触身体的某一部位的“小动作”。触健康从里到外有五件套，穴位按摩只是其中的一件，其他四件也同样重要，缺一不可。

搓肤做为触健康的第一道工序。

拍肌做为触健康的第二道工序。

弹腔做为触健康的第三道工序。

敲骨做为触健康的第四道工序。

按穴做为触健康的第五道工序。

先要五件套圆满，动养生才圆满。

温柔的抚慰——搓肤

1. 皮肤：身体的第一道防线

皮肤就像身体的一副盔甲，如果没有他的保护，肌肉、血管和骨骼都将会裸露在外面，外界的病菌会很轻易地进入到体内。这就如同一个没有边防的国家，后果可想而知。

皮肤对身体的保护不只是局限于机械性的阻挡外界的侵害，他还具备边防部队的战斗力，能够主动对不良分子发起进攻。科学家做过一个实验，在手上涂上化脓性链球菌；3分钟后检查，手面上有3000万个细菌，再过一个小时后检查，细菌的数量减少到170万个，两个小时后，细菌仅剩700个。这说明皮肤能分泌杀菌物质，这种物质叫“溶解酵素”，皮肤一遇到险情就会分泌这种物质，将敌人消灭。

2. 皮肤是“垃圾”排泄的重要通道

皮肤上分布着密密麻麻的汗腺，他们就像城市里的下水管道，将身体内代谢产生的部分垃圾排出体外，保持身体的洁净。这些垃圾堆积在皮肤表面，通过洗澡把他从身上彻底清除掉。所以，如果不经常洗澡，皮肤很可能会通过呼吸作用把细菌再吸收到体内。堆积在皮肤表面的垃圾不但会侵蚀皮肤，还会阻塞皮肤上的小通道，阻碍体内垃圾的进一步排出。想象一下，家里的下水道被污垢堵住之后是怎样一种情形。这就是我们在洗澡时需要搓洗的原因，因为皮肤上的污垢会堵住毛孔，他们常常与皮肤紧密结合，给我们皮肤的正常排泄带来阻碍，所以，平时也要经常对皮肤进行干洗。

3. 皮肤还是身体的温度调节器

如果身体的热量过多，或者外界的气温过高，皮肤内的血管就会反射性扩张，体内的血液会用很快的速度流向体表，此时皮肤的汗腺就会加紧排汗，把多余的热量排出体外从而保持人体处于恒温状态。过去孩子发烧了，看不起病，大人就会给他煮碗姜汤，喝完后，再用几床被子蒙在身上，一会儿就捂出一身汗来，第二天一觉醒来，烧就退了。这个治疗发烧的土办法，实际上就是利用了皮肤通过散热来调节体温的原理。我们通常利用食物来驱寒，其实，仅靠食物来驱寒是不够的，仅靠运动驱寒也不够，摩搓皮肤，是最直接的一种排寒方法。

搓肤不仅能将侵入人体内的寒气排除，而且可以通过皮肤与肌肉的摩擦来产生热量，并将热量传入内脏，在一定程度上驱除体内的寒气。

4.皮肤是人体的感觉器

每平方厘米的皮肤上有100～200个痛觉点、25个触觉点、13个冷觉点、2个热觉点。所以，当针尖触到皮肤上时，会感觉到痛，然后迅速做出躲避反应。同样，天冷了，皮肤会通过冷感提醒多穿点衣服，天热了皮肤也会提醒减衣服，他就像“铁布衫”一样，保护着我们的身体不受外界的伤害。

平时多进行轻柔的搓肤运动，可以增强皮肤的敏感度。

5.皮肤的呼吸作用

皮肤还会呼吸，他吸入的氧气相当于肺的1/180，一个昼夜从皮肤中吐出的二氧化碳大约有4千克。他很好地协助肺进行机体的代谢。

6.通过皮肤驱除内邪

在中医理论中，皮肤与经络相通，所以通过皮肤的颜色和形态往往能辨别人体内脏的健康情况。这就是中医所讲的“表邪可以入里，里邪可以出表”。按照中医学的理论，皮肤上分布着十二皮部。所谓的十二皮部，就是指身体的十二经络反应在体表的部位，也是经络之气散布在体表的区域。针灸就是通过刺激皮部发挥作用，通过皮肤来疏调经络，振奋气血。

可见，皮肤不仅仅起到美观的作用，还有这么多的保健价值，好好保护皮肤，他才会为我们的健康保驾护航。

7.摩擦皮肤可治哮喘病

这是在日本非常流行的一种健身方法，用干布，最好是柔软的棉布和丝绸，摩擦皮肤。这种方法可以促进角质层的代谢，保持皮肤的活力，扩张血管，促进血液循环，预防感冒。对特定皮肤部位的按摩，还有治疗哮喘的作用。

表皮层下是十二经络散布之地，那里分布着丰富的血管，所以，轻轻地摩擦皮肤，可以激活表皮下的血管和经络，使之畅通，加速血液流量，增进肌肤的活力和健康。

哮喘是由于身体受到外界刺激（运动、寒冷天气、花粉、灰尘等），使支气管的副交感神经处于紧张状态而引起的。这时候如果用干布摩擦呼吸肌所在的位置，就可以使交感神经的紧张状态从支气管转移到皮肤上，通过皮肤副交感神经的作用消除支气管的副交感神经的压力，帮助器官舒张，从而让呼吸趋向平稳。

呼吸肌位于人体的第二、第三根肋骨之间和第八、第九根肋骨之间，前者是吸肌所在的位置，后者是呼肌生长的位置。在摩擦皮肤的时候，以皮肤发红为度，手法要轻柔，一定不要太过用力以免损伤肌肤表层。哮喘发作时，用干布轻轻摩擦呼吸肌，直到患者呼吸渐渐平稳为止。如果患者年龄太小，皮肤比较脆弱，可以用手指按摩的方法代替干布。用手指和手掌的柔软部位轻柔缓慢地按摩患儿的呼吸肌。这个方法对于过敏性哮喘的孩子非常有效，因为这些孩子往往同时患有特异反应性皮炎，如果用干布摩擦，可能会加重皮炎症状。

激发抵抗力——拍肌

拍肌疗法是在患者体表某些特定部位上，进行轻重适宜而有节奏的拍打，从而达到治疗某些疾病的一种简易方法。拍肌可用木杵、木槌，也可用沙袋、五谷袋、石袋等，最好用“钢丝拍子”。一般有两种拍打的方法：①虚打法，就是打皮不打肉，多用于胸腹部和四肢关节处，肌肉较薄的地方；②实打法，就是打肉不打皮，多用于肌肉较厚处。

拍肌时要保持节奏，而且要根据患者的年龄大小、体质好坏、复诊和初诊及具体部位等，进行轻拍、中拍和重拍等不同力度的拍打。一般来说，开始时手法要轻柔，逐渐加重，到最后要结束时，才在重点脉位重拍。

拍肌要按一定的顺序进行：一般先拍打背部正中线，再拍打夹脊旁的侧线，而后再拍打上肢和下肢；对四肢拍打一般从近端拍向远端；如果是双侧患病则先拍打左侧，再拍打右侧；具体到某个肢体部位，则先拍打内侧面，再拍打外侧面，先拍打前侧面，再拍打后侧面。每一侧面反复拍打3～5遍，并在该侧面的脉位上要重点拍打3～5下。一般只可顺打，不可逆打。

拍肌疗法的体位有直立位、扶立位、弓箭位、坐位、俯卧位、侧卧位、仰卧位等。

拍肌疗法作用在十二经络和十二皮部上，通过拍打可以促进新陈代谢，提高身体的免疫力，还可以通经活络、强筋壮骨、发达肌肉、活动关节，促进血液循环，从而起到强身健体、延缓衰老的作用。下面介绍几种简单实用的拍打方法：

1.拍打头颈部

站立或端坐在椅子上，双目平视前方，全身放松，沉肩坠肘，然后举起双臂拍打头颈部；先从后颈部开始，左手拍打左侧，右手拍打右侧，由下向上拍打，一直拍到前额部；再从前额部向后拍打，直到后颈部。如此反复5～8次，心中默念数字，保持精神宁静，自然呼吸。

科学证明，人的悲哀忧郁等不良情绪产生于左脑半球，而愉悦情绪则产生于右脑半球，在进行头颈部拍打时，逐渐活跃的右脑半球占主导地位，并逐渐抑制左脑的活动，因此可以消除不良情绪，使人情绪稳定，并可治疗头痛、头晕及脑供血不足等病症，同时，拍打头颈部对于中老年还有增强记忆和健脑的作用。

2.拍打胸部

脱掉外衣，保持站立姿势，全身自然放松，双手半握拳；先用左手拍打右胸，再用右手拍打左胸；先由上至下，再由下至上，左右胸各拍打200次。

胸部是人体的重要部位，这里有丰富的胸壁神经和脊神经，支配着人体运动及心肺功能。拍打胸部可刺激胸部皮肤和皮下组织，促使体内血液循环加快，通过神经传导，增强内分泌功能。可防治高血压性心脏病、冠心病、肺心病、肺气肿、风湿性心脏病及肌肉发育不良等病症。

3.拍打腰腹部

保持站立姿势，全身自然放松，双手半握拳或手指平伸均可，然后腰部左右转动；随着转腰动作，双臂也跟着甩动；当腰向左转动时，带动右上肢及手掌向左腹部拍打，同时左手向左腰部拍打；如此左右交替反复进行，手掌或拳有意识地拍打腰部、腹部，每侧各拍打200次。这种拍打可以活络腰部神经，加快腰部脂肪的燃烧，有利于减肥，也避免了因偶尔运动导致腰肌劳损。

4.拍打双上肢

用左手拍打右上肢，用右手拍打左上肢；拍打时要全面，上肢的四周都要拍遍，一般每侧拍打100～200次。这种拍打可预防或缓解上肢肌肉发育不良、上肢麻木、肢端紫绀及半身不遂等病症。

5.拍打肩部

站立或端坐于椅上，用左手拍打右肩，用右手拍打左肩，每侧拍打100次。这种拍法可防治肩痛、肩酸、肩周炎及肺不张等疾病。

6.拍打背部

背部拍打有两种方法：①两脚开立，两手经腰伸向背部，自上而下地拍打背部直至大腿；②一手屈肘，从颈前面绕至另一侧的上背部，同时用另一手朝里用力按抵在拍背一手上臂的近肘部位，使其能最大幅度地向后伸展和进行拍打，这时便可拍击到背脊与肩胛骨的最上端部位。可以左右交替进行拍打。

但是，在拍打背部的时候，力度一定要适中，尤其要注意重要脏器的位置，如肾区，在拍打肾区时，动作要轻柔一些，以免引起一些不必要的伤害。此动作以左右各做12～24次为宜。

背部是督脉和足太阳膀胱经所过之处，有心俞、肝俞、胃俞等许多保健要穴。拍背可以刺激这些经络和穴位，达到疏通经脉气血、调理脏腑机能的作用。除此之外，拍背还可以促进胸腺功能的恢复和提高，使“休眠”的胸腺细胞转为活跃状态，从而增加胸腺素的分泌，并作用于各脏腑组织，提高机体免疫功能，有利于防治心、肺、肝、肾等脏腑的疾病。

7.拍打双下肢

端坐在椅子上，先拍打左腿，左脚放在矮凳上，使整个下肢放松。用双手从上到下、从里向外，再从下到上、从外向里进行拍打，然后再换拍右腿；一般各拍打200次。这种拍打可防治老年性下肢麻木，增强新陈代谢，对偏瘫有一定治疗作用。

8.拍击手掌

拍击手掌疗法简单易行，早晨起床时如想睡懒觉，就可以把双手向上方伸展，强烈地拍击手掌3次；接着把向上方伸展的双手放在胸前，再拍击3次；手腕要用力伸展，尽量使左、右手的中指牢牢地靠拢。这样，头脑的模糊、心中的烦躁都可以消除。通过拍击手掌可使精力充沛，效率提高。

手掌中心部位存在着有助于增强心脏功能、开发大脑潜力的重要穴位。只要对此进行强烈刺激，大脑潜力就能得到开发，同时还可以防治一些疾病。

把手掌合起来拍击时会发出“嘭嘭”的声音，这个声音通过听觉神经传播到大脑，可增强大脑的功能。如果早晨喜欢睡懒觉，白天经常昏昏沉沉，注意力无法集中，记忆力减退，进行拍击手掌的运动有很好的治疗作用。

9.拍肌注意事项

（1）拍打时不要紧张，全身要自然放松，排除心中杂念，颈直胸挺，呼吸平稳。

（2）拍打时用力要适当，不宜过猛，拍打速度应以快慢适中、先轻后重、先慢后快为原则。已经产生病变的关节肌肉处用力可以稍微大些，节奏也可以稍快一些。拍打胸腹部时不要重拍重捶，应该动作轻柔，以免伤及内脏。

（3）拍打疗法要做到循序渐进，持之以恒，周到全面，不能胡乱拍打。拍打最好安排在早晨起床后进行。

和谐生命的乐音——弹腔

我们的人体是个有空间的机体，空间的哲学对于身体来说非常重要，人体中有颅腔、胸腔、腹腔、耳腔、口腔等重要的空间，这些空间容纳着人体最重要的脏器或重要的神经丛，适当地拍打或敲击这些空间，会起到刺激脏器和重要神经丛的作用，从而在极大程度上改善我们的健康。为什么我们要用弹字呢？因为腔如同一个乐器的内部，他可以发生共震，好像弹琴那样，只有里面是空的，才会发出声音，所以我们用个弹字。

注意，弹腔只宜轻弹，而且腔中越靠近重要内脏部位越宜轻弹。

1.弹颅腔

颅腔是我们人体最重要的空间，因为他容纳着我们的大脑。我们的绝大多数生理活动，绝大多数心理活动，都与大脑密切相关，可以说，大脑好，全身好，而我们改善大脑功能的手段有限，第一要素是供氧充足，第二种方法就是抚摩刺激，其中以手指敲叩颅腔较为有效。

全身放松，双手握空心拳，先深呼吸2次，然后双手举拳置于前额，轻轻拍打，由中心起，分左右一直敲至前额两侧，来回20次。用力要均匀，以感到舒适为度。

老年人在长时间看书报或电视之后常会产生视觉疲劳，还可造成头痛或颈痛。适度地敲打前额可以很好地缓解这些症状。

若每晚准备入睡前做这套动作，不仅有助于消除头、眼部的疲劳，还能刺激头皮加速新陈代谢，促进血液循环，有防止脱发的功效。

另外，对于颅腔外部的坚硬部位，如额头、头盖骨部位，可以握拳叩击，或用掌叩击，力度最高以不疼痛为度，而对于太阳穴等神经丛密集，比较敏感脆弱的部位，则以手指轻叩为好，而对于许多经络敏感，对气感觉明显的人来说，则以手指尖轻点为好，甚至连点都不点，以轻柔的抚摸为好。

敲颅腔，对于硬骨部位可以拳掌扣，对于柔软部位则以指点或指肚点、抚。

2.弹胸腔

人的肺脏和心脏都在胸腔之中，弹胸腔，利于强壮胸部肌肉，对于强化我们的呼吸肌，以及心肌有一定作用。另外，人的胸部积郁了最多的沉郁之气，拍胸部可以激发胸部肌肉的活力，将这些抑郁之气拍出。我们身体中的积郁之气如果能够发泄出来，对于增强身体的机能和活力是非常有效的。

一般人在感到胸中发闷时，都会轻拍一下胸脯，这就是很有效的弹胸腔的方法，这种方法不仅可以帮助肺部吐故纳新，同时还能震动心脏，使冠状动脉的血流加快，胸闷症状得以舒缓。所以，为了强身健体，中老年人应该把拍胸作为日常锻炼的一项内容。

在清晨或傍晚，选择清静的环境，面对空旷处挺胸站立，尽量使心情平静，呼吸舒缓，全身放松，然后深吸一口气，再全部吐出，待胸中感到宽广时，用掌轻拍胸脯。拍胸时应左右胸同时拍，从肺尖部开始，由下而上，先轻后重。拍胸的轻重以感到舒适为度，节律为每秒一拍。

拍胸的次数可以根据自己的感觉适当调整，但不要无限度地增加，这样可能会感到不适。

拍胸更能做到广度，而敲弹胸腔才是真正深入心肺保健的王道，用两手的八个手指头，大拇指除外，轻敲胸腔，约半分钟，停下，你将会感到极为明显的震动，胸部有条状的部位会余震袅袅，有时候，这种明显的颤动会持续一两分钟。

弹胸腔以感到震动就停止为宜，因为胸腔有骨架支撑，弹胸腔要敲骨，也要敲骨的间隙，指敲、掌拍、拳捶都可，注意力度不要太大，尤其是体弱者，不能图一时之快震伤内脏。

3. 弹腹腔

腹腔介于胸和骨盆之间，腹腔脏器包括肝、胃、脾、十二指肠、小肠、大肠和直肠等重要人体器官。脾胃居中，负责主运化水谷精微和统摄精血神液来充养敷布全身，令五脏六腑常壮无恙。因此，经常拍打腹腔，对人体有重要的保健功效。

取站立姿势，全身放松，双手半握拳或手指平伸均可，两脚向两侧分开与肩等宽，用两手掌或拳拍打腹部两侧，拍打200次左右。这种方法长期坚持不仅能有效地调理肠胃、增强五脏功能，还可以防治肠胃功能紊乱、便秘等症。

相对于颅腔和胸腔来说，腹腔比较柔软，所以拍腹腔的力道要适当减小。身体弱的人，可以用手指尖轻点腹腔，或者用手指按摩，抚摸，一般采取顺时针方向，只有在便秘、食物不消化时采取逆时针方向。

弹腹腔的技巧非常重要，多数养生家没有抓住要点，一般人都采用拍法或摩法，方位是腹部挺起的地方，其实这是错误的，弹腹腔的弹要重在腹腔的肚脐部位，这儿是最空的地方，也就是声波震动效果最明显的地方，另外，弹腹腔要围绕腰部向后进行，那里主要能刺激我们的肾脏，对于强健肾功能非常重要。

4. 弹耳腔

众所周知，人体的各个脏腑都通过经络与耳朵有着密切的联系，而且耳朵上分布70多个穴位。经常拍打耳腔，不仅能够刺激穴位，按摩经络，促使气血运行，保持相对的生理平衡，使耳膜保持良好功能；还可以消除疲劳，振奋精神，促进思维，清神醒脑；活跃肾脏内气，抗衰防老；促进胆汁分泌，有利于胆道的通畅，防治胆囊炎、胆石症等疾病的发生、恶化；促进血液循环，防止动脉硬化，抑制高血压形成。

耳腔比腹腔还要柔弱，弹耳腔更要注意力度，不能太用力。相对于其他腔穴来说，弹耳腔更像是弹琴。有这样一个弹耳腔的方法，自古流传。将耳朵掩上，盖住耳门，这样，你的耳朵就像一口钟一样，你用食指或中指（依你习惯不习惯）弹耳腔的正中，你将听到异常清脆的声音。这样的震动能刺激耳部的所有神经丛和经络，从皮到肉到骨，都被声波震动，在所有的耳保健中，弹耳腔是最好的方法。

耳部的神经丛通连整个脑部，同时，耳腔与整个颅腔、口腔是相通的，弹耳腔是辐射范围非常广的动养生方法。将耳朵掩上，手掌伸开，用手指肚轻弹后脑，你将听到轰轰的震动声，而且，随你手指弹敲的部位不同，震动不同，随着你弹的部位的变化，你能够非常明显得感觉到一条条震动带的起伏震动，然后，将手指转向脖颈，你会发现，脖子上也有一条条很粗的，感觉明显的震动带存在。

从许多受试者弹耳腔的养生效果来看，这种方法超越任何部位的按摩、揉穴，他所使用的不是肌力的刺激，也不是动物身上电的刺激，而是声波的刺激。在弹耳腔这一养生妙术中，他利用掩耳，造成一个音乐盒子的声乐原理，震动我们人体最重要的部位，头颈部的众多穴位和神经丛，可以说，再也没有另一种动作能像弹耳腔这样别具一格地震动这么多经络和神经丛了。

5. 弹口腔

中国人实行了数千年的叩齿其实就是弹口腔的有效方法，叩齿是中国人养生智慧的体现，因为在人体的众多腔穴中，只有口是能够自如运动的，因为口中有牙齿，牙齿能叩击，所以，在弹腔这一重要的养生方法中，只有叩齿是从内部动作的。弹口腔可分两法：一为内弹，即叩齿；一为外弹。叩齿法我们在别的章节有讲述，这里讲口腔的外弹。

外弹弹口腔：腮边紧连着耳部神经丛，轻微闭嘴，牙齿微分，用双手四指在腮边轻弹，一般人只需几分钟，甚至在一分钟之内，就能感觉口中汩汩生津，这一方法对于治疗内火炽盛、焦渴，有显著的疗效，他同口腔内部的津液吞咽不同，这种外在的刺激对于催生津液速度更快，见效也更快。部分牙齿对这种外弹也有明显的感觉，这种敲击方法还能够提神，并且对牙疼也有很好的预防作用。

对于经络比较敏感的人来说，腮和脸的神经是非常容易因为晚上睡眠的压迫而疼痛的，另外在受风之后，经络敏感者也会有明显的感觉，这时轻弹口腔，轻叩齿，会对缓解这些部位的神经疼有明显的疗效。

另外，弹口腔还包括对唇上部牙齿根处轻弹，对唇下部牙齿根处轻弹，还有脖颈根处轻弹。对这些部位的轻弹都能生津败火，并调节经过这些部位的经络和神经。

骨头的最爱——敲骨

我们说骨骼是身体的一种“天然良药”，因为只要你动动骨骼，就可以收获健康。在文学名著《红楼梦》中，关于捶腿、捶背的叙述有很多。贾府中的太太、小姐们就经常让丫鬟给推背敲骨，在推背敲骨的时候，丫鬟们手中拿着一把特制的“美人拳”，也就是木制的小锤，圆滑的前端用皮革裹着棉花。古代的老爷太太们如此热衷于敲骨，并不只是为了缓解疲劳，敲骨还有健身的功效。

人的身体由骨骼支撑成形，人的精气全在于骨髓之中。精、气、神、皮、筋、宫、经、脉这些都是由骨调动起来的。正如古人所说：“人体经脉、气血依骨而生。”因此，敲骨可以疏通经络，提升人体的精、气、神。

我国古代医学典籍对敲骨健身也早有记载。《千金方》中认为，手脚怕冷的人，可以从上至下捶打，直到打热为止。《医宗金鉴》中对敲骨的描述是：“杖梗即木棒也，长尺半，直径如钱大，面杖亦可，盖受伤之处，气血凝结，疼痛肿硬，用此木梗微微杖击其上下四旁，使气血流通，得以四散，则疼痛渐减，肿硬消也。”意思是说在肿胀凝滞的地方用木棒敲打，可以舒筋活血，消除肿痛。

动一动 保健康

人体的穴位都在骨头上，敲骨正是对穴位的按摩。中医认为，穴位是经络气血所输注的部位，也是经络接受外部刺激的反应点。经常按摩这些穴位点，能够提升人体精气，增强机体的抗病能力。

中医认为，骨为肾主，肾功能的好坏直接影响着骨的质量，也就是说，如果骨被激活了，也利于调动肾的功能。古人用“美人拳”敲骨便是这个原理。现代有很多人通过补食钙片来强化骨质，其实这并不是个好办法。缺钙者补钙自然不是坏事，但是补了不一定能被人体吸收，如果不能被骨头有效的吸收其结果只会适得其反，吸收不了的钙便会成为毒药，危害身体健康。常言道“满招损”，补得多了吸收不了就容易造成结石症和血栓。

所谓“药补不如食补，食补不如功夫”，下面向大家介绍一个活化骨髓，提升气血的敲骨法。

（1）工具：选用一根树藤，长约1公尺，直径3厘米为好，抛光表面。之所以选藤，是因为藤非草非木，灵活柔软。

（2）操作方法：脱掉外衣，初学者可以加厚内衣。右手握藤，从胸腔开始，自上而下，由左往右，由内而外，敲到小腿处。然后换左手握藤，方法亦然。然后双手合握共击脊椎，20下左右即可。如果自己不方便，可以找人代劳，但是一定要掌握好力度，以舒适为宜。敲完后，放下双臂垂于两侧。缓缓抬起身体，同时抖动双臂，脚尖踮地，脚跟抬起，身体随手臂的抖动上下起伏。

可以早晚各做一次，早上敲内侧，晚上敲外侧，这个方法对许多疾病都有显著疗效，长期坚持可清浊祛淤，消阻除滞，祛旧纳新。还能有效治疗男性阳痿、早泄、前列腺增生等症，有腰酸腿软、头晕脑胀、肌肉无力或手脚麻木及偏瘫等疾病的患者也都可以尝试这种方法，疗效也很显著。

敲骨法不能急于求成，需要慢慢的调理。敲骨主要起保健作用，对于无明显不适症状的人，身体不会出现较大的反应，不要急于求成，指望有立竿见影的效果。凡事只要持之以恒，必定有成效。

1. 敲背松骨疗效好

在“拍肌”中我们讲过拍打背部的好处，现在来讲讲敲打背部的功效，敲打比拍打力量要大些，而且敲打一般是针对骨头而言。

敲背保健作为敲骨的一个部分，在我国流传已久。据说在汉武帝时期，武帝派中郎将苏武前往匈奴议和，苏武率众将士前去，谁知议和没成，反被牵连到谋反案中。匈奴王提审苏武时，苏武感到有负圣命，一怒之下，拔剑刺向自己胸部。匈奴王忙命人抢救。太医找人在地上挖了一个大坑，并在坑里放置火盆，然后把苏武抬到坑上俯卧着。太医在他背上拍了几下，将淤血引出，苏武起死回生。

背部肉少，穴位多，敲打起来很方便，能够起到很好的按摩效果。中医认为，背部是督脉所在，脊柱两侧是膀胱经，有50多个穴位，例如：定喘、中喘、阳关、命门、大椎、膈俞等，这些穴位连接在一起，形成经络。这些经络像盘龙一样，依附在人体的骨头上，盘绕全身，他们是人体气血运行、沟通表里、联络脏腑、调节各个器官功能的通路。经常敲打经络，可以加强周身经脉之间的联系，贯通脉络，从而起到促进血液循环和脏腑代谢的功能，使全身轻松，精神焕发，心情愉快。例如：按压背部的肝俞穴，能治胃、肝、眼病以及神经衰弱、肋间神经痛等；按摩胆俞穴，可以治疗胆囊炎、口苦、肋痛等症。

我们经常在武侠小说中听说“打通任督二脉”，只知道这任督二脉很玄，很重要，却没有几个人知道他具体是怎么回事。任脉在前，起于会阴，上行，沿着腹里到大突、廉泉止。督脉在后，共有28个穴位，也是从会阴起，经过长强，顺脊背逆行向上，至百会，下降至人中止。任督二脉刚好在人体正中，一前一后，相互连接，围成一个圈，主要负责肾脏和生殖机能，特别是男性生殖机能。我们说挺直脊梁骨，提升督脉，提高阳刚之气。

敲背的操作方法很简单：单手握拳，沿脊柱两侧轻轻敲击，手法宜轻不宜重，节奏均匀，着力富有弹性；受者可以俯卧在床上，每日一次，每次半小时；也可双手伸直，用掌侧砍击背部；动作要求协调、灵巧，捶打速度要快慢适中、着力要有弹性，用单手或双手均可。

敲背对于放松肌肉、缓解紧张情绪有很好的作用。睡前敲背能安神助眠，是治疗失眠的良方。注意，有严重心脏病、颈椎病和晚期肿瘤的患者都不适宜用此法。

2.敲指骨好处多

中医理论认为，全身的12条经脉有6条经过手部，这些经脉都与全身的脏腑、组织器官相通。例如：肺经穿过拇指，大肠经穿过食指，心包经连接中指，三焦经沟通无名指，小肠经行经小拇指。而且内脏在手部也有反射区。所以，敲打手部几乎可以触及到全身所有的疾病。

另外，手能否自由活动，完全取决于大脑的支配。经常对手部进行锻炼，可以刺激大脑。我们观察一下就会发现，从事精巧、细致的手工工作的人很少会患脑萎缩或阿尔兹海默病（老年性痴呆症）等大脑疾病。所以，经常动手可以锻炼大脑，预防阿尔兹海默病。

手部保健很容易做，敲指骨就是一个很好的方法。具体方法有如下几种：

（1）将十指伸展，手指腹对应用力相抵，每次坚持5钞钟，然后分开，重复做10遍。这种小动作可以在任何时间、任何地方进行。

（2）用一只手的指端轻叩另一手的指骨，从指根到指尖，左右手交替进行，每天只要有时间就做做，这种小动作对手指保健非常有好处。

敲打指骨简单灵活，容易操作，无论是在办公室中，公交车上，还是看电视的时候，都可以操作。不要小看这么一个小小的动作，他确实有神奇的功效。

神秘的经络电波——按穴

按穴疗法是中国传统医学的特有治疗方法，他是以中医经络理论为指导，以穴位为治疗途径，兼针刺与按摩之长，按穴疗法不用任何药物，无疼痛损伤之苦，无交叉感染之虑。

经络是人体信息传导网络，实验证明，人体在出现病症前约两周，在相应穴位上就会出现压痛，在疾病治愈后10多天，相应穴位上的压痛会消失，如果疾病没有被彻底治愈，相应穴位上的压痛点也不会消失。当穴位出现压痛后，按压相应的穴位，通过人体信息网络输入治疗信息，能有效快速恢复人体的健康。

1. 指压按穴与指拔按穴

介绍两种按穴方法：指压按穴与指拨按穴。指压按穴与指拨按穴都是利用手指的力量，在患者身上的相关穴位进行压或拨的治疗方法。

（1）指压按穴

①可防治的疾病：因为指压按穴是用手指压迫代替针灸压迫穴位的治疗方法，因此指压也叫指针；这种疗法具有疏通瘀滞、舒筋活络和开窍止痛的功用，对于治疗中风、休克、中暑、牙痛、腹痛等都有着很好的疗效。

②操作方法：一般用中指或拇指指尖揉压点掐需治疗的部位，指力要先轻后重，直到局部出现酸、麻、胀、痛的感觉；指压哪些穴位以及压多长时间，要根据实际病情而定。

③常用部位：手部（包括手的10个指尖、10个指甲的内外两侧、手心）、面部（包括太阳穴、两眉头、两眉梢、两眉腰、口唇的上下左右、鼻翼两旁、耳尖）、足部（包括脚部的10个趾顶、10个趾甲的内外两侧，内踝及外踝前后及上下，足心），除了以上部分，还包括头部的百会穴、前正中线入发际1.5～3厘米处、后正中线入发际1.5～3厘米处、颈后部第七颈椎、侧膝部的膝眼以及前胸后背的阿是穴等。

④常见病的指压按穴部位：

感冒头痛、神经性头痛、偏头痛：指压阿是穴。

鼻炎、鼻塞：指压鼻翼两旁，两手拇指尖上下揉100次。

休克：指压10个手指尖、两手心、两脚心。

中风：指压两耳尖、10个手指尖、人中穴、承浆穴。

牙痛：指压10个手指尖及合谷穴，每处先用力点住1分钟，再揉动60次。

呕吐：指压10个手指尖以及合谷穴。

腹泻：指压合谷穴、两脚拇趾根部。

失眠：指压两足内踝下3厘米，应稍微用力，揉动100次。

腰痛：连续点掐两腰眼和腰部痛点，每处轻轻点动60次。

腰肌劳损：指压腰椎两旁或阿是穴，轻轻点动60次。

⑤注意事项：腹腔、两肋下之肝、脾区，为脏器要区，不宜指压。

（2）指拨按穴

他是用中指按住伤痛明显的部位，然后再用力压按和向四方拨动。一般压拨10下左右，疼痛即可减轻。多处伤痛时，可分别在伤痛部位进行指拨疗法。此法常用于治疗跌打损伤。

2.手部按穴保健

手部按穴保健主要是指通过按压手部的穴位来达到保健的目的，手部按穴一般是指按摩指尖、手掌、合谷穴等处。

（1）按压指尖

按压指尖有调整胃肠功能、消除紧张情绪、增强记忆、减肥乌发、强身健体等作用。按压指尖是通过活动指尖的神经末梢，从而达到强身保健、消除疾病的方法。按压指尖可治疗不同的疾病：

①保健强身：右手握住左手手腕，转动按摩30次，然后左手握住右手手腕，转动按摩30次，再用食指尖按摩双脚的大脚趾、二脚趾各2分钟；然后用食指指肚按压对侧脚底的涌泉穴，一面按压一面呼气，共8次。

②调整胃肠功能：坐在板凳上，双膝分开，两手在大腿间抓住板凳的两边，吸气并用力抬凳；然后把核桃放在足三里穴位上，轻轻按压转动，早晚各3分钟；最后左右食指相钩于胸前，并用力向两侧拉，拉时用鼻作深吸气，放松时用口渐渐呼气。

③消除紧张情绪：在手掌心放两只核桃，以指尖拨动核桃，以顺时针和逆时针方向转动3分钟，然后用拇指和食指捏住对侧小指尖，并轻轻揉捏；最后两手合叠于胸前，两手指尖相钩，用力上下运动后向两侧拉，拉时吸气，放松时呼气，共10次，动作时力量要集中于无名指上。

④增强记忆：用手握住两只核桃，作顺时针和逆时针方向转动，使核桃摩擦发出声音，左右手各30～50次；然后，用双手食指、中指和无名指的指肚，在头部的风池穴上来回按摩；最后，双手食指用一条橡皮筋套住，然后转动，充分活动手腕和肘部2～3分钟。

⑤减肥乌发：左右食指相钩于腹部，并用力向两侧拉，用力拉时慢慢呼气，同时收腹，然后手指放松，慢慢吸气，共10次；然后，坐在床上，伸膝伸肘，两手向前平举，以拇指紧压食指而握成拳，双脚合拢，脚尖放松，上身向后倒，收腹挺胸并保持平衡6秒钟，共3次；再以木棒用双肘反背于脊背上，来回活动20次；或用核桃或乒乓球按压在手背面的手腕上，用手轻轻按压转动，两腕各30

次；最后，双手大张，手指伸直，用10个指尖按摩头部，早晚各两分钟。

按压指尖需注意：

◎指尖按摩疗法只限于较轻的慢性病，如果病情较重应去医院诊断。

◎无论在室内或室外进行，都应保持空气新鲜，环境清净。

◎精神要集中，排除一切杂念干扰。

◎要有耐心和毅力，每天坚持不懈，不可断断续续。

（2）按压手掌

经常进行手掌按压可以调理脏腑，祛病健身。按照中医经络理论，人体最重要的12条正经中，在手掌中就有6条，而且手掌中的穴位有28个，经常按压这些穴位，几乎可以治疗全身的所有疾病。

按压手掌的操作方法很简单：端坐或站立均可，用一只手的拇指指腹推按另一只手的手心，由掌根开始朝掌指方向推按。可以分为3条线：第一条是由掌根经小鱼际朝掌指方向推按；第二条是由掌根经掌心朝掌指方向推按；第三条是由掌根经大鱼际朝掌指方向推按。每条线各推24次为宜，直至掌心发热。然后，左右手交换练习。

在进行掌部推按的时候，要留意体会掌部的感觉，如果被推按的穴位出现压痛、酸、麻、胀等现象，则具有诊断价值，可以作重点按压。除此之外，推按动作的力度一定要适中，以微有痛感为宜。

当然，我们也可以采用梳子梳手心的方法。可以先在手心上涂一层护肤油，选一把圆头梳子，不要选择梳齿尖利的梳子，以免把手心皮肤划破。然后按着顺序来梳，先从上往下梳，再从右往左梳，继而再顺时针梳一圈；第二遍相反。每天坚持，就能达到强身祛病的目的。

（3）按揉合谷穴

合谷穴是手阳明大肠经的原穴，为四总穴之一，位于第一、二掌骨之间，在第二掌骨的中点，翘侧的边缘处。选穴时可用另一只手的拇指第一关节横纹正对虎口边，拇指弯曲按下，指尖所指处就是合谷穴。合谷穴对治疗头面部的疼痛有明显的作用。可以止痛，防面瘫，抗衰老。

按揉合谷穴由于作用显著，取穴方便，适应范围广泛，故一直被历代医家所重视，常用于治疗牙龈肿痛、头痛、上颌窦手术后疼痛，以及扁桃体炎等疾病。经常按摩合谷穴，能有效保持牙齿健康，减少口腔疾病的发生。同时，由于大肠经从手走头，凡是头、面部的疾病——头痛、发热、流鼻血、咽喉病以及其他五官疾病等——按揉合谷穴都能达到治疗效果。所以古人有“头面合谷收”之说。除此之外，大肠经循行部位所发生的疾病，都和这条经的气血运行不正常有关，像关节炎、肩周炎等也都可以通过按摩合谷穴得到治疗。

按揉合谷穴操作方法简便：两手拇指、食指张开呈十字交叉状，左右手相对，然后以拇指按揉合谷穴，左右交换进行按摩。此动作以左右各按揉16～24次为宜。

在按揉合谷穴的时候，按揉的力度要适当，以有一定的酸胀感为宜，体质较差的病人，不宜给予较强的刺激。另外，要注意剪短大拇指的指甲,以防按揉时间过长而损伤局部皮肤。

3.按压足部

人体的每一个组织器官，在自己的足底都有相对应的反射区，当这些组织器官有病变发生时，在足底的反射区上就有相应的变化，如在压痛点出现颜色与正常皮肤有区别，及水肿或米粒时。通过按摩和刺激足底反射区，不仅能调节和增强这些组织、器官的功能，还可以消除病痛。

足底是人体经脉的汇集之地。人体最重要的十二经脉起止点都在足部。因此通过按摩足底，能理顺经络，调畅气血循环，增强体质，提高免疫力。

人的双足是离心脏最远的器官，并受地心力的影响，血液供应少，血流缓慢，表层脂肪薄，新陈代谢所产生的代谢物易沉积于足底。这些有害废物（如尿酸结晶体等）长期在脚底沉积，直接侵犯反射区，因而也间接危害到与这个反射区相关的组织器官，久而久之，就会产生各种各样的疾病，可谓“百病足下生”。通过对足底的按摩，揉碎沉积在脚底的废物，加快血液循环，随血液回流，经人体的解毒系统辨认后，将这些有害物质排出体外，恢复人体健康。

足疗就是通过对双脚的经穴、反射区施以按摩手法，刺激双脚，从而调整脏腑虚实，疏通经络气血，预防或治疗某些疾病，达到养生保健的目的。下面给大家介绍的是几种最简单易行的足疗养生方法，自己在家里就可以做，非常方便。

（1）赤脚走路：在小区鹅卵石路上，或在自家阳台上铺上鹅卵石，赤脚来回走，让凹凸不平的路面按摩足底，对消除病痛和健身很有益处，这种养生方法被称为健康步道，非常流行。

（2）搓脚舒筋：在办公室和家中均可进行，脱掉鞋，在家甚至可以脱掉袜子，边做其他工作边用脚底搓动网球大小的球状物或圆木，使脚底受到刺激，搓动时间可长一些，这样不但能够防止足弓抽筋，还能够搓散淤积在脚底的沉积物，通过周身经络而排出体外，使人体气血畅通，自然健康充满活力。

（3）舒展跟腱：赤脚面对着墙，双手撑住墙，右腿屈膝向前跨，左腿在身后伸直，整只左脚平贴着地面，尽量向后伸，然后左右腿交换，重复这个动作。这种伸展动作能够舒展跟腱，松弛小腿的肌肉，还能有效缓解足跟痛。有许多足跟痛并非是由于脚跟骨刺引起的，实际上是由于附在脚跟骨上的跟腱一再处于紧张状态所致。

（4）金鸡独立，增强内脏：采取单脚站立的姿势，可以随时随地进行。这个方法开始的时候会感觉很疼，也许不太习惯。可以先让脚跟稍微离开地面一些，习惯以后再踮起脚尖站立，最后过渡到能踮起一只脚尖站立。当单脚站立时，可先踮右脚脚尖站立1～2分钟，放下休息1～2分钟，再换左脚进行。单脚站立对腰部、脚部的强化作用非常显著，更重要的是有利于增强内脏功能。

（5）刷子摩擦脚底美白皮肤：能使皮肤白皙细嫩是女人最关心的事，其实只要刺激脚底就可以做到，方法是在洗澡或泡脚时用刷子摩擦脚底。由于人体的一切内脏都与脚底相联系，所以通过刷子的刺激可促进体内激素的分泌，可以使皮肤变得白嫩。实行这种保健疗法并不需要专用的刷子，只要刷毛是天然纤维的就行了（不要化学纤维的），因为天然纤维比较软，不会损伤脚底皮肤。

（6）动趾健胃养生：中医经络理论认为，胃经通过脚的第二趾和第三趾之间，胃经的原穴也在脚趾的关节部位，故胃肠功能好的人，第二、三个脚趾往往粗壮而有弹性，站立时抓地牢固；胃肠功能差的，这两个脚趾干瘪而无弹性，站立时往往抓地不牢。胃病患者或胃肠功能较弱的人，可以根据条件选择以下运动脚趾的养生方法。

①脚趾抓地。采取站或坐的姿势，将双脚放平，紧贴地面，与肩同宽，凝神息虑，连续做脚抓地的动作60～90次；在做此动作时可赤脚或穿柔软的平底鞋，

每日可重复多次。

②脚趾取物。每天泡脚时可在脚盆里放一些椭圆形、大小适中的鹅卵石或其他物体，在泡脚的同时练习用二、三脚趾反复夹取这些鹅卵石，或在坐、卧时有意识地活动脚趾，持之以恒，胃肠功能就会逐渐增强。

③手扳脚趾。在看电视或休息时可反复将脚趾往上扳或往下扳，同时配合按摩二、三脚趾趾缝间的内庭穴。对于消化不良，有口臭、便秘的患者，宜顺着脚趾的方向按摩此穴，以达到泻胃火的目的；对于脾胃虚弱、腹泻、受凉或进食生冷食物后胃痛加重的患者，可逆着脚趾的方向按摩此穴。

（7）脚尖登楼梯，防治高血压：踮起脚尖走楼梯，可以使血压平稳，精神饱满。与平地行走相比登楼梯的运动量更大，不但可以使肌肉、呼吸器官及循环器官得到锻炼，腰部和脚部肌肉也能得到增强，全身的机能也得到改善。同时，由于踮着脚尖走楼梯，前脚掌得到充分锻炼，与之联系的内脏和大脑功能也会得到增强。

（8）泡脚后双脚互磕养生：泡脚后趴在床上，小腿朝上翘起，双脚互相磕打8～10分钟，待双脚发热后起来喝杯白开水。

（9）仰卧晃脚养生：取仰卧位，两脚抬起悬空，然后摇晃两脚，最后像蹬自行车那样有节奏地转动，每次做5～6分钟。此法不但可促进全身血液循环，解除疲乏感，而且还能强腰健体。上班时也可坐在座位上双脚悬空离开地面进行锻炼。

4.按压耳部

中医认为，脏腑、经络的健康与耳部都有着密切的联系，人体任何部位发生病变，都能够通过经络在耳朵的相应部位上反应出来。耳与脏腑的生理、病理联系，以肾开窍于耳、心寄窍于耳、脾主升清以充养耳、肝胆之气影响耳的理论最为历代医家所重视。经常按压耳部可防治百病，强身健体，延年益寿。

（1）捏揉耳尖：耳尖部有耳尖、扁桃、降压、子宫、神门等很多重要穴位，因此，捏揉耳尖可以达到防治感冒、失眠、高血压、头晕、头痛、眼疾、咽喉炎、生殖系统疾患等病症的作用。

按压耳尖的方法是：端坐，两手掌相互摩擦至发热后，用双手食、拇二指指腹捏、揉、抖耳尖约半分钟即可。

在进行耳尖捏揉时，要注意剪短指甲，以防划伤皮肤。另外，还要注意用力的大小和时间的长短，以免捏揉的时间过长或者力量过大导致耳部皮肤破损，引发炎症。在捏揉的同时注意是否有痛点，如果有，可以对照耳穴图，以便及时判断出身体的问题所在。

（2）按压耳垂：人体的五脏六腑、四肢百骸、五官九窍，甚至更小的部位，都可以在耳廓上找到相应的反映区。耳垂是耳全息穴的头面区，眼穴就在耳垂正中，因此，通过捏弹耳垂，可以激活相应脏器的功能，达到清醒头脑、眼明神足、健肾壮腰、延缓耳聋和减少耳鸣的功效。

按压耳垂的方法是：端坐，以两手食指和拇指的指腹分别提揉两个耳垂，先轻轻捏揉耳垂半分钟，待耳垂发红、发热之后，再揪住耳垂向下拉，最后放手让耳垂回复原形；一般每遍做24～36次为宜。

（3）摩搓全耳：耳部可以反映全身的病理变化。人体的五脏六腑、四肢百骸无不能够在耳部得到反映。除此之外，耳部还有许多特殊作用的功能区和特定穴位，比如降压沟、肾上点等，他们具有其他穴位无法替代的作用。因此，经常对耳部进行按摩，牵拉刺激，可以促进代谢，调理人体各部及脏腑机能，达到健身强体、延年益寿的目的。

摩搓全耳的方法有多种：

①两手掌按住耳孔，再骤然放开，连续做10次后用双手拇指、食指循耳廓自上而下按摩20次（拇指在耳廓后、食指在前），按摩耳垂30次，以耳部发热为宜。摩耳的同时，还可配合做“鸣天鼓”运动：用两手掌心紧紧地按住两耳孔，五指置于脑后，然后用两手中间二指轻叩后脑部十余次。然后两手掌按住耳孔骤然放井数次。“鸣天鼓”时，自始至终要闭目养神，手法由轻渐至重，坚持下去可收到强壮元气、醒脑强志、防治耳病等功效。

②双手扫耳：用双手手掌把耳朵由后面带动耳廓向前扫，然后两手掌再带动耳廓向后扫，这样反复进行16～24次就可以了；在进行双手扫耳练习时，力度要适中，速度要均匀， 要使耳部能够听到沙沙的摩擦声。经常练习双手扫耳，可以激活免疫系统的功能，增强抗病能力，有醒脑提神、补肾等作用，对冠心病，胃肠道、肺部疾患有较好的防治作用，对阳痿也有辅助治疗作用。

还有一种简便的方法不妨做做：每天早晨起来，到空气清新的地方，将嘴巴最大限度地张开，向外哈一口气，然后用力吸一口气再把嘴闭上，连续作100～200下，这对中老年人耳部保健有很大的帮助作用。因为张嘴闭嘴动作可使咽喉部得到活动，保持咽鼓管的通畅，使耳朵内外的压力保持平衡状态，从而能够防止出现老年性耳聋、耳鸣、耳源性头晕等。

（4）摩耳沟：根据中医“耳针”理论，耳背上有一条“耳背沟”，他位于耳廓的背面，由内上方向斜下方走行。因为他具有很好的稳定血压的作用，所以也被称为“降压沟”。

摩耳沟又名“治耳廓”。具体操作方法是：端坐在椅子上，双手握成窄拳，用拇指、食指沿耳轮的“耳背沟”上下来回推摩 ，直至耳轮充血发热为止。因为在按摩耳沟的同时，也按摩了耳部的其他穴位，所以，摩耳沟不仅具有稳定血压的作用，还具有健脑强肾、聪耳明目之功效。在平时可以根据自己的具体情况选择操作的时间，一般以上午9～10点钟为好，因为那时候人的血压处于最高值。

（5）擦耳门：根据中医经络理论，在耳部有听会、耳门、听宫等穴位。听会穴在耳屏切迹前方，下颌骨髁状突出后缘，张口有凹陷处。听会穴的主治病症为耳聋、耳鸣、牙痛、口眼歪斜、下颌关节脱臼等。耳门穴位于耳前部，耳珠上方稍前的凹陷中，微张口时明显。耳门穴的主治疾病为耳鸣、聋哑、牙痛以及其他一些常见的耳部疾病，该穴是治疗多种耳病的首选穴位之一。听宫穴位于耳屏的前部，耳珠平行缺口的凹陷中，耳门穴的稍下方即是。听宫穴的主治病症为耳鸣、三叉神经痛、头痛、头昏目眩。因此，通过擦耳门来对这三个穴位进行按摩，可以收到防治耳鸣、缓解牙痛的作用。

擦耳门的方法是：端坐在椅子上，两手掌分开，用两手的中指和食指沿着耳部的前后两侧做上下的摩擦，直到耳部有发热的感觉为止。如果在按摩后，对耳门、听宫、听会三个穴位进行适当的点压，效果更好。 擦耳门每日可以重复数遍，以每遍做16～24次为宜。如果耳鸣比较严重，也可以用刮痧板轻轻点揉两侧的耳门、听宫、听会三穴，直到局部皮肤红润为止。但需要特别注意的是，头、面部皮肤薄，毛细血管丰富，因此用力应该轻柔缓和，切忌用力过重、过猛，以免造成不必要的伤害。

（6）点按翳风："翳"有遮、挡之意，所以，翳风也就可以理解为挡住风邪的意思了。根据中医经络理论，翳风穴在耳垂后张口凹陷处，属于手少阳三焦经，具有散风通窍的作用，主治耳鸣耳聋、口眼歪斜、齿痛、颊肿、瘰疬、牙关不利等病症，现多用于聋哑、腮腺炎、下颌关节炎、面神经麻痹、中耳炎等病症的治疗。

点按翳风的方法非常简单，下面为大家介绍的两种方法，可以任选一种。

①端坐，用两手中指点按在翳风穴处，做前后的点揉按摩。

②端坐，用两手中指点按在翳风穴处，固定不动，然后向左右缓缓摇头，通过转头来刺激翳风穴，这样效果很好，完成次数以24～36次为宜。

第四章

机能养护——钻石级动作

机能养护动作属于东方古老养生学的领域。东方的养生动作与西方的健身动作的区别非常明显：东方养生学中的养生动作，从表面上来看，都是小幅度动作，相对来说是非常轻柔、细致，无剧烈运动。可以说，东方养生学更像是精致的工笔画，非常讲究，每一个步骤的细节都非常精准，包括如何做、作用在哪个点（如穴道）、作用几下，用多大的力道，用快还是慢的节奏，甚至在数量上也有明确的规定。

东方养生学对于数量的控制是非常讲究的，这主要来源于周易、五行，及其他许多中国特有的传统学说。比如中医中叩齿讲究叩36下、24下，捶背讲究360下等，这些数字都与大自然的气象周期有关。

东方，特别是中国的传统养生学中的动作，其针对性非常强，目的非常明确。如养耳的动作、养眼的动作、健肾的动作……从外在的四肢五官到内在的五脏六腑，都有相对应的保健动作。

从深度上来看，东方的养生学更加注重机能的养生，讲求养护先天之气，以及人的精、神，这些动作着眼点在于养护身体的完美机能，而不是单纯地为了强健体格。东方养生学希望把身体养护到最佳的状态——更像少年时期甚至儿童时期的身体。一般而言，东方的养生学对机能的养护不追求肌肉的发达和力量的强大，不希望锻炼出肌肉坚硬的身体，反而希望锻炼出柔韧的甚至是柔软的身体，如同婴儿的身体那样。

右肋卧——决定生命的1／3

右肋卧与左肋卧——最佳与最坏的姿势

人有超过1/3的时间在睡眠中度过，所以如何睡眠就成为养生保健不可忽视的问题，而这些问题中卧姿是最关键的问题。卧的姿势虽有多种，但若选出一种最为科学的，那就是医学界和佛教界共同强调的右肋卧。这种卧法最能利益身心，佛陀对右肋卧法极为重视，大藏经中就有一卷经专门劝导弟子们采取这种卧法，以达到强健身心的目的。

右肋卧的好处可与左肋卧的坏处对比着来解释说明：

我们都知道心脏位于人体的左侧，左肋卧时心脏相对在下面，承受的压力较大，所以左肋卧的坏处不言而喻——压迫心脏，当心脏受到压迫，就会影响到全身的血气运行，因此对全身的健康都会产生不良影响；那么右肋卧的好处也就显而易见了，有利于心脏的正常供血，因为心脏相对在上面，承受的压力较小，就能更好的工作，进而就对全身的健康有益。

众所周知，当左肋卧时胃处于悬空状态，所以这种卧法对胃极为不好，尤其是在吃得较饱甚至有饱胀感的时候，采取这种卧法对胃尤为不利，有些人有吃过午饭就睡午觉的习惯，如果不注意而采取左肋卧，时间久了，容易患胃病。

右肋卧需持久坚持，时间久了自然察其益处，若持其他卧法久了，换持右肋卧法，短时期内不觉有效，而持右肋卧久了，一旦不觉间转为其他卧法，就会很明显的感到其他卧法的种种弊处。

右肋卧有如下几种样式：

1.狮子卧法

寺院中卧佛的姿态像狮子一样，因此叫狮子卧，参照卧佛的姿态，就知道狮子卧的标准姿势了：①以右肋着席；②身体上半部稍微倾侧，注意头部着枕点一定不能在太阳穴之前，要用靠近后脑的硬骨部位着枕，因为太阳穴及耳周十分敏感，此部位着枕容易引起牙疼等种种病痛；③将右腿于下侧直伸，左腿稍屈，膝盖覆于右膝之前，不要以膝盖直接压对侧膝盖，以感到安适为准；④足足相累；⑤将左手放至腿上，不可压迫腰肢和胸肋，因为压迫这两个部位对多数人来说易引发恶梦，并影响身体气息的流动顺畅，造成睡眠瘫痪；⑥保持心境清明。

2.容易做到的自由右肋卧——犬卧

古人有这样一句谚语："修道不修道，学个狗睡觉。"犬卧是古人总结出的有益身心健康的卧法。犬卧是右肋卧的一种变式，因为坚持标准的右肋卧对于大多数人来说是较困难，不易完成的，所以可以借用犬卧来调节一下。犬卧，顾名思义，是效法犬的姿态的一种卧法，我们可以通过观察家犬的卧姿得到感官上的认识，这种卧法的具体做法是：以右肋着床，两臂自由伸展，两腿可以任意角度自然弯曲，身体不必与床保持垂直，可以稍向前倾，犬卧的姿势相对比较自由，不是最理想的卧法，用于在久持右肋卧感觉疲劳时稍事休息调整。由于犬卧身体前倾，四肢自由，比较容易做到，也可以当成是右肋卧的预备姿势。

3.体弱劳累的最好卧法——胎儿卧

胎儿卧是右肋卧的收缩式，右肋卧是胎儿卧的舒展式。关于胎儿卧的好处显而易见，胎儿卧是大自然创造的天然卧姿，是胎儿离开母体之前最原始的卧法。当身体感到极度疲倦、心悸、气短、易做恶梦、心绪受到伤害、气血虚弱时都可选取胎儿卧法来达到缓解疲劳、释放压力与烦恼的目的，尤其在痛哭过后，许多人会不自觉地采取这种卧法。

要说明的是胎儿卧在所有的卧法中，属于一种自我保护的卧法，就好像回归母体一样，从心理上来说，在这种卧法下由于全身处于蜷缩状态，所以潜意识中会认为可被打击伤害的面积变得最小，因此人的心里会有种安全感；从生理上来说，由于全身蜷作一团，体积变得很小，人们会感觉气息运行的路径也变小了，实际是在这种情况下，人的气息最容易变得通畅，所以这种卧法对以上几种症状均有很好的治疗效果。

对身姿要求最高的禅者坐

禅坐看似是静态的，其实是动态的，他是身体机能的内在微动，在肌肉组织方面，由于盘坐的姿势需要，双腿所有肌肉都会自然收紧，相当于一定强度的跑步锻炼，这就是为什么许多人刚开始学习盘坐时，会感到双腿酸麻、疼痛的原因，其实这种看似静止的肌肉收缩运动，其运动强度是比较大的。

禅坐的最标准的坐姿是佛教的“毗卢遮那七支坐法”，这是人类完美的坐姿，也是最佳的坐姿。七支坐法又称为“结跏趺坐”，即互交两趺，结跏安坐的意思。在诸多坐姿之中，佛陀独取结跏趺坐，自有其独到的原因。

七支坐法，顾名思义，此坐法有七个要点：

（1）双足跏趺：“跏趺”这两个字的正体是“加跗”。通常跏趺坐有两种坐法：一是降魔坐，先以右脚趾押于左股上，再以左脚趾押于右股上，这是以左押右，手也是以左手为上；二是吉祥坐，先以左脚趾押于右股上，再以右脚趾押于左股上，这是以右押左，手也是以右押左。这两种坐姿都需要两足掌向上仰于二股之上。佛经记载佛陀当年在菩提树下成道时，采取的就是吉祥坐，手作降魔印，于是这个坐姿成为追求佛道者与修禅者最常采用的坐姿。

女性在采取双足跏趺的坐法时，要注意双足的足跟不能压到小腹，要与小腹保持一定距离，以免引起腹痛。

（2）背脊直竖：修禅的坐姿要求很严格，脊背必须调整到正直，绝不允许弯腰驼背，不能前俯也不可后仰，但也不应为了保持脊背直竖而使全身筋骨过分用力，致使身体变得僵硬，而是应自然放松地保持正直姿态；腰干要直，但不能刻意挺直；胸骨挺直，也是不能刻意挺胸。脊骨在自然挺直的状态下，全身才能得到最大程度的放松。人体的背脊上达头部，下至尾闾，是支持全身的重要器官，背脊直竖，则精神旺盛，反之，背脊弯曲，则心绪也随之弛缓，气血阻塞，心力便会迟钝，妄想不易抑制，甚至内脏也会受到压迫。由于初学者不懂得调息的方法，所以要先注意培养准确的禅定姿势，以免身体受损并影响禅定。另外，要使背脊直竖，还要利用蒲团，身体置于蒲团之上，背脊更易直竖，气血就容易灵活运行，如果不利用蒲团，背脊直竖较难达到。

（3）手结定印：双手放松垂下，左右手掌相叠，使双手掌心向上，手背朝下，以左掌置于右掌上。两拇指轻轻相拄结成椭圆形，自然放置于大腿上，双手微触使血气相通，可使血脉自行周流，这种手印也能使心理产生安宁清净的感受，注意双手不能用力，也不可紧张，否则会产生相反的效果。

（4）两肩宜平：两肩肌肉放松，适度平展，从侧面看，成一条直线，平常有弯腰驼背习惯的人，两肩会向前含胸，这时如果太过紧张，用力挺胸则两肩又会向后过度扩张。而只有在经过充分调息，使气息充沛后，两肩自然会饱满、平直，这时的姿势才是标准的姿势，而不是刻意为之的。

（5）舌抵上腭：七支坐法要闭口，并将舌尖自然微抵于上牙龈，不可用力。闭口能使气息凝聚不散，舌抵上腭则津液自然生发。因舌部神经较敏感，因此不可用力，久而久之，当气息充满时，舌尖便自动卷起，这是功夫进步的表现。

（6）头部端正，收下颚：下颚要自然向内收，稍微压住颈部左右两条动脉，但不能低头，必须要使头部保持正直。

（7）双目微张：六根之中双目最为敏感，六尘之中色相最为诱人，目之所视，都会在一定程度上影响人的心念，从而产生分别与执著，所以在七支坐中双目不宜睁得过大，但也不能闭目打坐，因为闭目容易引发睡眠、错觉、幻觉，所以要微张双目，保持清醒。

七支坐中，眼睛宜微张，视线投于身前60厘米～1公尺处，这样可对一切外境视而不见。而且不能将视线只投注到一点，而应看一片，更不要对色相着意，双目并非必须一动不动，如果感到疲劳，可以稍微闭目休息，但切不可养成闭眼打坐的习惯。

蛇形波浪动——每块肌肉的联动

这个动作的特色是练习过程中涵括了全身每一寸肌肉，让全身的肌肉都得到运动与锻炼。全身性的运动很少有人做，一般而言，我们平时的动作都是局部性的，四肢性的，许多部位在日常生活中无法触及到，尤其是肢体的“背阴”部，如腋下等部位。又由于每个人采取的锻炼动作都不尽相同，所以每个人经常得到锻炼的部位也不同，因此普遍存在某些部位疏于锻炼的现象。蛇形波浪动这个动作的优点就在于他是为锻炼全身每一寸肌肉而设计的。

他还有第二个特色就是他所运动的肌肉是连续性的，从相邻的肌肉开始，一块肌肉接着一块肌肉的将动作传递下去，并非孤立运动某部分肌肉。

这个动作先从双手开始，从五指尖开始转动，扭转小臂，然后扭转上臂，再耸左肩，然后转移到右肩，以腰为中心，左右上身一高一低，扭动数下，然后以腰为中心，左右身体一前一后，扭动数下，然后从腰部向腿过渡，左右扭动，数下之后，可左右晃动，最后一直到脚，脚部的动作可以更丰富一些，左右晃动数下，然后上下踮动，以脚后跟为圆心转动十数下，再以脚尖为圆心转动十数下，然后从脚开始，扭动左右腿，到腰，最后到肩到手。

对于一个长时间不运动的人来说，练习蛇形波浪动是最理想的选择。这种运动能刺激身体的动感。许多情况下，身体的肌肉因为相连接的其他肌肉的种种不同的动作，及身体中经络和气感的需要，会主动做出不同的动作来。所以，每个人做蛇形波浪动的具体动作形式都是不一样的。只要你记得肌肉的力量顺次传递就行了。蛇形波浪动对于身体中寒气积聚非常多的人尤其合适，因为身体中的寒热气在肌肉中会起影响肌肉神经的作用，在这种运动下他会促使肌肉优先做出排除寒气的动作。

为什么将蛇形波浪动列在机能性养生动作中呢，因为这种动作没有固定的动作要领，他是先从手指开始，遵从肌肉中神经和气感的安排，来自动促使肌肉做出各种动作，所以说，这个动作是按照身体的需要来做的，而不是按人的设计来做的，这就是他的价值所在。

蛇形波浪动，坐在椅子上就可以进行，他的优点在于能够一动动全身，而且他使身体的每一块肌肉依次运动，有次序，互相传感，所以是一种较为优良的动作。

动静均衡的太极圆

除了佛教的经行是理想的保健养生运动之外，中国的太极拳在身、息、心三者的调和方面也有突出成效。

养生之道在于调养生息，运动锻炼时讲求有动有静，动静相兼，动静不可偏废其一，身、息、心三者协调互补。只有这样，才能使人体的“神形”协调，使人们在日常生活中工作、学习消耗的体能或造成的伤病获得补充与修复。形体的动主要练人的筋、骨、皮、肉；而形体的静则主要调养人赖以生存的物质能量，即精、神、气。中国的太极拳在实现调节人体的阴阳平衡从而达到防治疾病、健身延年、开发潜能方面是非常行之有效的。

太极拳有动有静，动静结合，既调身，又调息和调心，而且由于人体的各个关节是由关节面、关节囊、关节腔三个部分组成的，人体关节活动时的运动轨迹都以弧圆形为主，而太极拳的整套动作也都由大小不同的弧形组成，这种弧形动作恰与人体的关节构造达到运动与生理功能的统一，太极拳的动作缓慢柔和，因此，对全身关节都可起着按摩、滑利的作用，可以促进血液循环，特别适合有关节炎的患者锻炼。另外，坚持打太极拳还可以增强体质、预防疾病，并能治疗多种慢性疾病，巩固疗效。

太极拳的特点是先气后力，所以他是最不耗力、神、气，又最能养精、气、神的运动。

对于一般人来说，都喜欢练习一些特定的动作，在武术中，讲究特定动作是可以的，但对于养生保健来说，讲求动作的标准并不重要。太极拳以圆为特征，在运动中，你只要记得一件事，不停地画圆就行了，而不必计较做什么样的动作。从双手开始，两手翻转画圆，然后到两臂，翻转画圆，再到步伐翻转画圆，还有腰部做画圆运动，只要是保持了圆，就保持了太极的精髓。

另外，先吸足气，气充满后，缓缓运动，在运动中凝聚注意力，即神，在精神的指引下，在气的鼓动下，使肢体按照圆这个规则动起来，当然，你不必苛求你画的圈有多圆，只要你觉得圆就行了。

重视注意力操作的经行

佛教徒因养身散除郁闷，旋回往返于一定之地叫经行。经行是佛教术语，类似于我们平常的走路，但是又与一般的步行有所区别。

1. 快步经行

快步经行是佛教中最为流传的经行法之一，其实质就是现在所提倡的加速跑，与之不同的是，在佛教中强调绕圆行走。对于身体正常者来说，快步经行是很好的健身之法，古代称之为“跑香”。其方法是按顺时针方向右绕而行，右臂摆动，同时左臂甩动，摒弃心中所有杂念，只顾走，越走越快，身体的精气神得到充分发挥，对于强身健体十分有利。这种方法不宜在室内进行，也不宜在小的运动场所进行。

2. 慢步经行

慢步经行的方法有多种，但慢步经行有一个条件，不要东张西望，也不要看任何人，就看自己这一念之心叫他不要乱，叫他不要动。

慢步经行做法也很简单，一般采用以下两种方法：

第一个方法，就是注意自己的足的一起一落。我们走路有三个步骤：起、进、落。注意脚的起、进、落，心就不乱，心就一直地安住在这里不乱；这个方法是能治病的，能治疗我们身体上的病痛。

第二种方法，就是全身自然放松，将重心置于脚上涌泉穴即脚心处，右手轻轻握成拳状，左手轻轻抱住右拳，置于腹前约10厘米处，脚要分阴阳虚实，当将全身重量置于左脚时，心念要集中于左脚的前掌心涌泉穴处，这时左脚是全虚的，而右脚是全实的，将右脚轻抬自然跨步向前，身体重心由左脚慢慢地转移至右脚，这时心念也随之专注于右脚，然后右脚变成全实，左脚变成为虚。这样循环往复，便形成经行。

深呼吸吐纳

在人类所有的动作中，呼吸是根本动作。可以说，我们只要完美地掌握呼吸这一动作，我们就可以抛开其他的一切动作，因为呼吸动作可以完全替代其他动作。古人对于呼吸的重视可以说是无以复加了。

吐纳者，呼吸也。庄子云："吹嘘呼吸，吐故纳新……为寿而已矣。"意即吐出浊气，纳入人体所需之清，以帮助培蓄人体内部之真，达到修真养性、延年益寿之目的。"聚则生，亡则死。"天地万物无不需以生之。吐纳之法，使呼吸归根，保住先天元，足则百病可治，生命之本可固。

在深呼吸吐纳时，大量的氧气进入身体，并排出大量的二氧化碳，透过呼吸系统及血液循环系统的作用，将营养转化为能量的作用更为加强，精力也将更充沛。

深呼吸吐纳的方法很多，初学者可先掌握几种简单的方法。

（1）腹式呼吸法：①身体放松，仰卧；②单手轻轻放在肚脐上；③吸气，将空气吸入腹部的位置，吸到不能吸为止，此时会感到手因腹部隆起而被微微地抬起；④吐气，将腹部向内往脊椎收，借收缩腹部动作将空气呼出。

（2）胸式呼吸：①仰躺或是背脊挺直坐着；②吸气，将空气吸入肺部的位置，你会注意到胸部的鼓起，当你吸气越深时，腹部会越往脊椎方向收；③吐气，当你吐气时，肋骨会渐渐向下并往内收。

（3）完全（瑜伽）呼吸：①先轻轻吸气，吸到腹部的位置，当这个区域已饱满时，接着吸气充满你胸部区域下半部的位置，渐渐地再充满胸部区域的上半部位置，尽量将胸部吸满，扩张至最大的程度；②吐气，先放松胸部的位置，再放松腹部的位置；③用收缩腹部肌肉的方式结束呼气，这是为了确保已将肺部的空气完全排出；④重复以上动作，如此循环。

深呼吸时，有许多人的误区是用力过猛，那样对呼吸系统会产生剧烈刺激，对机体各器官也不利，呼吸时要记得缓慢悠长这四个字，符合这个标准的，才是有益健康的深呼吸。

善用下呼吸之门——收缩肛门

肛门是我们最不愿提及的部位，但对于养生来说它非常重要。自古流传的提肛功，受到无数养生家的重视。中国古代的养生家认为，人体中存在阴阳二气，而人体的阳气足，就健康，活力就旺盛，但许多人身上的阴气重于阳气，于是就病弱，而提升人体阳气的有效方法中，有一个就是提肛功。

在现代医学看来，收缩肛门的肌肉可以锻炼处于肛门附近的肛提肌和肛门括约肌，增强其功能，提高其抵抗力。并且可以促进肛门周围血液循环，防止肛门周围血液淤积，从而达到预防和治疗肛门周围疾病的作用。收缩肛门对防治中老年人的痔疮、肛裂、脱肛、便秘、慢性肠炎等疾病都有明显疗效；对冠心病、高血压、下肢静脉曲张等，也有一定的辅助治疗和预防效果。

收缩肛门还能促进盆腔周围的血液循环，维护性器官的健康，对防治肾气不足引起的阳痿、早泄有较好的功效，可以说，提肛功对于增强男性的性能力有着独特的功效。

现代的养生方法一般是这样主张：收缩肛门的运动方法非常简单，不受时间、环境、设备等条件的限制，站立、蹲位、躺卧均可进行，坐车、行走、劳动时也可以练习。每日可进行数次。每次练习2～3分钟即可，大便后进行效果佳。收缩肛门时要求全身放松，自然呼吸。呼气时，做收缩动作，吸气时放松开来，反复进行30次左右即可。

而古代的养生家认为提肛以每次提七次为好，提肛时，做鼻尖式深呼吸，呼吸刚开始，空气大体到达喉部时，收缩肛门，呼吸和提肛的动作都要求缓慢，当呼吸充满时，开始吐气，同时放松肛门，完成提肛动作。在古人看来，提肛动作宜放在清晨时最好，他们认为，这个时候最能提升人的阳气。但人在夜间阴气更盛，所以晚睡前也可以提肛。

据研究，中国人的体质，普遍阴盛，寒气多一些，所以中国人更应注重提肛。

散步是最佳运动

长期坐着或站着工作的人，容易患腿胀、静脉曲张和痔疮等疾病，是由于身体下部的静脉淤血，血液不易流回心脏造成的。散步时，下肢肌肉加大活动量，有节奏地挤压静脉血管，可以促进血液循环，促使血液迅速流回心脏。身体活动较少时，胃肠的活动也会跟着减弱，很容易引起消化不良、便秘等症状。若饭后慢慢散步，腹部肌肉的有节奏运动会对胃肠进行有效的“按摩”，促进和改善胃肠的消化和吸收功能。另外，长时间坐着，肺的扩张也会受到一定限制，影响呼吸的深度。散步时，身体保持挺直，胳膊自由摆动，使得肺的换气量大大提高。另外，有节奏的散步还对大脑皮层产生单调而反复的刺激，能够促进大脑皮层抑制过程的发展，使工作疲劳的神经细胞得到充分休息。所以，也可用睡前散步的方法来防治失眠。

散步是一项简单易行的体育活动。散步时可使心肌收缩加强，心跳加快，血流加速，既锻炼了心脏，又增强了心力，对高血压、冠心病等心血管疾患都有良好的疗效，且方便简单，安全可靠。散步还可缓解消化不良，对营养过剩导致过于肥胖的人来说也是妙方。在我国中医学著作中，有饭前，饭后散步能防治糖尿病的记载。对患有神经衰弱、睡眠不好的老人，睡前轻松的散散步，也是一剂镇静良药。

1. 常用的五种散步方法

（1）普通散步法：其速度为每分钟60～90步，每次进行20～40分钟；此法适合于患有冠心病、高血压、脑溢血后遗症或呼吸系统疾患的中老年人。

（2）快速散步法：其速度为每分钟90～120步，每次进行30～60分钟；此法适合于身体健康的老人和有慢性关节炎、胃肠病、处于高血压病恢复期的患者。

（3）双臂背向散步法：即行走时，将两手背放在后腰命门穴上，缓步倒走50步左右，然后再向前缓走100步左右；这样一倒一前反复缓走5～10次，对防止腰肌劳损，减轻腰背疼痛很有帮助。

（4）摆臂散步法：走时两臂前后做较大幅度的摆动。平均每分钟行走60～90步；此法适合于有肩周炎、上下肢关节炎、慢性气管炎、肺气肿等病的患者。

（5）摩腹散步法：步行时，将双手旋转轻轻按摩腹部，每分钟30～60步左右；每走一步按摩一周，可正转和反转交替进行；每次散步时间30～50分钟为宜。此法能增强胃肠功能，有助于消化，适用于患有胃肠病的人。

2.散步的注意事项

（1）散步可以随时进行，不受时间限制：许多人认为“饭后百步走，活到九十九”于是就特别偏爱饭后散步，对一个健康人来说，饭后散步是有一定好处的，但是对某些患者来说，就不一定有好处。例如，患肝炎的人，如果选择饭后活动，食物在胃内便不能得到很好地消化，食物很快地进入肠道，养分也不能被充分吸收，往往会出现腹胀等症状；患胃下垂的患者饭后也不适宜活动，以免加重胃下垂病情。患有上述疾病或其他胃肠功能疾病的人，饭后至少应静卧半小时后再活动。即使是健康的人，也应该休息一会再进行“饭后百步走”，吃完饭立即就“走”对身体会产生不良的影响。

（2）选择最佳散步时间：一天中，人体最危险的时刻是清晨。人的生理生化功能有生物钟效应，清晨时，绝大部分人的体内生物钟处在最低潮状态。世界卫生组织经统计显示，全世界清晨死亡者占一天总死亡者数的60%。清晨不仅是心脏病发作的高峰时段，也是心脏猝死发生的最多时段。所以，在清晨锻炼身体，尤其是对于中老年不是最佳时间。要散步锻炼可选择在下午进行。

（3）一定要按照自己的速度来走：不要逞强急走，这样会大量消耗体力，结果是欲速则不达。如果和朋友一起散步，最好选择一个和自己速度相当的同伴同行。

（4）科学地衡量自己的体能：刚开始几次外出徒步行走的时候最好坚持走若

干个小时，而不要计划一定要走多远，通过这样的几次摸底练习，对自己的体力有所了解之后，再适当增加徒步行走的强度。

（5）不要只顾低头走路，而错过了周围的风景：在户外徒步行走，强身健体只是其中一个目的，大强度的体力付出，反而会得不偿失。户外徒步的时候，最恰当的速度是能够维持自己走一整天的速度。在散步过程中欣赏一下周围的风景，呼吸一下新鲜的空气，还能使人心情舒畅，精力充沛。

（6）在徒步中要注意科学休息：一般每走50分钟就需要休息10分钟，不同的人可以根据自己的情况酌量增减。

用声波与脏腑共振

在日常生活中，不良情绪对人的身体健康极为有害。有位50多岁的男士患了抑郁症，后来他经常采取“大吼大叫”的方法发泄情绪，极为有效，他情绪不好的时候就去海滩上吼上几分钟，有时高兴了再唱上几首歌，4年下来，精神比过去大有改善。

事实上，人在大吼大叫的同时可以吸入大量氧气，增加肺活量，加大胸廓的舒张幅度，调动神经系统的兴奋性，增强胃肠蠕动，促进胃液分泌；大吼大叫还可以加快血流速度，增强心窦传导和心脏收缩的能力，利肾助阳，促进雄激素分泌，对心跳过缓者与隐睾患者都有一定的疗效。大吼大叫最好选择在清晨或夜晚空气清新的地方进行，连续吼叫10～20声，每日一次即可。

但我们祖先发明的发声健康法，则没有这样简单。祖先提出了六字发音诀，给无数人带来了健康福音。六字诀就是在呼吸时发出嘘、呵、呼、呬、吹、嘻六个声音，通常每次呼吸时发一个音。

六字诀呼吸在中国流传了有一千多年，在民间和中医界有着广泛的影响。

六字诀养生术最早出现在南北朝时期梁代陶弘景所著的中医养生专著《养性延命录》中，这本书中的“服气疗病篇”说：“纳气有一，吐气有六。纳气一者，谓吸也；吐气六者，谓嘻、吹、呼、呬、呵、嘘，皆出气也。”这就是养生六字诀的原型。

明朝以后，六字诀还配合上了动作，扩大了这项锻炼方法的操作内容，他使呼吸、发音、动作协调起来，既加强了疗效，又增加了趣味性。六字诀的操作关键是要把握好发音的口型。

六字诀是嘘（Xu）、呵（He）、呼（Hu）、呬（Si）、吹（Chui）、嘻（Xi）。这6个字的发音都是平声，发音时要拖长音，持续于整个呼气的过程，发音的时候要特别注意韵母，也就是拖长后的尾音不要“跑调”。依据中医理论的五行学说，六字诀分别对应于人体的脏腑，其中“嘘”字对应于肝，“呵”字对应于心，“呼”字对应于脾，“呬”字对应于肺，“吹”字对应于肾，“嘻”字对应于三焦。六字诀与脏腑的对应主要是功能性的对应，并不是说他们会对脏器的结构产生直接影响。按中医的理论，三焦属腑，是上焦、中焦、下焦的统称，分别指人体体腔的不同部位。上焦指胸腔部位，下焦指腹部，上下焦之间的体腔就是中焦。三焦的主要功能是“通调水道”，也就是保持整个体腔气血运行的通畅。进行六字诀发音锻炼时，每个发音会作用于与其相应的脏腑，调整其功能，起到保健、治疗的作用。所以要想用六字诀养生，正确地发出这6个不同的声音就十分重要，如果声音不标准，锻炼的效果就可能打折扣。

中医的五行理论，从发音的部位上来划分，牙音属木，舌音属火，喉音属土，齿音属金，唇音属水。六字诀的6个声音中，嘘为牙音，呵为火音，呼为喉音，呬为齿音，吹为唇音，所以他们分别属木、火、土、金、水；五脏中肝属木，心属火，脾属土，肺属金，肾属水，这样一来，嘘、呵、呼、呬、吹和肝、心、脾、肺、肾就联系和对应起来了。五行学说认为同声相应，同气相求，五行属性相同的事物之间能够互相呼应。所以在你发出这5个声音时，相应的五脏就会同时发生反应，而发出声音的高低强弱变化也会影响到脏腑反应的强度，这些声音就是这样起到引导和调整脏腑功能的作用。六字诀中的嘻音在五行中也属木，在脏腑中胆也属木，并与三焦相通，所以在理论上嘻音可以通三焦。

现代医学对这6个发音与其相应脏腑的关系作过一些实验研究，发现他们确实能够在一定程度上对脏腑产生影响。例如，发“呵”的声音时，心电图显示受试的心脏病患者能够发生一些向康复方向发展的生理变化。

广泛应用的足底运动

脚心的涌泉穴是浊气下降之所，经常点按涌泉穴，有益精补肾、强身健体、防止早衰的功效。

1. 干洗脚

干洗脚通过对足、腿的按摩，可对整个下肢的血液循环起到良好的促进疏通作用，因此，对于老年下肢肿胀、静脉曲张、肌肉萎缩有很好的防治效果。

干洗脚操作方法是：端坐，将双手合围，圈住一侧大腿根部，然后向下稍用力按摩，直到足踝，再反向从足踝回按至大腿根部；然后，用双手对足部进行全方位的按摩揉捏，包括足背和足底；再依同样方法按摩另一条腿和足部，如此重复10～20次。

采用此法进行锻炼时，具体的按摩次数可多可少，酌情增减，不必拘泥于动作要求的次数。患有严重糖尿病并有皮肤并发症者应慎用此法，因为按摩过程中有可能导致皮肤破损和感染。

2. 按摩脚掌

按摩脚掌可加快血脉运行，调理脏腑，舒通经络，增强人体新陈代谢，从而达到强身健体，祛病除邪的作用。北宋大文学家苏东坡年逾花甲仍然精力旺盛，重要原因之一就是他坚持按摩脚掌。众所周知，脚掌上分布着许多血管，脚掌有人的“第二心脏”之称。脚掌的涌泉穴是足少阴肾经的起点，经常点按这个穴位，有滋阴补肾、充养五脏六腑、强腰腿、除湿热、治失眠、降血压、止头痛的作用，还能强壮身体，防止早衰，有利于健康长寿。同时，按摩脚掌还能防止腿脚麻木、行动无力、脚心发冷等症状。

需要注意的是：双脚按摩的次数和程度要均衡。按摩时动作要缓和连贯，轻重要合适，刚开始时速度稍慢一点，等适应后可逐渐加快速度和延长时间。按摩脚掌重在坚持，而且每次练习一定要把脚心擦到极热为止，这样才能收到较好的效果。

机能养护的几种常用方法

1. 热熨法

热熨法可以有效缓解脾胃虚寒引起的胃脘疼痛、腹冷泄泻、呕吐等症状；明显减轻跌打损伤等引起的局部瘀血、肿痛等症状；以及扭伤引起的腰背不适、行动不便等和风湿痹症引起的关节疼痛、麻木、沉重、酸胀等。

热熨法的做法很简便：首先准备好药包，将所需药物加白酒或醋放入锅中混匀，用文火炒至60～70℃后装袋待用；接着，在患处涂抹一层凡士林，将药袋放至患处或相应穴位点用力来回推熨，推熨时力量要均匀，开始时用力要轻，速度可稍快，随着药袋温度的降低，可加大力量，同时减缓速度，药袋温度过低时，要及时更换药袋；如此反复，每次15～30分钟，每日1～2次。热熨过程中要注意观察局部皮肤情况，防止烫伤。药熨后擦净该处皮肤，协助患者取舒适卧位休息即可。

2. 冷激法

此法是在穴位上给予寒冷刺激以治疗疾病的方法。《本草纲目》卷十一矾石记载："二便不通：白矾末填满脐中，以新汲水滴之，觉冷透腹内，即自然通。脐平者，以纸围环之。"现代医学中有用氯乙烷或二氧化碳等物在穴位上进行适量喷射的做法与其是同样的道理。

3. 先热后冷法

此法即通过沐浴时水温的冷热刺激来达到增强体质的目的。沐浴时先将身体泡暖、洗净，然后再用冷水淋洗。男子从下腹部淋至睾丸，女子从下腹部淋至阴部，使下腹部完全冷透。如果洗一次澡淋2～3次，效果会更明显。此法可与轻揉睾丸合用，对于因疲劳过度，用脑过度而导致的精力、性欲衰退的年轻人来说也是一种简单易行并且绝对安全可靠的疗法。

4.圆摩法

圆摩法在古代中国的传统养生之道里具有非常重要的意义，被广泛地运用。但在现代，这种方法逐渐被人们所忽视。被忽视并不意味着这种方法无效或过时，圆摩法可以被广泛应用到各种养生手段中，而且会起到良好的作用。圆摩法主要体现在摩腹疗法中的顺时圆和逆时圆，以及在太极健身中的太极圆中。

5.摩肾堂

摩肾堂可以壮腰强肾，治疗腰痛、腰肌劳损、坐骨神经痛。

摩肾堂，又名“擦金门”或“摩后金门”是一种以按摩肾区为主，以达到促进肾区气血流通，防治由于肾气虚怯而引起的各种病症的自我按摩疗法。

就穴位而言，摩肾堂主要是摩擦肾俞穴，此穴属足太阳膀胱经，中医用以治疗肾炎、肠炎、神经衰弱等病症。肾俞穴也是最常用的保健壮肾要穴之一。

每日清晨起床和晚上临睡前，坐于床上，双足下垂，宽衣松带，舌抵上腭，以鼻慢慢吸气，吸满后闭气，同时双手互相摩擦至热，上下擦摩肾区各120次以上，多多益善。闭气至极后慢慢呼气，同时放松全身。作毕即可卧睡；早起作毕，可小憩片刻后起床。应当注意在练习此动作时，不宜隔衣摩擦，所以最好选在入睡前与起床时练习；对于初习者不必强忍闭气，可逐日增加闭气持续时间；有高血压、青光眼、脑动脉硬化、肝硬化等病症的患者一般不宜采用此方法进行练习。

机能养护类辅助小动作

1. 便宜禁口

即大小便时咬牙的意思，这能起到健齿的作用，练武术和气功的人很注意使用此法，他属于内养功。

2. 浊宜常呵

“不洁之气，甚于利刃”，空气的清洁与否与健康关系十分密切；古时有吐纳之术，就是今天的深呼吸法，能吸氧吐碳，吸清吐浊。

3. 身宜常浴

经常进行日光浴、空气浴、水浴等，可以强健人体的神经和血管功能，促进新陈代谢，增强人体对气温变化的适应能力，也可预防感冒等疾病；三浴锻炼方法须因人因时制宜，循序渐进而做。

4. 足宜常洗

每天睡前用热水泡足是健身要决之一，这样做可以促进睡眠；洗足后用手掌轻轻摩擦足心涌泉穴30～40次，可以强心降压；对老年人的冬季保健尤为有意义。

5. 齿宜数叩

叩齿就即上下牙对咬作声，每天清晨做三四十次可以起到健齿的作用。

6. 舌宜舔腭

除饮食和讲话外，舌尖有意无意地舔住上腭，可促使津液的分泌，以防口干舌燥；口津，是舌上之水，是活命之酶，宜数咽，不得随意吐掉。

第五章

官能增强——黄金级动作

五官是我们人体保卫健康的前沿阵地，我们的活动离不开五官和四肢的协调运作，任何一个器官产生问题都会让我们的生活大受影响，同时，五官集中了众多的经络和神经，他们对身体机能产生决定性的作用，从五官入手进行小动作，对调节身体机能，促进我们的健康具有重要意义。

眼睛官能增强主补肝

中医认为："肝开窍于目。"一切与眼睛有关的疾病均与肝有关，如眼睛干涩，主要是肝阴虚导致。眼睛之所以能够正常的自由运转，主要是靠肝内阴液的濡养。同样，当人运动眼睛的时候，也会对肝脏形成影响，人用眼过度就会伤肝，而保养眼睛也是在养肝的功能。

很多IT从业人员、文字编辑、美术工作者、教师等，经常会出现眼睛干涩不舒服，甚至畏光、视物模糊等情况。其实，这些症状并不一定是病理变化所引起，而是由于用眼不当所致。这样的病人，早期检查结果往往什么都查不出来，只是觉得不舒服，干涩，但时间长了，便可能失去健康的眼睛，更可怕的是会失去健康的肝脏。

长时间"聚精会神、目不转睛"对眼睛的危害是非常大的，对肝脏的危害也会随时间而加深。首先，神经高度紧张会导致眼睛发胀，视神经功能慢性减退；其次，长时间近距离用眼，会使眼睛出现轴性近视；另外，眨眼动作的减少，使眼球缺乏润滑和保护作用。调查表明，人正常的眨眼数为每分钟15次左右，但在神情专注的时候，只有2～3次，这就使眼表面的水分蒸发过多，而来不及得到及时的补充，时间长了就会引起眼球表面的炎症。

1.转眼睛

常运转眼珠对眼睛的保健大有益处，早晚或较长时间用眼后，宜转动眼珠。转睛运目时应该不急不躁地进行，双目向左转5圈，平视前方片刻，再向右转5圈。如此运动七八次，再从右方行之，然后闭目少息再睁开。持之以恒，必见成效。

2.揉眼睛

用双手的柔软部位轻轻揉按眼眶四周，这样不仅能促进眼部血液循环，还可以明目醒脑，美容养颜。

3.闭眼睛

静心闭目片刻，用双掌轻捂双眼，两肘支撑在桌子边沿，全身肌肉自然放松，30秒钟后，睁眼，眨眼数次。每日做3～5次。长期使用此方法能明显改善视力，特别适用于经常阅读和写作的职业工作者以及中老年人。

4.入静法

端坐，全身放松，眼睛微闭，双手放在膝盖处，心中反复冥想：我在气中，气在我中，天人合一，气为我用。如此15分钟，然后慢慢睁开眼睛，深吸三口气，气沉下丹田。每天早晚各做一次。

5.远眺法

每日起床之后，在空气新鲜处闭上双眼，眼球从右到左，再从左到右各转5次，然后突然睁眼，极目远眺；平静端立，用眼依次注视左、右、右上角、左上角、右下角、左下角，反复5次；用洁净的两手中指由鼻梁两侧内角鼻凹处开始，从上到下环形按摩眼眶，然后眨动双眼20次。

6.劳逸结合

（1）要定时休息：如看书或使用电脑2小时，就要休息10～15分钟，此时可远眺窗外景观，也可以转动眼球、做眼保健操等，只要不集中在近距离用眼，都能够起到休息效果。其次，注意滋润双眼，多眨眼。在使用电脑时，最好保持15～20°的下视角，这样有助于减少眼球暴露在外的面积，可以起到减少眼球表面水分蒸发的作用。避免空调直吹，还可以在座位附近放一杯水，来增加周围空气湿度。

（2）多进行一些体育锻炼：建议进行球类活动，如乒乓球、羽毛球、足球、高尔夫球等，这是因为，当眼球追随目标时，睫状肌不断地放松与收缩，以及眼外肌的协同作用，可以提高眼的血液灌注量，促进眼部新陈代谢，从而减轻眼疲劳。

（3）还要注意营养均衡，应该多吃坚果类食物：多吃坚果类食物，多咀嚼，能加强眼部肌肉活动，增进眼部血液循环，减轻眼疲劳。还要多吃富含钙、蛋白质的食物，避免偏食，控制甜食。因为人体在代谢糖分时，必须依靠维生素B_1，糖分如果摄取过多，很可能会造成维生素B_1的不足，从而导致视神经炎等眼疾。

耳朵官能增强主强肾

中医理论认为，耳朵的各个部位与人体各脏腑之间存在着一种生理性内在联系，因此，耳朵被视为“缩小了的人体身形。”中医学认为肾是先天之本，肾是否强健可以通过经络系统直接影响全身各脏器的功能，从而对人的整体健康起到重要作用。而耳为肾之外窍，通于脑，是全身经络汇集之所。经常进行耳部运动不仅可以激发精气，疏通经络，平衡阴阳，还可以增强听力，调整脏腑从而达到防治疾病，养生保健的作用。

对于耳朵的保健养生法其他章节讲了很多，在此就不再讲述了。

动嘴不说话，健康益处大

我们的嘴巴紧连着鼻，用嘴常做一些小动作，可以加深呼吸，并增强鼻部呼吸肌的力量。

1. 张闭嘴

闲暇之时，经常做张嘴闭嘴的动作，不仅可以活动面部的肌肉，还能促进面部血液循环。

具体方法：最大限度地把嘴巴张开，同时用丹田之力深吸一口气，闭口，同时将气呼出；如此一张一闭，一开一合，连续做30次；这种方法可以通过对脸部肌肉的锻炼刺激大脑，同时，深呼吸还有利于大脑供氧，促进血液循环，增强脑血管的弹性，防治心脑血管疾病。

2. 鼓腮疗法

人到中年，面颊逐渐变得消瘦干瘪，如果患有慢性病或消化不良，两颊部的肌肉也会塌下来，这样不仅影响美观，也影响心情。想要保持面颊部的丰满，可用鼓腮疗法进行锻炼。

具体方法：首先闭住嘴唇向外吹气，这时腮部就会鼓起来，然后用两手掌在腮部轻轻按摩，先上下按摩，再左右按摩，最后转圈按摩，直到局部发热发红再结束，坚持每日2次。这样按摩可使面部的血液循环得到改善，肌肉纤维得到更多的营养，使肌肉逐渐发达，皮下组织更加丰满，皮肤的弹性增强，变得光滑润泽，面容更加饱满。

3.咀嚼疗法

咀嚼疗法是将咀嚼活动和发音活动结合起来，以治疗咽喉疾病、保护嗓音的一种方法。咀嚼疗法可以解除发音时喉部肌肉和共鸣腔中咽肌的过度紧张状态，以促进恢复或自然协调地维持其正常生理功能。

咀嚼疗法可分闭口咀嚼、张口咀嚼和咀嚼发声3个步骤。

具体方法：在闭口咀嚼时，要保证口唇放松，上下唇微闭，舌头自然放平，然后像口腔里真有食物一样进行咀嚼运动，使颊部肌肉和下颌骨得到活动，同时磨牙作上下左右的着力运动，但要注意尽量使咬肌和口底肌肉放松。张口咀嚼，即上下口唇张开而不闭合，但仍按闭口方式进行咀嚼运动，舌头活动要灵活。咀嚼发声，即边咀嚼边发声，开始用口数简单的数字，以后逐渐发展到朗读发声；进行时，要取坐位，收下颌，喉头不动，胸壁稳定，调匀呼吸，发声用力不可过大，以免冲击声带。

开始使用咀嚼疗法时，每天次数不宜过多，每次时间也不宜过长，一般以每3天1次，每次1分钟为宜。以后可逐渐增加，每天5～6次，每次1～2分钟。

需要注意的是，咀嚼疗法要在空腹时进行，并选清洁僻静处，要长期坚持，不可操之过急。如果使用此法治疗咽喉疾病，配合其他疗法效果更好。如果是咽喉部之外的疾病，则不宜使用此法治疗。

舌头常动强五脏

中医学认为，人的舌头与各个脏腑器官都有着密切的联系。舌尖属心，舌边属脾，舌根属肾，舌两旁属肝胆，舌心属胃。经常运动舌体，能葆青春，抗衰老，有益于脏腑的健康。

1. 赤龙吐信

把嘴张大，舌尖尽量向前伸出，使舌根有拉伸感觉，在舌不能再伸长时，把舌缩回口中，这样一伸一缩，面部肌肉随之一紧一张，共做9次，不仅有利五脏，还可回春驻颜。

2. 鼓漱华池

口唇轻闭，舌在舌根的带动下在口内前后蠕动，当有津液生后要鼓漱有声，共33次。津液满口后分3次咽下，并用意念引入丹田，称之为“玉液还丹”。此法用玉液灌溉五脏，润泽肢体，久之身轻体健，步履轻捷，百病皆除。

3. 赤龙搅海

用舌舔摩内侧齿龈，自左至右，由上至下，共9圈。然后，再用舌舔摩外侧齿龈9圈，顺序同上。此法久之可固齿，健脾胃，轻身祛病。

4. 张口结舌

张大口，伸长舌，口中如有津液生后可仰头咽下，心中默数81个数后收功。久行此法，对面神经麻木有很好的疗效。

5. 舌挂上腭

打坐时闭目冥心，舌尖轻舔上腭，调和气息后，舌端津液频生，当津液满口后分3次咽下。直送下丹田，久行此法，有益寿之功。

经常运动舌头不但可以减少口腔疾病的发生，还能延缓味蕾的衰老，同时还能起到锻炼面部肌肉的功效，使人容光焕发，神清气爽，青春永驻。

唾液能治病

唾液的养生保健功能，自古就备受重视。从古人初创文字来看，舌旁之水为“活”字，意思是唾液是人体的生命之水，能够维持生命活力。历代医家和养生家都特别强调唾液的重要性，并给他起了“玉液”、“琼浆”、“甘露”、“华池神水”等诸多美称。中医认为唾液是人之精气所化，能润心，唾液干则说明真气损耗过多。

唾液的主要成分是水，另外还有含钠、钾、钙、氯、硫等离子的盐类以及淀粉酶、溶菌酶和黏蛋白等。唾液能够软化食物，杀灭口腔中的细菌。唾液中的淀粉酶能够帮助消化，保护胃黏膜免受胃酸损害。唾液中的蛋白质还有愈合伤口、止痛、杀菌的作用，这也是他能治疗胃溃疡的原因。在日常生活中擦破了皮肤，人们会本能地在伤口处涂抹一点唾液来疗伤。动物受伤后，也喜欢用舌头舔舐伤口，这些经验告诉我们唾液有止痛止血的作用。

皮肤病专家实验证明，用乳牛舔舐患者的皮肤来治疗神经性皮炎和头皮癣等皮肤疾病，疗效很好。唾液这些奇特的力量最终在一位美国科学家那里获得了解释，这位科学家发现，唾液中含有两种特别珍贵的蛋白质，一种能促进细胞的增殖分化，从而使新生的细胞代替已经衰老和死亡的细胞，因此能够加速皮肤受伤组织的愈合，另外一种可以将断裂的神经焊接起来，使受伤的皮肤早日恢复感觉和运动功能。

1. 唾液护胃治胃病

胃酸过多、消化不良、肚子胀疼、胃痛、胃溃疡、胃痉挛……各种胃病严重影响着人们的健康和生活。为了治好病，很多人天天吃胃药，但是收效甚微。其实，我们根本不必大费周折地寻药治病，人体自身就备了治疗胃病的良药——唾液。

随着现代生活节奏的加快，人们为了赶时间，经常狼吞虎咽地吃饭，食物没有经过充分咀嚼，唾液的功效得不到发挥，必然会导致消化不良。经常饮用唾液对身体是很有好处的，尤其对于治疗胃病，效果非常显著。曾有过这样的报道，某患有胃病的老人，吃了各种胃药也不见好，得知唾液的功效后，经常有意识地“喝”唾液，每天都要喝5～6次，这样坚持了半年，胃疼的毛病就减轻了很多。

如果觉得口内的唾液不够多，咽多了感觉口腔发干，可以用这个办法取得更多唾液：用舌顶住上腭，刺激唾液分泌，并搅拌口腔，攒够一口就咽下去。当然，还要记得多喝水，毕竟水是唾液的主要来源。

2. 唾液是很好的养颜药

通常来讲，身强体健的人，唾液分泌旺盛充盈，而年老体弱者往往唾液分泌不足，常出现口干舌燥、便秘、皮肤粗糙、面部晦暗无光泽等现象。唾液与一个人的身体健康有直接的关系，好好利用唾液，可重拾青春，延缓衰老。

有句俗语是："气是续命芝，津是延年药。"唾液中含有一种腮腺激素，能够增加肌肉、血管和缔结组织的功能和活力，特别是能强化血管的弹性，增强这些组织的生命力。因此，只要腮腺激素充盈，就能保持皮肤的弹性。随着年龄的增长，人体的腮腺会在中年以后出现萎缩，经常吞咽唾液，可以有效地刺激腮腺活动，延缓其萎缩。

3.唾液养生法

在饮水时，将水含在口中，不要下咽，用舌头卷动水，不停地翻动，这时会发现，口中的水越来越多，就好像泉水不断涌出一样，这是因为在用舌头搅动水的时候整个口腔部位的肌肉都在运动，口中唾液不断涌出，所以感觉水在不断地增加。

这种方法操做起来非常简单有趣，而且养生效果非常好。进行戏水动作的时候，因为有水在口中，所以舌的动作就显得较为轻柔，不用很大的力度，而且，唾液同水一起下咽，更加顺利。在口中戏水生津，可以在很大程度上润泽口腔，将咽喉中的痰有效地化解，有助于去痰败火。

动动鼻子能强肺

鼻子虽小，用处却大，不仅能让我们能闻到芬芳的花香，香喷喷的饭菜，还可以给我们治病。给鼻子"洗洗澡"，经常做鼻子部位的动作，保持鼻子的健康，有助于预防各种呼吸道疾病以及许多相关联的疾病。

1.给鼻子"洗洗澡"

鼻子作为人体与外界气体交换的重要通道，不可避免的要饱受空气中的灰尘和有害物质的侵袭。因此，需要常常给鼻子"洗洗澡"，增强鼻子对抗不良环境的能力，有利于预防各种呼吸道疾病。

给鼻子洗澡，我们可以用两种方法：第一种方法是用水洗，最好是用冷水。早晨洗脸时，用冷水清洗一下鼻孔，可以防止鼻腔内的污垢进入到其他器官，还能改善鼻黏膜的血液循环，预防感冒和鼻炎的发生；第二种方法是干洗，也就是做鼻部按摩。

鼻部按摩有以下几种方式：

（1）鼻外按摩：用右手的拇指和食指夹在鼻梗的两侧，从上向下匀力下拉，重复8～10次。这种方法的主要功能在于促进血液在鼻黏膜内的循环，有利于鼻粘液的正常分泌。

（2）鼻内按摩：将左手的食指和拇指分别深入到左右两个鼻腔内，不需要太过向里，能够夹住鼻腔内的软骨部位就可以了。夹住鼻腔内的软骨部位以后，两手指轻轻向下按，反复几次。每周做一次，不仅能够保护鼻腔内的湿润还可以增强鼻腔的抗菌能力。尤其是在干燥的秋冬季节，还可以减轻空气对肺部的刺激，减少咳嗽的发生，预防感冒。向下按压鼻软骨能够促进血液循环，起到预防鼻腔内疾病的作用。需要注意的是，手指必须要清洗干净。

（3）按摩迎香穴：用两手的食指分别按压迎香穴，鼻翼旁的鼻唇沟凹陷处就是穴位所在。用手触及两点，并轻轻地按压。这样做一方面可以促进面部血液循环，还可以起到防止鼻病，预防面部麻痹的作用。

（4）按摩印堂穴：印堂处在两眉正中间，用两手的中指交替按压印堂穴可以预防感冒及呼吸系统的疾病，还可以增强鼻黏膜上表皮的增生能力，使嗅觉变得更加灵敏。

2.吹鼻疗法

吹鼻疗法是将药粉用小竹管等吹入鼻内，经鼻黏膜吸收起到治疗疾病作用的一种疗法。操作过程很简单：将所用的药物碾为细末，用棉球沾生理盐水擦净鼻腔，然后取药粉0.3克左右，用小竹管、小纸管或喷药器把药粉吹入鼻内。

吹鼻疗法可治疗外感风寒头疼、伤风、黄疸、牙痛、鼻衄、鼻息肉、迎风流泪、鼻腔奇痒与黏膜糜烂等。

需要注意的是，吹药之前患者要口含水或在吹药时暂时屏气，以防药物误入气管，引起呛咳，吹鼻过程中患者尽量不要打喷嚏，以免影响疗效。如果鼻部原无不适，而吹药以后增添新疾，或原有不适加重，应及时停用。而且，除了上述所列病症以外，其他病症应慎用。

3.塞鼻疗法

塞鼻疗法就是将药物制成适宜的剂型（如丸、散、膏等），鲜药则捣丸或搓成团)，塞入鼻内，定时更换，通过鼻腔吸收的途径而达到祛除病邪的一种方法。

塞鼻疗法适用于鼻息肉、过敏性鼻炎、慢性鼻炎、萎缩性鼻炎、鼻疮与鼻疔、鼻衄(鼻出血)、小儿鼻塞、头痛、喉痹、黄疸、疟疾、乳痈初起、哮喘、牙痛等症。

采用塞鼻疗法比较安全，无禁忌证，但是需要注意的是，临床热症禁用热性塞鼻剂，寒症禁用凉性鼻塞剂。同时还要注意，塞鼻的药丸大小要合适，深浅要适度，尤其小儿用的鼻塞剂不可过小，以防误入气管；如塞鼻剂所含药物刺激性较强，应用纱布包裹塞鼻。而且，如果是连续多次使用塞鼻疗法者，应经常检查鼻腔情况，如果发生炎症，应停用或改换药物。

4.气功健鼻

将两个手指摩擦至有热感，沿着鼻端上下摩擦30～40次，然后放松呼吸，两眼直视鼻端，静静地待上一会儿，做到心无杂念，保持匀速呼吸，大约3～5分钟即可。在晚睡前进行此动作比较合适，两膝弯曲，俯卧在床上，足心朝上，用鼻子深呼吸3～5次，然后恢复正常体位和呼吸。

以肉能养皮

以“肉”养皮，延缓衰老。这句话很好地说明了肉与皮肤的关系，皮肤的营养从肉中来，肉提供皮肤所需的养份。肉质不好，皮肤也不会好。我们说的“肌肤”应该指肌肉与皮肤，所以，两者的保养是不可分割的，不能单纯保养一个，否则达不到效果。

有的人盲目通过少吃食物减肥，这种方法如果长期坚持，虽说可以减轻体重，但一旦多吃一点肯定会反弹，因为此时肉就像一个饥渴的人遇到水一样，会“饱餐”一顿，吸收迅速，肉就长得迅速。因此，单纯的少食减肥不可取。最好是吃热量少营养好的食物，然后再配合运动，这样满足了肌肉对营养的需求，肌肉有弹性了，减肥后就不会出现皮肤松弛的结果，这是由肌肉与皮肤一起收缩，互相协调的原理所决定的。因此，单纯保养皮肤固然重要，保养自己的肌肉也不可忽视。

对男人来说，肌肉是力量的象征，而对一个现代女性来说，肌肉则是性感的标志；男人缺乏肌肉，定是大腹便便，赘肉缠身；而女性缺乏肌肉，必是皮肤松弛，青春不再。赶紧想办法“留”住肌肉，抓住健康。

1.男性肌肉养护

科学统计显示，男性到40岁后肌肉就开始以每年1％的速度递减。1％可不是一个数据那么简单：首先，会导致男性基础代谢率降低，也就是“发福”；其次，肌肉的衰退成了男性心血管疾病高发的“帮凶”；三是会导致力量下降，这也是许多中年男性常感到腰酸背痛的主要原因。

男性锻炼腹部肌肉是健身重点。现代医学证明，男性因腹部肌肉失去弹性而形成的“将军肚”，与高血压、心脏病、糖尿病等众多常见病关系密切。所以中年男性锻炼肌肉要抓重点，其中腹部肌肉最重要。

向下弯腰锻炼腹肌的方法最简单：腰部往下弯，腿直立，手臂及头部下垂，悬在空中，不要强迫自己双手触地，尽量放松，然后自然起身，伸展背部及腿部的肌肉，约停1分钟，再重复3次；一日两次，连续2～3个月就能见效。

另外，仰卧起坐锻炼腹肌的方法也简便易行。为了增强全身肌肉力量，如果再辅以力量器械训练，效果将更显著。

2.女性肌肉养护

女性平常都比较注重皮肤的保养和护理，但很少有人注意到，肌肉也与皮肤一样需要保养和护理。其实，肌肉的美比皮肤的美还要重要得多。因为如果你的肌肉松弛了，皮肤也必然松弛无疑。肌肉的美容主要有两种：一种是使松弛的肌肉变得结实和富有弹性；另一种是使僵硬的肌肉变得柔软，肌肉处于松弛状态的女性多为30岁以上35岁以下的人群，这些人或夜生活过多，或饮酒抽烟，或饮食不正常，下巴及身上的肌肉因此出现不同程度的松弛。要想使肌肉恢复弹性，首先必须改变不良的生活习惯，同时配合运动。

女性用皮筋锻炼会使肌肉有弹性。可以在家中适当的地方设置两根较粗的橡皮筋带，双手分别扯住橡皮筋用力拉伸，每次做10～20分钟。在拉伸的时候，脚要蹬直，腰椎要挺直，使全身处于紧张状态；每天坚持做20分钟的踢腿运动，再用手掌进行全身拍打放松，每次15分钟。

女性游泳可使僵硬肌肉变柔软。肌肉僵硬的情况多出现在35岁以上的女性中，这与她们缺少运动、食量不定以及长期操劳家务有关。肌肉僵硬不仅使 身体失去曲线美，还会发生连锁反应，使肌肉韧带变僵硬，血液循环减慢，并导致肌肉疼痛，甚至累及到内脏。因此，使僵硬的肌肉变柔软的美容保养是相当重要的，最好能每天游泳30分钟至1小时，还要注意少吃甜食，经常做身体按摩，每次25分钟。

3.肌肉养护注意事项

肌肉是锻炼出来的。肌肉是最“知恩图报”的，只要能够坚持经常给他一点“刺激”，他就会以10倍的回馈报答你。但如果“三天打渔，两天晒网”，效果会大打折扣。进行肌肉锻炼时需要劳逸结合， 2 ~ 3 天之后，如果没有运动的刺激，前一段时间的运动效果会逐渐消退。如果不给肌肉充分的时间去补充营养物质，肌肉就不能长得比原来健壮。

第六章

从内到外——健康依次得

要健康，先要身体内脏器官健康，保健康，就要从内部入手，小动作也不例外，那些能够预防内部疾病，保障内脏器官正常运转，提升内脏功能的动作，是我们应当首选的动作。

用运动来舒减压力

现代医学证明，运动之所以能缓解压力，舒缓身心，让人保持平和的心态，与身体的腓肽效应有关。人体内含有一种被称为“快乐因子”的腓肽激素，当运动达到一定量时，身体产生的腓肽效应能愉悦神经，可以把压力以及不愉快的情绪带走。另外，适当的运动锻炼，有利于缓解以及消除身心疲劳，上班族们朝九晚五，生活节奏紧张，单调而枯燥。长时间紧张单调的刺激易引起生理和心理上的疲劳，而运动能使刺激强度变换，起到改善、调节脑功能的重要作用。若想充分发挥大脑潜能，必须科学合理地安排活动，不使大脑某一半球或某一功能区由于反复紧张单调的刺激而疲劳，要动静协调、张弛有度，这样才有助于提高大脑皮层的分析综合能力。

那么，到底哪些运动能够有效地减压呢?

通常来讲，有氧运动可以使人全身得到放松。若想通过运动来缓解压力的话，可以参加一些运动强度缓和、运动量比较小的运动，使心情先平静下来，例如散步、游泳、跳绳、跳健身操、跳健身舞、打乒乓球等。运动时间可以掌握在每天半个小时左右。

这里介绍一种放松肌肉缓解心情的方法，可以在睡前练习。在一间安静、灯光柔和的房间里平躺，掌心向上，两腿伸直，脚尖向外；闭上双眼，按照自己的节奏轻柔地呼吸。绷紧脸部肌肉约10秒钟，放松；缓慢地向上抬头，放下；提肩10秒钟，放松；伸展手臂及手指，握拳10秒钟，放松；提臂，然后缓缓地放下；脚后跟并拢，向外伸展腿和脚趾，然后完全放松。重复练习5次。

净化呼吸：立姿，两脚分开与肩同宽，用鼻做深吸气，同时两臂缓缓经体侧平举，然后慢慢上举；待吸足气后(两臂恰成上举)，两臂像“挥砍”一样急速放下，张口吐气的同时高喊一声“哈”。这个练习有助于消除精神紧张和心理压力，并且能把长期郁积在肺部的浊气排出。

呼吸减压对人体健康非常有益。经常运动的人都知道，在进行最后放松时，深呼吸能帮助人体尽快把运动心率调整到正常心率。而当人在紧张的时候多做几次深呼吸，也能起到放松心情，缓解身心压力的作用。

进行深呼吸的时候，可以选择自己认为比较舒适的姿势，或站立或端坐，将双手放在胸前，上身尽量保持放松，吸气的同时扩展胸部，紧闭双唇，屏息数秒，慢慢呼气，重复几次，就会感到紧张的情绪缓和了许多，心情也会随之舒畅了。

最古老的防癌运动

心脏病和癌症是当今威胁人类健康的两大“杀手”。预防心脏病和癌症，可以从合理膳食、平衡心理和经常运动着手。其中运动是最为重要的一环。

那么，什么样的运动，哪些运动对护心防癌最有效呢？

医学研究表明，运动时，人体吸氧量大大增加，气体的频繁交换，可以使体内的一些致癌物质排出体外；而且运动时人体大量出汗，汗水可以把体内的一些致癌物质，如铅、锶、铍等及时排出体外，大大减少患癌症的可能性：另外运动会刺激体内某些激素的分泌，提高人体制造细胞的能力，还能加快骨髓生成白细胞的速度，使白细胞数量增多且存活时间延长，白细胞吞噬癌细胞的能力增强，人也就自然远离了癌症。

有一项最古老的防癌运动——按摩擦背。日本东京大学的 位教授提出，用毛巾擦背具有预防癌症的功效。他经过实验研究得出结论，在人的皮下存在着一种奇特的细胞组织，他们平常安静不动，养精蓄锐，当用毛巾擦背时，这些安静的细胞因为受到刺激，就会变得异常活跃，并进入血液循环，演变成为具有吞噬异物能力的网状细胞，一旦发现癌细胞，就将其消灭。这个按摩擦背方法简单易操作：将毛巾浸于温水中，热天水温以20℃为宜，冷天时以40℃为宜，毛巾稍稍拧干后，就可擦拭后背，用力以感觉舒适为度，重点是擦背部正中线，也就是脊柱部分，包括颈椎、胸椎、腰椎、骶椎，顺序是自上而下，反复揉擦3～5分钟即可。

有氧运动预防心脏病

一项针对2.15万名男性进行的长达12年的跟踪研究表明，激烈的运动虽然会大大增加心脏病发作的机会，但是如果长期坚持做适度的激烈运动，则可以预防心脏病。美国的一个研究小组分析了自1982年开始的医生健康报告，发现男性在运动时死亡的几率为150万分之一。每星期激烈运动少于一次的男性，在运动期间或运动后突然死亡的机会，是每周至少运动5次男性的7倍。在《新英格兰医学杂志》发表的一项报告指出，对预防心脏病来说，多做运动的好处显然超过运动可能带来的危险。

2000多前，希波克拉底精辟地指出：生命与健康离不开阳光、空气、水和运动。想要保持机体健康就必须要进行运动，众所周知的名言“生命在于运动”更强调了运动的重要性。20世纪60年代，美国医学博士库珀提出了有氧代谢运动的理论。这一现论在美国经过40年的实践，心血管疾病得到了一定的控制，平均预期寿命提升。当前，有氧代谢运动的冲击波已经普及到许多国家，也成为了我国的时尚运动。适量运动的核心也与膳食一样，强调平衡，即：身体动与静的平衡、心理上紧张与松弛的平衡、组织内新陈代谢的平衡。

心脏这个器官在日常生活中扮演着非比寻常的角色，占有极重要的地位，心脏病占一般人死亡原因的第二位。心脏病人突然发病的情况非常多见。如有血压上升变得常见，很容易疲倦，突然很怕冷或是很怕热等变化，则为心脏变弱的前兆。心脏负责将大约5升的血液输往全身，担任着非常重要的作用，而血液则负责把营养素和氧气等送往身体的各个组织，并且负责回收身体组织不要的废物如二氧化碳等。肌肉发达的人，由于微血管也跟着发达的缘故，血液循环也会随之顺畅；相反，肌肉不发达的人，或是脂肪太多的人，由于血液循环不好，对心脏会造成很大的负担。运动不足往往造成心脏功能低下。换句话说，运动能预防心脏病，还能强化心脏，减少心跳频率，增加输送的血液量。

有氧代谢运动主要是指人体大肌肉群和大关节的持续性的耐力运动。有强度低、有节奏、不中断和持续时间长的特点。运动过程中可增加人体对氧气的吸入、输送和使用，即运动时需要的氧气与运动时所吸入的氧气处于动态平衡，因此有利于健康。有氧代谢运动是建立在抗氧化理论的基础之上的。这个理论是假设胆固醇如果不氧化，就不会在血管上形成斑块，保持血管不硬化。

有氧运动常见的种类有：快步行走、慢步行走、慢跑、骑车、游泳、健身舞、健身操、扭秧歌、太极拳等低运动强度、长持续时间、不需要较高技巧的运动项目。短时间大强度的运动，如短跑、激烈的运动和竞技比赛等无氧运动只适合于儿童、青少年和适合这些运动的运动员，对大多数人来说不适宜。

那么，有氧代谢运动到底对人体有哪些益处呢？他又是如何预防心脏病的呢？首先，有氧运动可以增加骨骼密度，防止骨质疏松，预防骨折；其次有氧运动可以增加体内能量的消耗，特别是消耗以脂肪形式堆积在皮脂下层的多余热量，是减肥的良方；再次，有氧运动可以增加肺活量，由于运动时呼吸加深加快，增加了吸氧量，故加大了肺活量，因而可以增强体质；对于预防心脏病方面，有氧运动可以提高身体各部位的血液流量，增强心脏输送血液的能力，促进血液循环，强健心肌，增加血液排出量，改善心脏功能；最后，有氧运动还可以改善人的心理状态。使人精神饱满，心态积极向上。

通常在进行有氧运动之前，需有5分钟的准备活动，可以在原地做伸展和柔韧性的练习，使关节、肌群增加弹性和活动范围，使体温和心率逐渐提高，以适应即将开始的运动。

1.预防心脏病的小动作

将左手的食指、中指、无名指各指的骨头，向心脏的方向，上下左右，予以摩擦按摩；用力地揉、压中指的指甲及其周围，各10秒，一共做5次。

2.消除心脏疼痛的小动作

对着镜子，在左乳房的下方处，找出乳房和胸部的交接处(心脏的最前端)；右手握拳，将这个部分慢慢地按压30秒。心脏病是因为肥胖或高血压、心理压力等所引起的疾病。若常感到心脏部分如锥刺般的疼痛，就意味着胆固醇或中性脂肪囤积在心脏，以致输送血液的冠状动脉变窄，进而引起氧气的不足或营养不良。除了减少精神上的烦恼之外，让血流顺畅、消除疼痛等应急处置也是必要的。

有氧运动预防治疗冠心病

运动医学研究证明，有氧运动能够控制导致冠心病的诸多危险因素，达到减肥、降低体重、稳定血压、降低血液黏稠度的目的，从而获得防治冠心病发生和恶化的综合效果。有氧运动能够增加心肌微循环，拓展侧支循环，改善血液灌流量，扩大心肌的供氧面积，提高心脏工作效率，改善心脏收缩功能。如果患了冠心病，若是早期冠心病，进行适当的有氧运动，能加快受损心脏功能的复原，增加心肌供氧量，提高心肌摄取氧、利用氧的能力，并降低心肌工作的耗氧量，减轻或减少心绞痛的发作，加速心脏功能康复，预防冠心病。

进行运动时需要注意：强度不要过大，循序渐进比较好。比较适合的有氧运动项目有：随意散步、轻快走、走跑交替、慢跑、无阻力功率车、简化太极拳、气功(内养功)、简单家务活动等。

冠心病患者可以选择散步、慢跑、太极拳、骑自行车或健身车、游泳等有氧运动项目。病人运动后应以感觉身心舒畅、不过度疲惫为度，这一点是冠心病人在进行运动的过程中最基本的原则。每周运动3～5次就可以达到锻炼目的。

另外针对冠心病患者，医生们还编排了一套科学的医疗体操，在临床中效果非常显著。

这种医疗体操有四段八个节拍，以无负重的徒手肢体运动为主。第一节原地踏步，第二节交替耸肩，第三节迈步举臂，第四节扩胸运动，第五节野马分鬃，第六节自然站立，第七节轮击腰背，第八节呼吸。患者在住院时就可观看、学习，回家后，在康复阶段配合其他健身方法一同进行操练。随着体能状况的好转，患者也可以根据自身情况，适当地增加该操的练习组数，增快该操的节拍、动作和难度，但每次运动强度绝对不能超过靶心率。

健脑益智的几项有氧运动

每个人都希望有个聪明的头脑，工作生活事事顺利。那平时做哪些运动有助于 脑健康呢？脑组织与其他器官不同，他没有能源储备。要想让脑细胞正常工作，就必须源源不断地供应氧和葡萄糖，而血流是氧和葡萄糖进入大脑的唯一途径。因此设法增加脑血流量是提高大脑功能的基础，而运动恰恰有这样的作用，尤其是对于那些脑力工作者，他们比一般人更需要大量的氧气和葡萄糖，因此工作再忙也应该抽出时间运动，以提高用脑效率。

医学专家指出，如果能经常进行有规律的且带有一定技巧性的有氧运动，能让大脑中的海马体长出更多的细胞，使人的思维、感觉和反应都更加灵敏，从而使人变得更加聪明。规律的有氧运动结合一定技巧性的复杂运动，能够起到锻炼大脑的作用。那么，到底哪些运动能够健脑益智呢？

1. 规律的有氧运动：包括游泳、快走、慢跑、骑自行车、瑜伽等，这些运动能让心情平和愉悦，远离失眠的困扰。如果每周能坚持4次、每次30～40分钟的低强度有氧运动，16周后，以前从不运动的人入睡时间会缩短一半，总睡眠时间会延长1小时，这能给脑部提供最好的休息。坚持有规律的有氧运动，还能提高脑部与记忆力、注意力等认知功能有关的化学物质水平，从而提升认知能力，让人从容应对工作，并且时常有灵感出现。

2. 有一定技巧性的复杂运动：包括球类、舞蹈等，他们需要身体多个部位协调配合，因而有助于锻炼大脑的控制力，例如：打篮球时，运球传球需要眼观六路，及时根据场上形势做出判断，做到眼到，心到，手到，思维与肢体动作协调一致；舞蹈时，不仅要舞动身体，还要融入情绪，一个眼神，一个表情都要配合到位。

虽然人的大脑发育过程大部分是在孩童时期进行的，但并不是所有的脑细胞到了成年阶段就不再生成。我们的大脑约有1000亿个神经元，成年后神经元细胞仍会继续产生和变化,虽然其中一些会随着年龄的增长而衰退，但如果我们坚持运动，就能够促进脑组织内神经生长因子的分泌，抑制大脑功能退化。运动还是天然的抗抑郁、抗焦虑药物。中老年人想常葆头脑青春，运动是必不可少的良药。

3. 中老年人可以将健走作为一项日常的锻炼方法：相比普通的行走，健走时最好手脚并用，做到四肢协调。健走时，人的心率会提高13%，大脑获氧量至少增加5%。每周3～4次，每次30分钟的健走，长期坚持能够促进脑细胞新生，提高大脑的记忆和思维能力。运动时间可以选择在下午两三点。此时运动能够将白天的压力和烦恼赶走，从而有助于睡眠。要注意的是，运动应适量适度，临睡前的剧烈运动可引起大脑兴奋，反而会导致失眠。

适量的有氧运动健脑益智，过度运动适得其反。运动虽然对大脑有益，但也应该适量。应该避免过多、过量或充满爆发力的剧烈运动，如50～100米的短跑，因为这类运动会使肌肉的需氧量急速增加，从而减少大脑血流，使大脑处于相对缺氧的状态，影响其正常功能。另一方面，过量运动时，人体会消耗大量的能量。为防止能量进一步消耗，就会出现机能抑制，这时就会感觉极度疲劳、浑身无力、大脑反应迟钝。如果长期进行过量运动，机体的“保护性抑制”机能敏感性会下降，使大脑机能受损，就出现注意力不集中、失眠、健忘等症状，长此以往会对人体的健康造成伤害。生活中，人们常常觉得剧烈运动后不仅身体的反应迟钝了，而且脑子也有短暂的“跟不上”现象，就是这个道理。

大量运动有助预防乳腺癌

美国医学界的一项研究显示，体重正常的绝经妇女坚持进行适当的大运动量的锻炼，可使其患乳腺癌的机率降低约30%。这个研究结果是美国国家癌症研究所的科研人员在对3万多名绝经妇女进行11年跟踪研究后得出的。研究人员认为，适当的大运动量锻炼能够提高人体机能，增强身体的免疫力，抑制致癌因素并避免慢性炎症的出现，从而降低了患乳腺癌的风险。这项研究成果曾刊登在美国《乳腺癌研究》杂志上，引起世人关注。

研究人员指出，适当的大运动量锻炼仅对体重正常的妇女产生效果，而对那些体重超重的妇女效果不明显，体重超重会增加妇女罹患乳腺癌的风险。此外，“非剧烈运动”对预防乳腺癌没有效果。大运动量锻炼既包括快走、跳健美操、打网球、游泳、在野外骑自行车和跳舞等体育活动等，也包括擦洗窗户和地板等家务活，“非剧烈运动”包括使用吸尘器、洗衣服、散步、远足、慢跑和打保龄球等。

美国癌症专家杰罗姆•布洛克指出，预防乳腺癌最可靠的方法是每周最少做3个小时的剧烈运动。他说，医学界的研究显示，适度的剧烈运动显然能预防与内分泌有关的多种癌症，最显著的就是乳腺癌。而且，他还郑重指出，尽管癌症的治疗方法日新月异，但是经过治疗以后患癌者的治愈率还是没有显著进步。因此癌症仍然要以预防为主。

只有运动才能有效治疗脂肪肝

1. 10个年轻白领2个有脂肪肝

脂肪肝是现代人“富贵病”，在物质生活条件日益良好的今天，脂肪肝像吹气球一样迅速“胖”了起来。正常人肝组织中含有少量的脂肪，其重量约为肝脏的4%～5%。如果由于某种原因引起肝内脂肪堆积过多，超过肝脏重量的10%甚至15%时，就被称为脂肪肝。

在消化内科门诊，经常会有人提出这样的疑问：“我的体重正常，为什么会有脂肪肝呢？”经常加班吗？工作压力大不大？是不是经常不按时吃饭？不吃早餐吧？只要这4个问题摆在体重正常或者偏轻的脂肪肝患者面前，回答“全是”的占90%。人体的各个部位都有着非常规律的工作时间，肝脏亦如此，由于不规律的生活，某些部位就会失去对单位时间内代谢多少蛋白和脂肪等物质的判断，代谢就会出现紊乱，肝脏内脂肪不能被消化掉，就会沉积到肝脏内。

尤其值得关注的是，脂肪肝发病正逐渐趋向低龄化，30～40岁的城市白领已经成为脂肪肝的主要患病人群。一项调查显示，广州市30岁左右的人群脂肪肝发病率竟达20%～30%。“10个年轻白领2个有脂肪肝”成为当今都市人群的普遍现象。

2.脂肪肝不治疗会导致肝硬化的发病率提高

很多年轻人认为，既然现在患脂肪肝的人这么多，“你是脂肪肝，我也是脂肪肝，这么多脂肪肝都没事儿，我也不会出事儿！”，因此常心怀侥幸，不予及时治疗，不予重视。

我们知道，一个胖人走不了多远就会气喘吁吁，如果是一个“胖”了的肝脏，是不是也会这样呢？肝脏驮着日益沉重的脂肪，长期超负荷劳动，就会导致纤维化(也就是肝硬化)的发生。如果脂肪肝不及时治疗，肝硬化的几率可高达20%，3%的脂肪肝患者会进展为肝功能衰竭，脂肪肝可使50岁以下的患者寿命缩短4年，50岁以上的患者寿命缩短10年。

可能目前脂肪肝的危害还没有显示出来，再过10年或者20年，脂肪肝的危害可能集中“爆发”，导致肝硬化的罪魁祸首将不再是乙肝丙肝，而是脂肪肝。

3.消除脂肪肝要慎用降脂药

肝脏是人体内最大的解毒器官，具有净化力，体内产生的毒物、废物，以及吃进去的毒物和有损肝脏的药物等必须依靠肝脏解毒。肝脏从小肠吸收营养素后，经由各种酵素的作用，转换成身体所需的各种物质，例如将酒精等有害物质转化成对身体无害的物质，或是将脂肪转换成热量的来源。肝脏具有如此重要的解毒作用，一旦任由脂肪肝发展，形成肝硬化或者肝腹水，疾病的发展速度以及危害程度将远远高于乙肝丙肝所导致的肝硬化和肝腹水。

“既然是脂肪肝，就用降脂药治疗呗。”经常有患者会这样认为。其实不然，治疗脂肪肝应优先考虑调节饮食，调整生活习惯，最后才考虑使用药物。对于不伴有高脂血症的脂肪肝患者，一般不建议使用降脂药，因为降脂药对肝脏同样有损伤。

4.有效运动赶走脂肪肝

（1）有氧运动三个10分钟：运动分为两种：一种是短跑等剧烈的无氧运动，一种是快走、慢走等缓和的有氧运动。想赶走脂肪肝，应该坚持有氧运动30分钟，以心跳慢慢达到每分钟120次、鼻尖稍微出汗为宜。运动的第一个10分钟，可以把体内血糖动员出来；第二个10分钟，可达到肌肉分解；第三个10分钟才是动员集体肌肉分解，从而达到预防以及治疗脂肪肝的目的。

需要注意的是，“三个10分钟”运动要持之以恒，最起码保证隔天一次才会达到治疗效果。

（2）旋转扭转运动：对肝脏做直接的刺激法，例如上半身做来回的旋转运动、扭转胸部、强化肝脏运动等，都不失为一种有效的运动方式。为了不造成肾脏的负担，尽快将体内所不需要的废物予以排除，可以对股关节予以刺激，促进大腿部分的血液循环。

（3）按摩运动：将右手五指放在肋骨的右下部，沿着肋骨的下方，用手指用力按压，找到变硬、变痛的地方，按摩3分钟。

（4）身体上仰运动：仰卧，用两脚夹着桌腿予以固定；双手抱头，身体往上仰。

（5）敲手掌：每天早晚握拳用中指相互敲打左右手心36下，再按摩整个手掌。

男子抗衰处方

1. 爬行运动

这是模仿动物在地上爬行的运动来防治疾病的方法，可以促进人体血液循环，锻炼全身大部分肌肉，增强人体器官的功能，从而达到防治疾病，强身健体，延缓衰老的目的。

操作方法：爬行时需四肢着地，模仿动物爬行的姿势，在草地上、地板上均可进行，直线向前、向后或转圈爬行均可；爬行的速度由慢而逐渐加快，爬行的时间由短逐渐延长。一般每日爬行锻炼1次，每次10～15分钟，早晚均可。

爬行运动疗法可矫正脊柱歪斜，防治腰肌劳损、坐骨神经痛、下肢静脉曲张、上臂肌肉萎缩、消化不良等多种疾病。不过需要注意的是，患有高血压、冠心病及脑动脉硬化的患者不宜进行爬行运动。

2. 搓脸运动

多数人有这种感觉，在疲劳时搓一搓脸，马上就会神清气爽起来。因为面部分布着很多表情肌和敏感的神经，热水能刺激这些神经，搓脸能加速血液流动，同时舒展表情肌肉，增强脑神经的功能，延缓衰老。

洗澡时搓脸的速度以每秒一次为宜，搓脸3到5下，每次不少于3分钟就可以了。需要注意的是，40℃的温水消除疲劳最理想，因为人体正常腋下体温是37℃，40℃的水温与人体的体温最接近。如果水温过高，不但不会消除疲劳，反而会感到不适；水温过低，血管收缩，不易消除疲劳。

老人健脑小动作

老年人平时常做些保健小动作，可以最大程度地减慢大脑衰老的速度。比如在看电视时、干完家务活时，或者跟孩子一起时都可以做个小动作来健身。在这里我们向老年朋友介绍几种小动作：

1. 三个交替

（1）拳、掌交替：左手握拳，右手伸掌，指尖指向左手小鱼际（左拳的小指侧），再换右手握拳，左手伸掌，指尖指向右手小鱼际（右拳的小指侧）；如此左右交替进行，以15秒钟内交替20次为成绩优秀，15次为良好，15次以下为差；如果一开始成绩不理想，可以长期反复练习。

（2）捶、搓交替：取坐姿，将两大腿摆平，左手伸掌放在左大腿上，并前后搓动；右手握拳，放在右大腿上，上下捶动，这样一撮一动，熟练后再换手进行，即左手改为握拳，放在大腿上上下捶动，右手改为伸掌，在右大腿上前后搓动；如此交替练习，以每分钟交替30次为成绩优秀，20次为良好，20次以下为差。

（3）拇指、小指交替：左手握拳，伸出大拇指，右手握拳，伸出小拇指；换手，即左手将大拇指收回，并伸出小拇指，右手将小拇指收回，并伸出大拇指。做的时候动作要准确到位，如此交替进行，以1分钟交替15次为优秀，10次为良好，10次以下为差。

2. 手指运动

通过手指运动，可以刺激大脑，增强大脑的活力，延缓脑细胞的衰老。四个方法：

（1）交替使用左、右手：左手受右侧大脑支配，右手则受左大脑支配，交替使用和锻炼左、右手，可以更好地开发大脑右半球和左半球的智力。

（2）锻炼手的皮肤感觉：经常给手的皮肤以有力的刺激，如把双手交替伸进热水中，用梅花针轻叩手掌，以此锻炼神经反射。

（3）增强手指的柔韧性，如常伸、屈手指，练习书法、绘画，反复按衣扣儿，这个锻炼有利于提高工作效率。

（4）锻炼手指的灵巧性：让手指常作一些较精细的活动，以增强大脑和手指间的信息传递，如打球投篮，摆弄智力玩具等。边做边思考，手脑齐动，健脑效果更好。

这些小动作不但可以作为老年人日常的保健操，也可以作为一项测试，在练时记录一下成绩，随时自测一下自己大脑的灵活程度。

中医减肥三体式

中医减肥不仅效果非常明显，而且方法科学健康，无副作用，深受现代女性的欢迎。中医减肥在操作上有几个要求：注意选择在环境安静、光线充足、空气流通的地方进行；做操者应食不过饱，腹不过饥；衣着宽松，厚薄适宜；抛开杂念，心境平和，不受外界事物干扰。这种中医减肥有三种体式。

第一式

（1）两脚呈倒八字型开立，与肩同宽，手背朝地，自身前抬起至胸前，同时做深呼吸动作。

（2）两手背相对，极力俯身下插，同时低声咳嗽，把废气尽量呼出。

（3）两手握拳，屈肘平提至胸前，掌心向上，同时做深吸气。

（4）两臂左右侧平举，手握空拳，同时尽力呼气。

（5）拧转双臂，使拳眼(拳的虎口侧)向下，拳背向前，同时做深吸气。

（6）拧转双臂，使拳眼向后，拳心向上，同时做深呼气。

（7）两臂回收至上腹两侧，同时深吸气，两拳用力压腹，以助深长呼气。

（8）两拳松开，两臂自然下垂，自然呼吸3次后重复上述练习，如此反复进行10～30次。

第二式

（1）两脚成左弓右蹬步，后蹬脚稍前弯，以保持其灵活性，两脚前后距离随个体差异而定，以能站稳为原则。

（2）身体向右转，两眼平视右前方，两臂左胸前屈肘，两手背相对，指尖向上。

（3）两臂自然向前后伸展(左手在前，右手在后)与左右脚方向一致。

（4）身稍向后转，两眼平视左前方，两臂在胸前屈肘，手背相对，指尖向上。

（5）两臂自然向前后伸展(右手在前，左手在后)与左右脚方向一致。如此交替练习50次，可渐渐增至200～300次。

第三式

（1）两脚自然分开站立，用鼻子深深吸气。

（2）渐渐下蹲抱膝，并缓缓地深呼气。如此反复进行20～50次。

这种运动疗法的减肥瘦身机理主要是肌肉放松，重心下沉腹部，全身暗暗用力，并借助呼吸运动，以消耗体内脂肪，强健肌肉，从而达到减肥瘦身的目的。

让肠道顺畅的健身动作

小肠时刻都在蠕动着，只是蠕动强弱各不相同。持续腹胀、腹鸣、便秘、腹泻的原因，多是由于酵素的作用不完全，以致肠胃发炎，造成输送食物的蠕动作用变弱，才会有上述的症状发生。那么，如何才能增强肠胃功能，使肠道顺畅呢？

（1）运脚趾：每天练习用脚趾夹东西，或用手指按摩足趾36下，并持之以恒。

（2）肩膀运动：将背脊挺直，两手放松，自然下垂；将两侧背脊收拢合上，并且相互靠拢，将这个动作重复做5次。

（3）快步行走、慢跑、跳绳、仰卧起坐等体育运动可促进消化道肠管蠕动，有助于治疗便秘，还能减少大肠癌的发生。

（4）背脊按摩法：身体站直后，将背脊靠在柱子上，对准柱子，予以上下地摩擦，反复进行3分钟，给背脊上下、左右予以充分按摩。

（5）酵素复活运动：通过强化腹肌，振动肠胃，增加消化酵素的分泌，让肠胃蠕动运动恢复正常，缓解肠胃发炎症状。

（6）每天清晨一次性饮用400～600毫升凉开水，冬季寒冷季节饮用温开水；每晚临睡前，将手放在丹田部位，顺时针按揉36次，逆时针按揉36次，有理气、助消化、健胃之功效。

预防关节炎

患有膝关节痛的病人可以通过适当运动来缓解症状，特别是针对性较强的运动疗法更为有效。下面就为大家介绍几种防治老年性膝关节炎的运动疗法。

1. 慢跑

跑步时最好用脚的前半部分先着地，以缓冲腿的震动。跑步中脚步要轻快，速度以不感到气短为宜。注意跑步结束后不宜马上停下来，而应缓慢步行或原地踏步。

2. 缓步行走

膝痛缓解后首先应进行行走训练，开始时缓步行走，腿要缓抬轻放，避免膝关节骨面撞击。步速可控制在60步/分钟以内，每日进行20～30分钟。以后逐渐加长锻炼时间，在3周内达到每次锻炼可以维持20～30分钟的标准。缓步行走应坚持2～3个月，之后可逐步加快步速，锻炼时间仍为每日进行30分钟左右，锻炼强度以行走时呼吸不急促、肌肉感到轻度酸痛，休息后可很快恢复体力为宜。

3.仰卧抬腿

仰卧床上，患膝关节炎的腿向上抬15度左右，初做时可坚持1～3分钟，练习一段时间后，空中抬腿时间争取达到10～15分钟。随后也可练习用脚挑一个枕头，以增加力量，每天进行2～3次。此法主要能够加强腿肌力量。

4.骑自行车

骑车能使股四头肌得到很好的锻炼，而且膝关节运动范围不是很大，关节受力较小，减少了关节面撞击和磨损的机会。每天30～40分钟的骑车运动，可以使膝痛者收到意想不到的疗效。

研究发现，骨、关节疾病程度不同地造成了人体关节的僵硬、疼痛和功能障碍，由于骨、关节疾病的痛楚影响了人体参加活动的意愿，为了减轻痛苦，患者自然而然地尽可能减少运动的时间，降低运动的幅度，这也恰恰加重了病变关节的僵硬、疼痛和功能障碍。研究进一步证明，科学合理的体育锻炼活动能够减轻轻、中度的骨关节炎所引起的僵硬、疼痛和功能障碍等症状。在药物治疗的配合下，患者通过循序渐进、坚持不懈的关节操练习，可以在一定程度上恢复关节的柔韧性，增强身体的舒服感觉，减少治疗用药总量。

第七章

从头到脚——健康全到位

如果要想保健你的全身，那么从头到脚，对重要的、敏感部位来一次全面的小动作，是非常不错的选择。

头部推按

中医学认为，头乃“诸阳之会”，是人体十二经脉和奇经八穴汇集之地，仅在头部的穴位就有几十个之多，约占全身穴位总数的1/4。此外，头部还有十几个特定的刺激区，他们可以反映和调节全身脏器的功能。头部推按，主要是以刺激头部的督脉和肝肾经脉为主，因为督脉循头面最长，并与脑有密切联系，而肝肾为脑髓之源。此外，膀胱经经气通于脑，胆、三焦、大肠、小肠诸经皆上循于头部。因此，经常按摩头部，可以起到疏经活络、松弛神经、消除疲劳、延年益寿的作用。同时，按摩头部还可以改善头皮血液循环，增加毛囊营养供应，促进头发生长，使发丝亮泽、质地柔韧，可有效防止头发变白、脱落。

具体做法是：

步骤一

将双手五指叉开，首先由前向后对头皮轻轻推按，然后用指腹绕着与耳廓平行的头部四周进行推按。每次推按的时间大概为5分钟，以感觉头皮微微发热为度。

步骤二

将双手拇指压住太阳穴，其余四指张开，在头皮上旋转按摩3次，然后再用双侧的食指或中指压住太阳穴点按3次。

步骤三

将手放于前额正上方，沿前发际线、太阳穴至鬓角轻轻擦揉头皮，慢慢向后移动，直至头部中心，按摩时间为4分钟。

在进行头部推按的过程中，要控制好按摩的时间和力度,通常以按摩到感觉头皮发热为宜。另外，在步骤二中，指压太阳穴的力度不宜太大，应将主要的力量集中在其他四指上。

干梳头

干梳头在古代被称为“引鬓发”，又名“流通”。中医学认为“发为血之余”，“肾主骨生髓，其华在发”，“若血气盛，则肾气强，骨髓充满，故发润而黑”，因此，肾气充足、气血旺盛则发质坚黑。关于梳头的医疗保健作用在隋代巢元方的《诸病源候论·养生方》中有记：“梳理头发，欲得多过，通流血脉，散风湿。”现代医学临床实践证明，梳头可以很好地促进清阳上升，使气血调和，活跃大脑的血液循环，增加大脑的供血量，促进神经系统的兴奋，从而可以起到健脑的作用。坚持头部按摩，可使任督二脉气血通畅，起到提神醒脑、刺激穴位的调节功能。对神经衰弱、头晕、偏头疼、失眠、神经性头痛、眼疾、鼻病、音哑、喉疾等疾病的防治都有一定的功效。另外，通过对头皮的梳理按摩，还可以预防脱法，使发丝光润乌黑，质地柔韧，正所谓“梳头千过发不白”，还可使面容红润，精神焕发，达到强身壮体、益寿延年的效果。

具体操作方法是：

方法一

坐立均可。将双手十指自然分开，插入发际，由前向后轻轻梳遍全头，尤其要照顾到两鬓、额角、耳后等部位。当两手推到头后时，两拇指可以顺势按压两风池穴。一般每次梳2～3分钟或梳49次为宜，这时可以感觉到头皮发热，神清气爽。

方法二

用梳子从前额经头顶到枕部梳理。开始时可每分钟梳20～30下，以后速度可逐渐加快。如果用于治病，应每天梳2～3次，每次5～10分钟，用力稍大。用于保健则每天梳1次，每次3～5分钟，用力小些。干梳头应朝着一个方向进行,一般是由前向后进行梳理。梳头时速度和力量适中而且要梳遍全头,尽量使头部的每一个穴位都得到充分的按摩。另外，在方法二中，梳子的选用也是有讲究的，在材质上以牛角梳、玉梳、木梳为宜。尼龙梳、塑料梳容易产生静电，对头发、皮肤有损伤，不宜使用。梳齿宜宽大，这样既能确保在梳头时对头皮有一定力度的按摩作用又不至于拉伤头发。平时每天可梳头3～5次，每次不少于3～5分钟，特别注意晚上睡前必须要梳一次。

熨目是最好的明目方法

熨目这种保健方法由来已久，《诸病源候论》中有记："鸡鸣，以两手相摩令热，以熨目，三行，以指抑。左右有神光，令叫，不病痛。"即两手互相摩擦，搓热后，将手掌放于两眼之上，如此反复熨眼三次，然后用食指、中指和无名指轻轻按压眼球。中医学认为，肝开窍于目，目与肝的关系十分密切。

《圣济总录》中有这样一段记载："气得温则宣流，得寒则凝泣。肝藏注于目。若肝经虚寒，则目多昏暗泪出候。古方用温熨之法，盖欲发散血气，使之宣流尔。"就是说，通过熨目可使气血流通，祛除肝经虚寒之气，从而达到温通阳气、明目提神、缓解视疲劳的功效。

闭目端坐，将手掌摩擦至热，慢慢睁开双眼，两手掌分别轻按双目上，使其热气煦熨双目。稍冷后再摩再熨，如此反复进行3～5次即可。本方法不受时间限制，可以在感觉眼睛疲劳的时候随时进行。也可以借助外部介质进行练习，比如用热毛巾熨目也是不错的选择。

虎视令精神旺盛

虎视是五禽戏中的动作之一。五禽戏是汉代名医华佗模仿虎、鹿、熊、猿、鹤的动作和姿态而编创的一套健身导引术。猿形戏固纳肾气，鹿形戏增强脾气，虎形戏扩张肺气，熊形戏舒达肝气，鹤形戏增强心气。常练五禽戏，可强健五脏，增强体质，防治各种痿痹及神经衰弱症状。虎视在《淮南子》中被称为"虎颐”，《天竺婆罗按摩法》中称之为“虎视”，《分行外功诀》中则称其功效为“除胸臆风邪，亦去肾邪”。现代医学的临床实验证明，虎视不仅有利于平衡眼肌肌力，预防视力衰退，而且虎视也是舒肝明目，锻炼颈椎，是防治颈椎骨质增生的好办法。

虎视在古时取跪坐式，并以两手据地。现在可以采取坐式，将双手自然按于膝上缘的大腿部，躯干保持正直不动，然后回头用力注视后方。当然，也可以采用马步站桩的姿势。此动作要求全身用力，聚精会神，瞪眼怒目，锻炼气力。可以左右交替练习，左右各做8～16次为宜。但回头的速度不宜太快，尤其是有颈椎病的患者更应注意，以免造成眩晕等意外情况的发生。

搓掌浴面

中医学认为，人体五脏六腑、十二经脉的气血皆注于面部，因此，面部就成了能够反映人体脏腑气血盛衰的重要部位之一，中医学望诊的理论依据也与此相关。《素问·痿论》中有记：“十二经脉，三百六十五络，其血气皆上注于面而走空窍。”可见，对面部进行一定的按摩，可以促进面部血液循环，增强细胞的新陈代谢，同时也可以改善机体的功能状态，从而提高全身的代谢水平，调节神经内分泌的平衡，以维持和促进机体的生理功能，达到防治五脏六腑疾病的功效。此动作在《分行外功诀》中被称为“摩面”，并称其功效为“摩之能令皱斑不生，颜色光润”。可见，摩面还有相当好的美容养颜，延缓衰老的功效。

方法一　顺序摩擦

坐立均可，缓缓吸气，两手掌相互摩擦至热，此时稍闭气；然后，缓缓呼气，同时将两手中指从颏唇沟中点(承浆穴)分别向两口角(地仓穴)推摩，再向唇上人中沟处推摩，然后两中指沿鼻下至鼻翼旁(迎香穴)向上推摩直至两眉头(攒竹穴)。继而，两手食、中、无名三指并拢，继续向上推至发际，再从前额正中线分别向左右推摩，一直推按至脑后颈部为止。

方法二 搓手直浴

将双手相互摩擦至热时稍闭气，然后缓缓呼气，同时用手自上而下地在面部推摩,就像平时用毛巾洗脸一样。这种方法较方法一更为简单。

注意推摩时的速度要徐缓，力度要适中，每次练习时间以10～15分钟为宜。如果面部或头部患有疮疖或外伤，应停止练习，以免发生意外。同时，还要注意手部的卫生，练习前最好先洗手。

搓面疗法

搓面疗法，是用手掌轻轻搓擦面部以防治疾病的一种疗法。因有改善面部血液循环的作用，所以对一些面部慢性疾患，如面神经麻痹、面神经痉挛、面神经痛、蝴蝶斑、痤疮、雀斑等病症有一定疗效。长期坚持此法还可以延缓容颜衰老，美容养颜，推迟老年斑的产生。

将两手掌相对，用力搓擦，由慢及快，约30～40次。待两手掌搓热后，立即搓擦面部，先从左侧开始，经额到右侧，再经下颌部(过承浆穴)搓回左侧，如此为一周。如此反复，从左到右顺时针轻轻揉搓10余周；再从右到左逆时针轻轻揉搓10余周。早晚各1次。在治疗面神经痉挛、面神经麻痹、面神经痛等疾病时，除上述操作方法外，还可先用防风、川羌活、当归各12克，川芎15克，白僵蚕10克，煎水洗脸，然后搓面，效果更佳；在治疗色素沉积、蝴蝶斑、痤疮、雀斑时，可先涂擦珍珠霜、人参霜、灵芝霜、银耳霜、丹参霜等，然后再搓面，效果更佳；在冬春等气候干燥的季节或地区，可先用热水洗脸，擦干后搽上护肤保湿品，然后再搓面，可滋润皮肤，防止皲裂，使皮肤幼滑细腻。但是要注意患有面部皮肤病、面部疮疖、脓肿、过敏症、外伤等病症的患者不宜采用此法。搓面疗法需要长期坚持，才能收到良好疗效，如和其他疗法配合，效果更佳。

抚摸疗法

抚摸疗法，是抚摸患者的头、面、颈部的特定部位，以治疗落枕的一种方法。

患者正坐于椅上，施术者立于患者一侧，用双手从患者头部中间左右分开，轻轻向下抚摸，至耳尖部为止；双手由患者左右鬓角向后轻轻抚摸，至耳尖部为止；双手从左右耳尖部开始，沿耳前至颌角方向轻轻抚摸；双手从左右太阳穴开始，沿耳尖、耳后、颈部方向轻轻抚摸，抵冈上肌上。当抚摸到痛点时，要配以轻揉，可增强疗效。

需要注意的是，此法只适用落枕，落枕以外的其他病症不宜采用此法治疗。进行抚摸疗法时，力道要轻柔，部位要准确，否则效果不会理想。女子有发型的，可先用布包裹后再进行抚摸，如同时配合针灸法治疗效果更好。

摩鼻健康功效

鼻与肺有着密切的联系。肺司呼吸，开窍于鼻；鼻为肺之官，其通气及嗅觉功能须赖肺气调和。《素问·金匮真言论》曰：“西方色白，入通于肺，开窍于鼻。”《灵枢·五阅五使》道：“鼻者，肺之官也。”《灵枢·脉度》有言：“肺气通于鼻，肺和则鼻能知香臭矣。”从经络学的角度来看，凡是与面部相关联的经络也几乎都与鼻部相关联，而直接循行于鼻的经络就有足阳明胃经、手阳明大肠经、足太阳膀胱经、手太阳小肠经以及任脉和督脉。摩鼻的原理，就是通过疏通鼻部经络，改善呼吸系统的功能，促进血液循环，以达到通畅鼻道，增强五脏功能的目的。

摩鼻，一名“揩鼻”，又名“通鼻”。其操作方法非常简单，将两拇指背互相摩擦至热，趁热轻轻摩擦鼻翼两侧，使鼻翼两侧有微微发热的感觉即可。此动作主要是以摩擦迎香穴为主，动作幅度也可以依据个人情况稍加大，将拇指背推至鼻翼上方，起到通鼻润肺的功效。建议每遍做24～36次。可在早晨起床前和晚上临睡前各按摩一遍。此法除了具有上面提到的功效外，还可以在冬天大大增强鼻的耐寒能力，并能有效预防感冒和鼻病的发生。

1.点迎香

迎香穴处于鼻翼外缘中部与鼻唇沟之间。该穴属手阳明大肠经，为手足阳明之会。手阳明之脉上挟鼻孔，足阳明之脉起于鼻，两脉相接于本穴。同时，迎香穴位于鼻唇沟内，与鼻腔的神经、血管也有密切联系。迎香穴处有面部动、静脉及眶下动、静脉的分支，是面部神经和眶下神经的交合处。经研究，点按迎香穴不仅有助于改善局部血液循环，还能抑制和降低毛细血管壁和细胞膜的通透性，减少炎症渗出，抑制组织胺的形成和释放，是防治鼻炎、鼻窦炎以及颜面神经麻痹、哮喘、伤风感冒等疾病的常用方法。《玉龙歌》中记载："不闻香臭从何治，迎香二穴可堪攻。"就是说如果鼻子有问题，例如因为感冒或过敏等引起的鼻腔堵塞，导致嗅觉降低，通过点按迎香穴，就可以达到最直接的舒经活血、清热散火、预防感冒、健鼻通窍的疗效。

以两食指指腹或拇指曲骨点轻轻点按鼻翼两侧的迎香穴。可配以点按风池穴。一般以做16～24次为宜。点按迎香穴时注意力要集中，呼吸要均匀。点按的力量应柔缓有力，切忌用力过猛，以免擦伤皮肤。在感冒、鼻炎等病症初期采用此方法效果更好。另外，还有一种非常简单的治疗鼻炎的方法：用手掌在背部来回摩擦揉搓，以感觉到皮肤微微发热为度，每天做1次，10次为1个疗程，长期坚持进行可使鼻炎得到显著好转。

2.揉鼻尖

《灵枢・本神》中道："肺气虚则鼻塞不利少气。"隋代巢元方在《诸病源候论》中记载："肺主气，其经手太阴之脉也，其气通鼻。若肺脏调和，则鼻气通利，而知香臭；若风冷伤于脏腑，而邪气乘于太阴之经，其气蕴积于鼻者，则津液壅塞，鼻气不宣调，故不知香臭。"可见，古人早就认识到鼻与肺的关系非常密切。鼻是呼吸道的起始部，是天地之气出入于人体的门户，同时也是防止各种病原微生物进入人体的一道屏障。经常按揉鼻尖可以刺激经络，疏通鼻道，促进局部气血的循环运行，使鼻子的通气和嗅觉功能均得到改善和提高。现代医学证明，揉鼻可以促进鼻内黏膜的血液循环和鼻内黏液的分泌，从而促进黏膜上皮细胞纤毛的摆动，将混在鼻分泌物中的灰尘、细菌和病毒等有害物质排出，增强机体的抗病能力。

正直端坐，深吸一口气，然后闭气，互搓两手掌心，至热；再用一手掌心按照顺、逆时针方向旋转轻轻按揉鼻尖，并徐徐呼气，直到这口气呼尽为止。一般重复做3～5遍即可。

简单方法治颈椎病

最新调查研究表明：由于现代都市人颈椎长期慢性劳损，颈椎病的发病年龄已经从40岁提前到30岁左右，并已经成为名副其实的白领职业病之一。更让人担心的是，颈椎上承头颅，下接躯干，既是脊椎中活动最多的部位，也是神经中枢最重要部位，更是心脑血管的必经之路，一旦发生病症，后果非常严重。与其等到颈椎病变，需要接受长期繁琐的专业治疗，不如提早防患于未然，在生活细节中保护好颈椎，防止颈椎病的发生。

常见的颈椎病症状诸如出现脖子酸疼、落枕等情况，多是颈椎过度疲劳所致，改变姿势，让颈椎充分休息，一般都能自行缓解。颈椎病除了脖子酸疼外，通常还会有头晕、目眩、胸闷、恶心、呕吐、四肢麻木、走路打飘等症状。可去医院通过X线片、核磁共振、椎动脉造影等医疗手段来确诊。

方法一　按揉颈后

从头部底端到躯干上部这一段分布着百劳穴的3个点。经常轻轻按摩这3个反应点，即可缓解颈椎疲劳，放松全身。

方法二　双手手指交互摩颈

双手手指相互交叉，放于颈部后方，反复摩擦颈部，力度要轻柔适中，连续摩擦50次左右，颈部发热后，可以达到放松颈部，缓解疲劳的效果。

方法三　大鹏展翅

慢慢弯腰至90度，两手臂模仿大鹏飞行的姿态伸展开，但不要将头抬起来，双臂伸展得越高越好，如此坚持5分钟，可以有助于增加颈椎部肌肉的柔韧性。

方法四　多参加户外运动

软骨组织的营养不是通过血液供给的，而是通过压力的变化来进行营养交换。如果长期缺乏活动，软骨组织就会营养不良，进而导致退化，增加户外活动是养护颈椎的有效方法之一，可以多参加游泳、打球、练瑜伽等运动项目。

方法五　绕环运动

将两腿略微分开，双手叉于后腰部，以腰为轴心绕圈转动身体，若疼痛感强烈，可以将动作放缓慢，幅度放小，先往左转，再往右转。如此反复。

方法六　颈椎操

正直端坐，全身放松不动，单头部运动，分别做低头、抬头、左转、右转、前伸、后缩以及顺时针与逆时针环绕动作。如此反复，每次坚持5分钟，注意动作要轻缓、柔和。

另外，选择健康的枕头也是颈椎养护不可忽视的环节。枕头过高或者过低，床垫过于柔软都会造成颈椎不适。适宜的枕头宽度应达肩部；中间低、两端高的元宝形保健枕头对颈椎有很好的支撑作用，可以让颈椎得到良好充分的休息；对于颈椎不好的人来说，木板床、棕绷床是上选，过分柔软的床不利于颈椎的养护。

还应当注意的是主动调温，保持颈椎部位的冷暖适度。古人喜欢穿长衣服，一方面是为了礼仪需要，其实另一方面也是养生之需。无论冬夏，都要给自己的颈椎以适宜的温度。即使是为了美丽，也要在办公室准备一件披肩，来保护颈背部。如果有受寒现象，煎一碗驱寒姜汤——材料是红糖2汤匙，生姜7片，水煎10分钟——饮用1～2次就可以驱走寒气。

瑜伽治肩颈疾病

最新的统计数据表明：5.9%的办公室一族患有不同程度的颈椎不适症状，瑜伽中模仿动物姿态的动作可以令我们的颈椎更加舒适健康。每天坚持练习，可以达到防治肩颈疾病的功效。

方法一　金刚鱼式

跪坐于地板上，将双手放于两大腿上，深深吸气。呼气的同时身体慢慢向后倾，使头顶逐渐触地，双手合十于胸前。这个动作可以充分伸展脊椎、颈部与后背的肌肉，达到放松肩颈的功效。

方法二　猫伸展

跪于地板上，用双手支撑身体。深吸气，同时使脊柱向下伸展，慢慢抬头，引颈向上，提臀；然后呼气，含胸，拱背，垂头引颈向下，将腹部肌肉收紧，使整个背部尽量向上拱起。这个动作可以使脊柱以及周围肌肉群更富有柔韧性，放松颈部和肩部，使背部肌肉更好地协调工作。

方法三　牛面式

这个动作可以矫正颈椎、脊柱。扩张胸部，放松肩关节，使背阔肌得到充分伸展。端坐于地板上，两腿互相交叉，双膝保持上下一条直线，双脚分别放于异侧的臀部旁边。将双手于背后相扣，同时保持背部的挺拔。如感觉困难，可双手抓住一条毛巾，效果相同。

肩周炎的治疗方法

通过对头颈部和上肢、肩关节的活动，可使颈、肩、臂、肘和手指各关节更加灵活，有效改善患肩局部软组织的血液循环和神经体液的调节功能，调节胸、肩以及上肢肌肉软组织的局部营养代谢过程；加大肩关节的活动力度，可以松解局部关节、肌肉、韧带的粘连，恢复和提高颈、肩、臂等关节的活动功能；通过适度、反复的牵拉运动来松解肩关节周围组织的粘连，消除关节功能障碍，恢复正常的关节活动功能；增强肌肉力量，恢复肌肉的正常韧性和收缩功能；逐渐恢复患者的生活、工作以及生产劳动能力。运动时要注意：缓缓慢速牵拉，反复适度、渐进地增大关节活动幅度与力度，逐渐强化局部肌肉力量。肩关节周围炎症不仅给患者自身带来疼痛，而且给生活带来许多不便。虽然肩周炎有自愈倾向，但其一般病程较长，平均为1～2年。单纯靠医药治疗的效果往往并不理想，而且需要花费大量的时间和开销。更多的患者愿意在家、在社会健身苑通过各种徒手的肢体伸展练习，辅以上肢牵引器等器械的练习，使关节周围挛缩的肌肉得到充分放松，令原先粘连的斑痕得到松解，局部的血液循环获得改善，并有效地促进运动系统功能的恢复和健康。

方法一　器械配合法

针对患者的年龄、性别、喜好与病情程度，可选择的不同的健身器械配合练习。如上肢牵引器、上肢训练器、康复器、各类跳绳、飞镖、快乐大转盘、羽毛球、板羽球、网球、壁球、爬竿、爬绳、爬软梯、双杠、太极推手、木棍操等。康复锻炼时要坚持以防为主，防治结合的总原则。以上各种运动锻炼都能预防和治疗肩周炎。锻炼要领就是使肩关节每天都能得到慢速牵拉锻炼，每次慢速牵拉活动都能达到最大的运动幅度。同时要注意肩关节保暖。

方法二　划圆法，摇肩法，梳头法，摸颈法

此法的适宜人群为肩周炎患者、50岁左右的易患人群、肩关节柔韧性较差者、肩袖病痛患者、上肢肌肉力量较弱者以及不同程度肩关节功能障碍者等。注意肩关节粘连者禁忌。肩周炎急性期以休息为主。

手指操

如今心脑血管病的发病率、致残率和死亡率日趋增高，已经成为威胁现代人生命的头号杀手之一。而手指操对心脑血管病有独特疗效。手指操具有简单灵活、容易掌握、方便随意的特点，可以在办公室中、公交车上、看电视时练习。我们知道人体全身的12条经脉中有6条循行手部，与全身的脏腑、组织器官相通。例如，肺经穿过拇指，大肠经穿过食指，心包经连接中指，三焦经沟通无名指，小肠经行经小拇指等。而且与脚部一样，内脏在手部也有各自的反射区。所以，手部的锻炼，几乎可以缓解全身所有的疾病。另外，手的自由活动程度，取决于大脑的支配。经常活动手指，可以刺激大脑。通过观察不难发现，从事精巧、细致的手工工作的人员很少会患有脑萎缩或老年性痴呆症等大脑类疾病。由此可见，经常活动手指还可以达到锻炼大脑，预防老年痴呆的功效。

方法一　交替使用左、右手

避免单一使用左手或右手，由于左手受右侧大脑支配，右手则受左侧大脑支配。交替使用和锻炼左、右手，可以更好地开发大脑右半球和左半球的智力。

方法二　锻炼手部皮肤的感觉

可以经常给手部皮肤以适度的刺激，如将双手交替伸进热水中，用梅花针轻叩手掌，以此锻炼神经反射功能。

方法三　增强手指的柔韧性

如经常做伸、屈手指运动，练习书法、绘画，反复解按衣扣儿等，这些小动作的锻炼有利于提高注意力和工作效率。

方法四　增强手指的灵巧性

让手指常作一些较精细的活动，来增强大脑和手指间的信息传递效率，如打球投篮，摆弄智力玩具等。要边做边思考，手脑齐动，健脑效果更好。

方法五　指尖运动疗法

指尖运动疗法是通过活动指尖的神经末梢，从而达到刺激神经，强身保健，防治疾病的方法。指尖运动疗法具有调节胃肠功能、消除紧张情绪、增强记忆力、减肥乌发、强身健体等作用。指尖运动有多种，根据保健或防治疾病种类的不同，动作也有所区别。

方法六　保健强身

右手握住左手手腕，轻轻转动按摩30次；然后替换左手握住右手手腕，轻轻转动按摩30次。再用双手食指尖按摩双脚的大脚趾、二脚趾各2分钟。接下来，用食指指腹按压对侧脚底的涌泉穴，边按压边呼气，如此反复，共8次。再用一只手转动核桃或乒乓球，以刺激食指根部偏拇指侧，两手交替进行，各30次。最后用核桃或乒乓球转动刺激肘关节内侧弯曲部，各20次。

方法七　调整胃肠功能

端坐在板凳上，将双膝分开，两手放于大腿间抓住板凳的边缘，深吸气并用力抬凳；然后把核桃放在足三里穴位上，同时轻轻按压转动，早晚各3分钟为宜；最后将左右食指相钩于胸前，并用力向两侧拉伸，拉伸时作深吸气，放松时用口渐渐呼气。

方法八　消除紧张情绪

在掌心放两枚核桃，用指尖轻轻拨动核桃；顺时针和逆时针方向分别拨动3分钟；用一只手的拇指和食指捏住对侧小指尖端，轻轻揉捏；最后将双手合叠于胸前，两手指尖相钩，用力上下运动后向两侧拉伸，拉伸时呼气，放松时吸气，反复10次，注意运动时力量要集中于无名指上。

方法九　增强记忆力

双手握住两枚核桃，沿顺时针和逆时针方向慢慢转动，使核桃摩擦发出声响，左右手各30～50次；然后，用双手的食指、中指和无名指的指腹，在头部的风池穴上轻轻按摩；最后，将双手食指用一条橡皮筋套住，然后慢慢转动，充分活动手腕和肘部2～3分钟即可。

方法十　减肥乌发

将双手食指相钩于腹部，用力向两侧抻拉，用力抻拉时慢慢呼气，并收腹，然后放松手指，慢慢吸气，反复共10次；然后，端坐于床上，伸直膝肘，两手向前平举，以拇指紧压食指而握成拳状，双脚合拢，脚尖自然放松，上身缓缓向后倾斜，收腹挺胸并保持平衡6秒左右，反复动作3次；再用双肘将木棒反背于脊背上，来回活动20次，将核桃或乒乓球按压在背侧的手腕上，用手轻轻按压转动，两腕各活动30次；最后，将双手充分伸张，手指伸直，用10指指尖轻轻按摩头部，早晚各2分钟为宜。需要注意的是，指尖按摩疗法只限于病情较轻的慢性病，如果病情较重应去医院诊断治疗。指尖按摩疗法只有长期坚持锻炼，才能显收到良好的疗效。

手部功能锻炼法

手部功能锻炼法，既不需要专门的锻炼场所，也不需要特别的锻炼器械，在散步时，在公交车上或在家中，都可以随时进行锻炼。手是日常健脑的最好活动部位，老年人常做手部运动，可以预防脑部衰老、增强脑部血液循环，降低痴呆症、脑梗和中风等病症的发生机率。

方法一　模仿弹钢琴动作

这个动作是将双手平放于台面上，轻柔地向下按压，然后每次举起一个手指，尽量抬高。这个动作可以充分伸展手掌和手指，使手指更加轻快灵活，也可以达到令人心情愉快的效果。

方法二　握拳伸展

双手紧握拳头，然后慢慢展开，尽量充分伸展每个手指，每天用力做3～5分钟。可以解除紧张情绪，并使手部柔软灵活。

方法三　放松手部

这个动作也是避免情绪紧张，使手部柔软无僵硬感的好方法。先将双手放在与肘弯平行的高度，然后放松两手腕，让双手自然下垂。可以将此动作反复进行数次。

方法四　旋转拇指

如果常常感到体力不足，四肢乏力，不妨试着让拇指作360° 旋转。注意旋转时必须让拇指的指尖尽量画圆形。起初会感到动作不顺畅，反复进行几次以后，拇指就会有节奏地旋转划圈，而且会令人感觉心情舒畅。一般拇指按顺时针方向和逆时针方向各旋转1～2分钟即可。

方法五　自我握手协调左右脑

作为养生方法加以利用，最简单的方法就是自我握手。由于左手受右侧大脑支配，右手则受左侧大脑支配。交替使用和锻炼左、右手，可以更好地开发大脑右半球和左半球的智力。将左右手掌靠拢在一起交替对握，关键在于右手拇指要有意识地用力抓住左手的小鱼际，同样左手拇指用力抓住右手的小鱼际。紧握3秒后将双手分开。左右相互紧握5～6次。

方法六　握手运动

这个动作不需要手握器械，而是徒手紧握拳头。具体做法是：两手紧紧握拳，然后从小指开始逐渐打开；打开的时候要做到迅速有力，并用力伸展手指；然后，同样地从小指开始依次握拳。反复进行3次，由于大脑与双手指尖紧密相连，因此刺激双手指尖的同时能刺激脑部，使其清醒，经常做握手运动，有清醒头脑的疗效。

方法七　手指交叉

当感到大脑反应迟缓、注意力不容易集中时，不妨将双手手指相互交叉在一起。保持一只手拇指在上交叉一会儿后，再换成另一只手拇指在上。然后将双手指尖朝向自己，并使双手腕的内侧尽量紧靠在一起。反复进行几次即可。

方法八　温风吹手

许多人在洗发后都用电吹风吹干。如果使用电吹风对手掌进行吹风刺激的话，只需3～4分钟，就可以达到保健效果。具体做法是用电吹风向手掌送温风，当感到稍热时，就把电吹风移开，稍凉后再靠近手掌吹风。这样反复进行6～7次，使整个手掌都得到电吹风的温风刺激即可。

方法九　旋转网球

用双手夹住网球，缓慢而有力地旋转网球，通过网球对整个手掌进行刺激。还可以把双手手指交叉起来，夹住网球按压3秒钟后分开；如此反复进行多次。

方法十　拍击手掌

手掌中央分布着有助于增强心脏功能、开发大脑潜力的重要穴位。如果对这些穴位进行强烈刺激，大脑潜力就能得到开发，并可以起到防治某些疾病的作用。手掌合起来拍击时会发出“嘭嘭”的声音。这个声音通过听觉神经传送到大脑，就可以增强大脑的功能。除此之外，如果早晨爱睡懒觉，白天精力不足，记忆力不佳，注意力不易集中，也可以通过拍击手掌来进行治疗。拍击手掌疗法简单易行，早晨起床时如想睡懒觉，就可以将双手向上方伸展，用力拍击手掌3次。然后把向上方伸展的双手放于胸前，再拍击3次。此时手腕要用力伸展，尽量使左、右手的中指紧紧地靠拢。这个动作可以消除头脑的模糊、心中的烦躁，使人精神倍增，精力充沛，白天的工作效率也会提高。

另外一种击掌疗法是自然站立，全身放松，排除杂念。双臂自然下垂，将两手掌心相对，击掌，动作缓和，用力适度，以击掌后赶到手掌胀热为宜，连续击掌30次即可。每天早、中、晚各做一遍效果更佳。根据经络学说的原理，手指与五脏六腑是由经络联系在一起的，手上分着许多敏感的穴位点。击掌可以有效激活这些穴位点，不但能健脑益智、增强记忆力、消除疲劳，还可以防治动脉硬化、高血压、冠心病、老年痴呆症等疾病。

腹部的健康运动

腹部是人体的重要部位之一，其内不仅有胃、肠、脾、肾、膀胱等多种重要脏器，其壁还通行多条经络，分布着许多穴位。腹部运动不仅对胃肠等可以起到机械刺激作用，而且对经络、穴位等也有按摩功效。同时，腹部运动还能减肥美体，改善睡眠质量，防治肾炎、高血压、冠心病、糖尿病等疾患。

方法一　捧腹运动

站立，身体保持正直，将两腿左右分开，与肩同宽，双手十指交叉合拢捧于小腹，然后双腿上下交替屈伸。双腿屈伸运动的同时，双手捧腹也作上下运动。这样可以使腹内脏器得到缓动按摩。如果体力允许，每遍可连续作200次。反之，可适量减少次数。可早、晚各做一次，但晚间尽量在晚饭后2小时以后再做。捧腹运动可使腹壁肌肉强健，血液循环流畅，胃肠蠕动加快，消化液分泌增加，消化吸收功能增强。

方法二　揉腹运动

这个动作最适合中老年人自我保健，每天睡前醒后，仰卧床上，意守丹田，先用右手顺时针方向绕脐揉，再换左手按揉，方向相反，揉摩次数不限，用力适度。长期坚持不仅能起到保健作用，还可治疗便秘、失眠、肥胖等症。

方法三　挺腹运动

平卧、伸直双腿，作腹式深呼吸。深吸气时，腹部用力地向上挺起，呼气时腹部放松。反复挺腹十几次，可增强腹肌弹性和力量，预防腹壁肌肉松弛，消除腹内脂肪积聚，并可以增强胃肠消化吸收功能。

方法四　摩腹运动

取坐位或仰卧位进行练习，将双手交叠放于腹部，然后呈圆周形按摩腹部。按摩时可先逆时针旋转，手法稍轻柔，再把交叠的两手上下互换一下位置，做顺时针的深度按摩，手法力道加深。此动作以顺逆各完成16～24次为宜。按摩结束后,可以将按摩发热的双手放置于丹田处,意守丹田,静坐片刻。每次动作操练须匀速、缓慢、柔和、轻松自然，一般适宜饭后半小时进行，不宜空腹练习。此法以调理慢性病为主，须持之以恒，日久方能见效，不可操之过急。

根据保健和防治疾病种类的不同摩腹动作也有所区别：

（1）取侧卧位，以肚脐为中心，用手掌旋摩腹壁30分钟，每天坚持做1～2次，可以祛除腹油从而达到体态健美。

（2）取仰卧位，用右手掌轻轻按压脐部，并慢慢向右下腹推进，然后依次按右上腹——上腹——左上腹——左下腹的方向，一边按压揉摩一边推进，反复进行15～20次，每天早晚各一遍。如同时配合多饮水，多吃水果、蔬菜可起到防治便秘、肠胀气的功效。

美腿修炼法

由于年龄的增长，人体骨骼肌数量自25岁开始，以每10年4%的速度递减直至50岁。肌肉数量的不断减少和力量的逐渐下降，会造成腿部运动功能下降，表现为行动缓慢、步履蹒跚、平衡障碍、极易摔倒。因此，要经常锻炼腿部经络，以促进血液循环，增加腿部肌肉的力量。

方法一　压腿运动疗法

在运动之前压腿，能增加腿部肌肉的弹性，拉长腿部韧带，如活动髋、膝关节可预防运动时关节、肌肉及韧带拉伤等。压腿还可使脊柱得到按摩。压腿的方法有正压、侧压、后压、仆步压腿四种。一般中老年人适宜正压腿和侧压腿。压腿时，姿势要准确到位，脚尖勾起，力量适度，两腿轮流加压，力量、时间要均衡。正压腿要求保持头正身直，被压腿的脚跟放在适当高度，前腿弯曲，后腿伸直，立腰、收髋，上体前屈，向前、向下做压振动作。侧压腿时，一腿弯曲，放于高处，另一腿向侧伸直、立腰、开髋、上体逐步加压。压腿时可酌情增加高度，每次压腿时间逐渐增加，最多不超过30分钟。患有骨结核、骨肿瘤者及各疾病急性期、手术后均不宜做压腿锻炼。

方法二　大腿切捏法

用双手的手指和手掌侧面从膝盖的外侧向上轻轻切捏，由下往上，一直到大腿根部。然后再从大腿根部内侧开始往下慢慢切捏一直到膝盖内侧。反复几次，次数可以根据患者的身体状况决定，如果病情严重可多做几次。

方法三　大腿拿捏法

将拇指和其余四个手指呈钳状，由大腿开始拿捏到膝部，然后再由膝部拿捏到大腿根部，反复几次。

方法四　大腿滚揉法

用手掌从大腿根外侧慢慢往下推，滚揉到膝部，然后再从膝盖内侧滚揉到大腿根部，反复数次即可。

以上方法都是针对大腿的按摩方法，用以缓解腿部肌肉萎缩。

方法五　小腿的按摩法

小腿按摩也可以采用拿捏的方法，要领与大腿的拿捏方法基本相同。还可以采用滚揉的手法：将手攥成拳头，从下往上慢慢推动肌肉，与之不同的是，可在小腿肚上增加滚揉的次数。小腿的按摩还有一种方法：用双手握住脚腕，从脚踝处依次向上推揉，做五次即可。

腰部锻炼三法

腰部功能障碍会影响到日常生活、工作和劳动。腰部支撑着人体上半部，承担着人体1/2的重量，在日常生活中，是运动最复杂、活动最多的身体部位之一。另外，脊椎的前方为松软的腹腔，周围只有一些肌肉、筋膜和韧带，没有其他骨质结构保护，故在持重和运动中也是最易受伤之处。中老年人随着年龄的增长，腰部会出现一系列退行性病变。如果能坚持作几节腰部保健操，既可延缓腰部机能衰退，又可减少和避免腰部损伤。

方法一　常伸懒腰

伸懒腰能促使全身大部分肌肉的收缩，使人体脏器对心、肺产生挤压作用。持续几秒钟的伸懒腰，能使很多淤积的血液流回心脏，从而大大增加血流量，改善血液循环。常伸懒腰还可带走肌肉内的一些废物，从而消除人体的疲劳感，使人感到全身舒畅，精神爽快。

方法二　扣摩腰肌

扣摩腰肌可以治疗腰肌劳损这样的慢性腰部疾病，在发病部位，通过扣摩可以改善血液循环、促进渗液和出血的吸收，减轻局部水肿症状。如果水肿症状已经消失，形成纤维化组织，可以通过机械按摩来松解局部淤结，改善血液循环，促进坏死组织的吸收。

腰肌劳损的按摩，可以请专业医生来做，也可以自己掌握，或者亲友来帮助完成。针对腰肌劳损的按摩主要有三种手法：

（1）摩腰肌：将双手食、中、无名指指腹贴合于腰椎两侧，以腕关节连同前臂作环形有节律的按揉，力道适中，动作缓和协调，每分钟120次左右，做2分钟即可。

（2）理腰筋：双手叉腰，拇指在后，拇指指腹紧压于腰部骶棘肌肌腹上，并沿骶棘肌肌腹行走的方向，施以持续均衡的压力，自上而下，缓缓移动，顺筋而理，反复20次，此法能使筋肉理顺而舒展。

（3）扣腰肌：双手叉腰，拇指在后，拇指指腹抵住腰部骶棘肌脊椎缘，然后用力由内向外扣拨，扣拨时可上下移动，反复50次。此法可缓解腰肌痉挛，达到消除腰肌疲劳的功效。

方法三　团身运动

团身运动又称团身滚动法或屈膝团身滚，是从体操、技巧、武术和杂技等运动项目中提取借鉴而来。可分为前滚翻和后滚翻两种，是一种比较简单易行的体疗方法。临床医疗效果分析表明，团身运动对腰部病症的治愈率很高，特别是对慢性腰肌劳损等慢性腰部病症有很好的疗效。慢性腰肌劳损患者的腰背部大都伴有一定的形态改变和功能障碍，影响日常生活、工作和劳动。团身运动可以拉开腰椎骨的距离，使腰椎骨之间有一定的空隙，从而解除因狭窄而造成的对腰部及下肢神经的压迫。另外团身运动可使腰椎间盘充分活动，恢复其弹性。团身运动可在居室内进行，也可以在户外锻练，对场地要求比较简单，仅需一张硬板床或一块干净的垫子即可。运动时如有搭档帮助更好。在团身滚动的过程中，由于腰部肌肉被动性地拉长并受到有节奏地震颤和机械性拉伸，可使受损的肌肉得到了有效地舒松。另外，患处腰部与床、席、地板、地毯等较硬物体进行反复的接触和滚动摩擦，也起到了按摩腰肌的作用，从而大大地改善了腰部肌肉的血液循环。需要注意的是：拉伸疼痛肌肉、松弛僵硬关节时动作要准确到位、柔和缓慢。

患者躺于硬板床或干净的垫子上，取仰卧位。然后双腿屈膝屈髋。使大腿紧贴腹部，双手紧抱住膝盖下方的小腿处，并用力将小腿向腹部挤压，身体呈圆团状，低头、含胸、团身，让呈圆团状的身躯先向健康侧滚动，使耳朵、肩膀、大腿触及床面或地面；然后再让呈圆团状的身躯向患侧滚动，使耳朵、肩膀、大腿触及床面或地面，如此左右滚动几次，就会感到全身轻松舒展，腰背得到了很好的伸展放松。这种团身滚动练习主要适用于腰肌劳损患者、常年腰肌酸痛者、腰背肌肉力量薄弱者、病因明确的单纯性急性腰背肌肉扭伤者、下腰痛者、长期不良姿势工作和学习者、背力测定值较差者、40岁以上成年男性、久病卧床者，而高龄患者慎重。急性腰背肌肉拉伤、急性炎症感染患者以及高血压、心脏病、脊柱骨折、脊柱滑脱症、严重腰椎间盘突出症者禁忌。身体协调素质较差者可在专业医师指导下展开。团身运动以康复锻炼为主。运动强度小，运动强度可用肌肉酸痛来控制。每次练习后局部或全身肌肉有酸胀感，停止练习该症状即消失，运动心率为110～130次／分。年轻力壮、体征反应轻微者可相应地酌情增加运动组数。而老年人、体质虚弱者、体征反应较严重者以及缺乏运动素质者可相应地酌情减少运动组数和运动的单次时间。一般每周7～14次，每天1～2次为宜。

健康背部靠捶打

捶打背部可行气通窍，促进气血运行，调和五脏六腑，舒通经络，平衡阴阳，刺激背部皮肤及皮下组织，促进血液循环流通，通过神经传导，增强内分泌及免疫系统功能，从而达到防病保健功效的一种疗法。另外，除保健强身外，捶背还可消除疲劳，对腰肌劳损、神经衰弱、胃肠功能紊乱及感冒风寒等疾病也有一定的治疗作用。

捶背可自我捶打，也可由他人捶打。

（1）自我捶打：取坐位或立位，双手握空心拳沿脊背两侧自上而下轻轻捶打，捶打时，身体可稍稍前倾，使拳尽量达到最高位置，如此连续捶打5～10次，然后休息片刻再捶打，以不再感到手臂、肩部酸痛为度。

（2）他人捶打：取俯卧位或坐位，捶打者手握空心拳，以腕发力，沿脊柱旁3～4厘米处自上而下快速轻轻捶打，捶打速度以每分钟50～100次为宜。然后改自下而上捶打，如此两侧各捶打20次(可两侧同时捶打)。再以拇指紧靠脊柱两侧轻轻按揉3～5分钟。再继续捶打，反复5～10次。捶打时需快慢适中，动作协调，力道适宜，捶打力度以身体感觉震而不感觉痛为度。轻而缓的手法在中医里为补法，可使肌肉、神经适度抑制，适用于虚损的疾病或精神紧张、情绪激动者；强而快的手法为泻法，可使肌肉神经兴奋，适用于邪实为患的疾病或精神不振、倦怠乏力者。

治腰背疼最好的方法是锻炼背肌

许多人由于长年伏案工作，养成了低头、含胸、弓腰等不良姿态，即我们平时说的驼背。这种姿态不仅不美观，而且还会引起腰背疼痛，有着极大的健康隐患。驼背等不良姿态多是由于背部肌肉长期缺乏锻炼，致使背部的斜方肌、提肩胛肌、大菱形肌、小菱形肌、大圆肌、小圆肌、棘下肌、背阔肌、骶棘肌等肌肉萎缩变弱，不能充分支持脊柱造成的。只要重视并加强背部锻炼，不仅可以消除病痛，纠正不良姿态，还可以减少背部多余的脂肪，使背部健康美观起来。

下面的动作可隔天练习，选择重量不要过重，一般利用重量练习的健体者重复次数应为10～15次。

方法一　站姿挺胸（内收肩胛）

首先提踵站立，两手放于体后叉握，手心向下，用力后引，静止5～10秒钟。动作过程中要用力挺胸，使肩胛内收。这个动作可以锻炼大、小菱形肌，斜方肌中、下部，大、小圆肌。

方法二　站姿挺胸转体

将双脚分开站立，稍宽于肩，两手放于颈后宽握横杠（可用木棍或塑料棍）。慢速向左右转，每侧10次。练习时要注意有意识地挺胸。这个动作能够锻炼斜方肌中、下部，大、小菱形肌，大、小圆肌，棘下肌。

方法三　持铃耸肩

将双脚分开宽于肩站立，双手于体前持哑铃，手背朝前。双肩用力慢慢上提，然后放松。反复做10～15次。在提肩后，要向后拉下，效果最好。这个动作主要锻炼斜方肌下部和肩胛肌，同时辅助锻炼大、小菱形肌，大、小圆肌，棘下肌。

方法四 俯身划船

首先俯身，腿可直可屈，双手持哑铃自然下垂。然后用力屈臂提肘，做划船动作。反复做10次。这个动作主要锻炼背阔肌，辅助锻炼斜方肌中、下部，后三角肌，大、小菱形肌，大、小圆肌，棘下肌。

方法五 俯身提肩

与上一个动作相同，首先俯身，腿可直可屈，双手持哑铃自然下垂。慢慢用力上提肩关节，内收肩胛。反复做10～15次。动作过程中肘关节要保持伸直，注意力集中在后背上。这个动作可以锻炼斜方肌中、下部，大、小菱形肌，大、小圆肌，棘下肌。

方法六 俯卧挺身

将双臂伸直俯卧，然后握拳屈臂，同时挺身（两头起）。反复做10～15次。这个动作主要锻炼骶棘肌，同时也辅助锻炼大腿后部和臀肌。

足底刺激疗法

千里之行，始于足下。双脚在人的一生中起着非同寻常的作用，在人的双脚上分布着与身体各器官部位相关的“反射区”，身体任何地方有了疾病或异常时，都会在足部反射区的特定位置上有所反映，如：颗粒、包块、肿胀、变硬、凹凸变化等。大凡病邪均易在他相关的穴位反映出来。因而只要推压、按摩、刺激该位置，即可使相应器官的病变获得缓解，帮助其恢复健康，这即是我们俗称的“足底刺激疗法”。 足底刺激疗法不但能促使脚部肌肉软化，最重要的功能是通过刺激末梢神经与末梢血管，来影响中枢神经与脏腑器官。爱护双足，经常按摩双足就可以及时消除身体中存在的不利健康的因素，把疾病消灭在萌芽状态。

足底刺激疗法就是利用刺激足底穴位而治疗疾病的方法。刺激足底有多种方法可以选择。

方法一　顿足疗法

顿足疗法是指用足顿地，以治疗足后跟痛的一种民间疗法。顿足疗法动作简单，将患足顿地50～60次，力量由小到大即可，每日早晚各1次，也可以双足顿地。顿足能全面改善足部血液循环，同时增强足部韧带和肌肉的弹性，对足部起到保健作用，可有效治疗足跟痛。应当注意的是顿足时最好穿轻便随脚的软鞋，也可以赤足或穿袜子在垫子上进行。疼痛时间较长者，可先用透骨草30克煎水浸泡足跟，然后再顿足，效果更好。

方法二　搓脚疗法

可在睡前，先用热水烫脚，使足部血脉流通，然后脚心向下，用双手大拇指揉捏脚掌，其余4指按住脚背，由后向前用力搓揉，直至整个脚掌发热。搓脚时重点放在脚趾和脚心处。还可将双手对掌搓热后，以左手搓右脚心，以右手搓左脚心，每日早晚各1次，每次搓300下左右。

方法三　敲击脚底

脚趾处经穴多，脚心处的涌泉穴更是肾经要穴，脚底与人体器官有着密切联系，敲击脚底可使脚掌受到适度刺激，促进全身的血液循环，内脏的功能也可得到增强，快速恢复精力。正确的脚底敲击法是以脚掌心为中心进行有节奏的敲击，以稍有疼痛感为度。也可以盘腿坐于床或椅子上，将一只脚放在对侧膝盖上，每只脚分别敲击100次。切忌用力过度。

方法四　脚底摩擦

此法适用于失眠者，这类患者往往由于心事重重，或者烦躁不安，躺在床上辗转反侧，不能入睡。另外，离心脏最远的脚底容易受到血液流通不畅的影响，双脚冰冷，也容易失眠。失眠时，可让双脚合拢，相互摩擦，使血流畅通，脚部就会逐渐温暖，便可以安然入睡。

仰卧于床上，将双脚举起，然后用力相互摩擦，如果双手也同时进行摩擦，效果更好。反复摩擦20次左右即可。应当注意的是：

（1）按摩前应先洗净双足，修剪趾甲，铺好治疗巾，足底最好涂上按摩膏(也可不涂)，患者放松不要紧张；

（2）室内要保持温暖、通风、空气新鲜，风扇不要直吹患者双足；

（3）按摩后患者宜饮用些温开水；

（4）按摩后患者如果出现低烧、发冷、疲倦、腹泻或原有症状加重为正常反应，数日后便可自行消除；

（5）长期按摩双足的患者痛觉迟钝是正常现象，可用盐水泡脚半小时，以提高疗效；

（6）按摩时应尽量避开骨骼突起处，患者足部有外伤、疮疖、脓肿时不宜按摩；

（7）老人骨脆、关节僵硬，小儿皮薄肉嫩，按摩时注意不宜用力过度；

（8）细菌、病毒引起的传染病，毒蛇咬伤以及各种中毒，必须先采用药物或其他方法治疗，足部按摩可作为辅助疗法；

（9）对由于环境因素或饮食生活不良习惯引起的疾病，必须祛除这些致病因素，才可使用足部按摩疗法；

（10）对严重外伤、出血、烧伤、骨折、胃肠大穿孔、妇女月经期、孕期、肺结核活动期、急性心肌梗死、严重肾功能衰竭、心力衰竭、肝坏死的患者不宜用足部按摩疗法治疗。

活动脚趾健肠胃

人体的五脏六腑在脚上都有相对应的穴位，人的第二和第三脚趾与肠胃相关联，因此，经常活动这两个脚趾可以达到健胃的目的。观察发现，胃肠功能好的人，第二、三脚趾往往粗壮而富有弹性，站立时抓地平稳牢固；胃肠功能差的人，这两个脚趾多干瘪而无弹性，站立时也往往抓地不牢。

活动脚趾的方法非常简单易学，最常见又有效的方法有以下几种：

（1）脚趾抓地站立或取坐姿：将双脚面放平，紧贴地面，双脚分开，保持与肩同宽，连续做脚趾抓地动作60～90次。做此动作时，可赤脚或穿柔软的平底鞋，每日可重复多次练习。

（2）脚趾取物：每天洗脚时可在盆里放一些大小适中的鹅卵石或其他物体，以便在泡脚的同时练习用第二、三脚趾反复夹取。温水泡脚有利于疏通经络，血流通畅，用脚趾夹取鹅卵石或其他物体可有效刺激局部胃经的穴位，坚持练习对胃病患者的康复大有裨益。

（3）扳脚趾：反复将脚趾轻轻上扳或下扳，同时配合按揉第二、三脚趾趾缝间。对于消化不良及有口臭、便秘的患者，宜顺着脚趾的方向轻轻按摩，以达到泻胃火的目的，对于脾胃虚弱、腹泻者，宜逆着脚趾的方向按摩。

足浴疗法有好处

足浴疗法是利用热水或药液洗泡双足而治疗疾病的一种简便方法。用热水或药液洗泡双足，可使足部温度升高，微小毛细血管扩张，促进足部血液循环流通，消除疲劳。同时，通过对足部的热刺激，可起到活跃末梢神经及网状内皮系统的吞噬功能，增强细胞膜的通透性，提高新陈代谢，增加记忆力，加快入睡，提高睡眠质量等。热水足浴疗法还适用于治疗失眠、遗精、早泄、疲劳倦怠等症状。

足浴疗法可分热水和药液两种。

（1）热水泡足：将水加热至50～60℃，水温以患者接受情况为度。将双足浸泡在水中，浸浴8～10分钟左右，水温应始终保持在50～60℃。每晚睡前1次。

（2）药液泡足：选用一定药物加水煎熬或用热水溶解成药液浸浴双足，每日1～3次，每次10～15分钟为宜。根据不同疾病选用不同药物。①治疗足跟痛、足踝关节炎：应选用透骨草、寻骨草、老鹳草各30克，黄蒿20克，独活15克，乳香、没药、血竭各10克，水煎趁热泡足8～10分钟，每日2次。②治疗脚癣：乌梅100克水煎，待冷却后泡足，每日1～3次。③治疗足冻伤：桂枝、干姜各15克，附子10克，水煎趁热泡足，每日2～3次，每次8～10分钟。应当注意足浴时水温不宜过高，防止烫伤。

全足按摩与重点按摩

对于一般慢性病可采取“全足按摩，重点加强”的原则。全足按摩即是把全足反射区按摩一遍；重点按摩则是根据病情选取某些重点反射区按摩，在全足按摩的基础上予以加强按摩，包括按摩次数、力度上的加强，以收到更好的效果。对于急性病，可只选取重点反射区进行重手法按摩，重点突出，见效快。待急性期过后再转入保健按摩。足部按摩疗法的关键是找准敏感点。敏感点就是点按时不需很用力，病人就会有酸痛感的部位。

重点按摩所选取的反射区应包括三部分：基本反射区、主要反射区和相关反射区。

（1）基本反射区：即肾、输尿管、膀胱三个反射区，其作用为增强排泄功能，将“毒素”或有害物质排出体外，基本反射区的按摩在足部按摩中起重要作用。无论是保健按摩，还是治疗按摩，每次按摩开始和结束时都要反复按摩3遍。

（2）主要反射区：即与病变器官或系统相对应的反射区。这是治疗疾病的主要按摩区域。例如：治疗各种眼病，选眼反射区；治疗耳病，选内耳迷路反射区；治疗鼻病，选鼻、额窦、扁桃体、肺及支气管反射区。

（3）相关反射区：即根据病的性质选配的一些反射区。例如治疗各种炎症选脾、淋巴结、肾上腺、甲状旁腺、扁桃体等反射区；治疗发烧选垂体、肾上腺、脾、淋巴腺、甲状旁腺、扁桃体等反射区；治疗各种癌症选脾、淋巴结、肾上腺、甲状腺、甲状旁腺等反射区；治疗哮喘选肾上腺反射区等等。

全足按摩的顺序是从左脚开始，先按摩3遍肾、输尿管、膀胱3个反射区域，再依次按足底——脚内侧——脚外侧——脚背的顺序逐一进行按摩。结束时再把肾、输尿管、膀胱3个反射区域按摩3遍。然后再按上述顺序按摩右脚。

重点按摩的顺序大致也是以先按揉基本反射区再按揉主要反射区或先按揉相

关反射区再按揉基本反射区的顺序进行。按摩时的力度要适中、均匀，患者感觉到有酸痛感即可，并不是越痛越好。按摩的力量要慢慢渗入，缓缓加重，有一定的节奏，不可忽快忽慢，时重时轻。对实证、体质较好者可用较强刺激手法；对虚证、病重体弱者应用弱刺激手法，并适当延长疗程。每次按摩时间一般为30～40分钟为宜，病情较重者可减为10～20分钟。对重症急症患者，每日按摩1次。慢性病或康复期患者可隔日1次或每周按摩2次，7～10次为1疗程。

第八章

生活动作最健身

我们平时总是讲究运动健身，实际上，家务活就是最好的健身，我们人类在长期的进化过程中，身体已形成了这样的机制，他适应了家务活，并在家务活中受益，如果我们能够多做家务活，勤打扫，勤洗刷，勤劳作，我们就能保持身体的健康。

做家务活也是好的健身运动

不少年轻人认为，锻炼身体就是上健身房进行剧烈运动，其实这是一种误解。在美国，科学的运动理念认为，做家务、走路去超市买东西、骑自行车、停车场距离公司1公里下车后步行到公司、不乘电梯而走楼梯等都被看作是最基础的“生活化体育”，尤其是日常生活中最普通的家务活，其实是很好的健身锻炼方式，如果不想到专门的健身房锻炼或者没有时间去锻炼，那就先从家务活中动起来。

家务健身既轻松又有趣，比之其他体育健身或运动项目更具有独特的优势。首先，家务健身没有流汗后的湿黏感及不舒适感，可以在不流汗的情况下消耗掉多余热量；其次，家务健身具有随意性，没有一定规则和时间限制，令人更放松地随意进行锻炼；再次，家务活让家居环境更加舒适美观，较之健身房健身更有一种满足感和成就感。

拖地、擦窗户、栽种花木等居家活动，可以让身体得到适当的活动锻炼，又能消耗热量且不会感到太过疲劳。在佛罗里达举行的美国癌症研究协会年会上，中美科学家发布了最新研究结果：家务劳动和走路可以减少女性患子宫内膜癌的患病风险。专家指出，家务劳动和走路能够帮助降低子宫内膜癌的患病率，最高能降低40%。一般来说，如果女性一天走路超过60分钟，或者做家务超过4小时，能够将患子宫内膜癌的几率降低30%。

拖地板等家务活都可以换算成每日运动量，这样可以用来计算每日运动量是否达标等。同样是拖地板，拖水泥或石磨地板比拖木地板更费力，消耗能量也就相对更大。另外，打木兰拳、跳交谊舞等更是融入生活的体育活动，不仅趣味性强，而且效果好。同样是跳交谊舞，跳节奏快的舞蹈比跳节奏慢的舞蹈更能锻炼人体心肺功能，而且男性在跳交谊舞的过程中，消耗的能量会更大。

1. 种植花木

在家中种植一些花草盆景，不仅美化环境、赏心悦目，而且每天看似轻松的花木护理，如浇浇水，松松土，观察欣赏长势，剪剪枝叶，只要20分钟，就能燃烧掉100卡的热量，可谓一举两得的好差事。

2.扫地拖地

把健身运动化整为零，就能使之变成塑造身体各部位形体美的捷径，每天扫地拖地不仅可以保持家里的整洁美观，利用挥动扫把、墩布的小动作，就能把身体多余脂肪的热量消耗掉。扫地时间不必很多，只需25分钟，就能消耗100卡的热量。在这里推荐一个可以达到很好健身效果的拖地方法，即运动式拖地：在拖地的时候双手握住拖把，用力向前推出、拉回。在原地推、拉擦地板5下后，再向后(前)走一步继续擦，直至把地板擦完为止。运动式拖地热量消耗约是正常的4～5倍。

3.厨房健身运动

厨房健身强度不大，却能很有效地舒展全身，消除疲劳，而且把厨房健身和洗菜、做饭结合起来，既可以达到健美瘦身的效果又能增加做饭的乐趣,何乐而不为呢。

（1）进入厨房时，不妨先靠墙站上一会儿，将头、肩、臂部和脚后跟紧贴墙壁，这样有利于形成优美的体态。

（2）如果从高处取东西，双手从身体两侧慢慢抬起，双臂上举，掌心相对，脚尖踮起，同时目视双手。这样站一会儿再将要取的东西拿下来，可以达到不错的健身效果。

（3）低处取物，挺直腰，屈膝下蹲，取物后，再慢慢站立起来，连续3次即可，切忌弯腰拿东西。

（4）长时间切菜、揉面会感到双手酸胀，可抽出片刻时间将双臂自然下垂，双手快速抖动来达到放松手臂肌肉的作用。

（5）炒菜时，可利用片刻空闲时间，将手掌置于脑后枕骨处，肘部尽量后展；在煮咖啡、煲汤或烤糕点等需长时间等待的空闲中，可以在厨房里做一下侧弯腰的小动作，长期加持能收到意想不到的健身效果。

室内健身

1.穿拖鞋可以健身美腿

长期坐于电脑桌前的上班族们，因为缺乏运动，容易造成臀部与腿部的局部肥胖。据《环球时报》报道，拖鞋这个女性偏爱的居家穿戴，最近居然也开始在美国的写字楼内闪亮登场，成为白领精英们以T恤、牛仔服和休闲裤取代西服、领带和套装后的又一场“服饰革命”。

英国著名体操家、电视明星苏珊娜女士发现穿拖鞋对腿部健美有微妙的作用，他可使足踝、小腿和大腿变得匀称健美。因为穿稍微宽松的拖鞋走路，会迫使人们动用平时用不上的腿部肌肉，脚趾必须要“抓”牢拖鞋才能防止其滑落，这不仅锻炼了腿部肌肉，还有助于增强腿脚肌肉的协调性，促进了腿部的血液循环。

需要注意的是，拖鞋式凉鞋的鞋跟不宜太高，否则走起路来，着力点会转移到前脚掌，容易摇摇晃晃、重心不稳，从而导致足部伤害。美国人一般所钟爱的高跟拖鞋的鞋跟高度大约在3～4厘米之间。

2.高抬腿

（1）正直站立，双手自然下垂，抬腿的时候不要让上半身向腿的方向倾斜，保持身体的平稳，汇集大腿力量，让大腿前侧和地面保持水平，脚尖自然下垂。

（2）从动作1开始，打开髋关节，让弯曲的腿和身体处于同一平面上。

（3）从动作2开始，髋关节内扣，左手扶右膝，拉伸股四头肌外侧。

3.箭步蹲

双腿前后开立，腿间距大致与肩同宽，双手扶腰，呼气下蹲，注意前面的腿的膝盖不要超过脚尖，后面的腿弯曲时，大腿应基本与地面保持垂直。

4.45度前踢腿

正直站立，向前踢腿时脚尖要绷直，两腿的夹角呈45度即可，不要强调踢腿的高度。向后踢时膝盖可以放松微弯，注意不要使用爆发力踢腿，动作应该缓慢而有节奏。

5.股四头肌拉伸

正直站立，注意腿部弯曲时身体不要向前倾，要保持上半身挺立，髂腰肌（也就是腰背两侧连接大腿和腹部的肌肉）收紧，脚后跟贴近臀部保持3～5秒即可。

6.球上后踢腿

俯身趴在健身球上，用双手支撑平衡，双腿伸直，向上抬腿的时候仍然不用爆发力，以腰背和臀部的肌肉来带动腿部上抬。

7.在跑步机上变速快步走

在跑步机上变速快走，不仅能够增强心肺功能，而且对减肥塑身的效果也非常明显。调查显示,变速快步走比在跑步机上跑一个小时消耗的热量还要多。另外，对于体重较大的人而言，这种变速快走的方式也比跑步更加安全，而且对膝关节的摩擦较小，不容易受伤。如果使用的是太空跑步机（Technogym）的话，可以实时观测热量消耗、心率等数据，能够在安全范围内将运动成果量化,使锻炼更加科学有效。

在地板或床上做普拉提操

锻炼绝不意味着挥汗如雨，在崇尚有氧运动的今天，轻柔而徐缓的健美动作更有利于多余热量的消耗，就像普拉提这项全新的健美运动。普拉提最大的特点是简便优美，不仅动作平缓，而且可以有目的地针对手臂、胸部、腹部和肩部进行锻炼，帮助练习者拥有扁平的腹部，纤细的腰身,同时又能增强身体的柔韧性，使身体协调平衡。

西方人一向注重对身体肌肉和生理机能的训练，例如腰、腹、背、胸、臀等部位的训练，而东方人则着重呼吸和心灵结合的训练，如瑜伽和太极。普拉提吸取了东西方文化精华，既融入了西方人的“刚”——注重身体肌肉和机能的训练，又融入了东方人的“柔”——强调身与心的结合统一，融入了瑜伽、太极拳、芭蕾形体等内容。这项运动一个很大的优点在于不受活动地点的限制，无论在专业健身房还是在起居室，都可以达到同样的训练效果。将瑜伽垫子垫在地板上，或者直接在床上就能进行。

1.主要功效

这种新颖的健身方法不仅能够缓解肌肉疼痛，塑形健美，还可以增强身体的协调平衡能力，逐渐矫正一般人惯用左边或右边的坏习惯，从而让身体更为协调平衡。同时，对于一般运动难以锻炼到的地方以及对久坐造成的肩痛、腰酸，或是肌肉不适等问题，都可以通过普拉提运动的全面锻炼得到解决。普拉提运动能够塑造腰部、腹部及臀部的肌肉曲线，在美化形体的同时增强机体器官的功能，提高人体柔韧性和控制、协调能力。

2.适合人群

普拉提动作幅度舒缓，每个姿势都要求必须和呼吸协调，特别适合那些缺乏运动、长时间接触电脑的朝九晚五的上班族练习。

普拉提中还有一种由一名教练为了纠正某种特殊损伤、肌肉不平衡或其他身体问题而开设的私人训练课程。现在很多专业的运动员也用普拉提练习来避免运动损伤。由于普拉提运动讲究拉伸、呼吸、控制，对腹部、腰部、臀部等女性重点部位的形体塑造有着很好的帮助，所以也更适合追求窈窕身材的现代女性。

3.基本动作要领

（1）腹部运动：平躺于垫上（床上也可以），将双臂举过头顶，使双臂夹住耳朵，同时双膝弯曲，双脚踩地，用鼻子吸气，用嘴巴呼气，有控制地慢慢坐起来，此时，腹部要收紧，脚不要离地。背部保持挺直，肩膀下沉，吸气。然后呼气，身体回到原状态，动作要慢，有控制。

（2）臀部运动：呼气，肩膀自然放松，下腿伸直，脚尖蹬地，同时上腿抬起与髋关节同高，并向前踢一次、振一次。吸气，将上侧腿向后展，同时收紧臀部，伸直膝盖。

（3）腰部运动：准备动作，将上侧腿弓起，脚放在下侧腿的脚前，手臂放在上侧腿的膝盖上。直臂支撑，保持身体呈一条直线，手臂斜上伸展45° 呼气。

（4）背部运动：俯卧，将上体与下肢同时抬高，像游泳的打水姿势一样交替打腿和手臂。双手指尖向前，与脚尖的方向一致，将髋部用力上顶，保持身体挺直。吸气，用单腿向上踢，同时保持臀部不要下沉。呼气，慢慢恢复到准备姿势。

4.需要注意的几个问题

呼吸时，讲究呼气的深度，尽可能地运用腹式呼吸，速度不宜太快，要与动作的速度基本一致。运动时注意呼气，静止时注意吸气。另外注意力要集中，静静“聆听”身体的感觉。

充分利用自身重力带来的阻力，达到锻炼肌肉的效果。力求动作连贯流畅，速度均匀。但是如果动作不标准，锻炼效果就会“大打折扣”。

最后放松躺在地板上静静冥想，仔细感觉自己的身体：哪个肩膀更高一些，头部和脚部哪个更轻……有意识地去收缩需要练习的肌肉，保持较长时间的肌肉紧张度，这样可以较大程度消耗身体各部位的热量，比做几十个仰卧起坐效果还要明显。

床上枕头操

健身运动并非人们想象中那样必须在健身房中运用专业的器械进行，其实在家中利用生活中的物件就能轻松健身。比如善用枕头，配以不同的运动姿势，就能轻而易举地塑造完美体态了。现在赶快抱个枕头，在舒服的床上运动运动吧！

1.瘦大腿

俯卧，在腹部垫上枕头或软垫，两手叠放支撑于下颌部位，屈膝，双脚击掌。这个小动作做起来不仅有趣，还有减掉大腿内侧赘肉的作用。

2.美小腿

俯卧，在腹部垫上枕头或软垫，两手支撑于下颌部位，双腿伸直后，单腿用力抬高，双腿交替，反复进行。这样可增加腿部力量，同时达到减掉小腿赘肉的效果。

3. 美背部

俯卧，在腹部垫上软垫。将双臂向前伸直撑地，同时用力抬起头部，感觉后脑贴向后背。充分伸展颈部、胸部以及腹部，这样不仅放松身心，而且还具有塑胸作用。

4. 美小腿

仰卧，用双腿夹住枕头慢慢上抬，注意防止枕头滑落。双手用力撑地，再将双腿慢慢放下。这个动作是减去肚脐以下赘肉的最佳动作。

懒美人沙发美体八式

生活中人们普遍认为用器械训练会把腿部练得粗壮，其实这个观点是不科学的，如果不通过器械有针对性地消耗局部脂肪，减小腿围是根本不可能实现的，尤其是对于那些从来没有健身经历、腿部线条松弛、脂肪比例较高的人来说，就算腿很细，但整体看上去也不美观，特别是大腿内侧缝匠肌的部位。局部塑形必须要借助于器械和有氧训练，两者缺一不可。如果不喜欢去健身房锻炼，那就在家里练习瘦腿操，把腿部线条雕塑完美。

坐在家里舒适的沙发上聆听优美的旋律时，紧绷的神经变得舒缓下来。如果这时尝试几个简单的沙发美体操动作，让自己的身体在一呼一吸之间轻轻起舞，此时身体会变得轻松柔软，心境也会更加澄澈平静，轻松愉悦。

1. 直角式

（1）挺直身体，将双脚并拢，双手扶住沙发靠背。

（2）呼气，以脊柱基座为支点慢慢伸展，直到背部和双腿呈直角。

（3）此过程中，双眼要始终注视双手；呼吸要自然，保持30秒。

（4）恢复直立姿势。

将此动作重复5次。这个动作可以放松腿部肌肉，纠正驼背和脊柱弯曲，消除身体的疲惫感和紧张感。

2.站立拉弓

（1）双手扶住沙发靠背，双眼平视前方。

（2）弯曲右侧膝关节，使脚跟尽量靠近臀部。

（3）用右手扶住脚腕，呼气，身体缓缓向前倾的同时慢慢向上拉伸右腿。

（4）此动作保持30秒；换另一侧。

这个动作可以去除腿部多余的脂肪，改善身体的平衡协调性。

3.卧英雄式

（1）跪坐在沙发上，双眼平视前方。

（2）将膝关节并拢，双脚分开，脚趾向后。

（3）臀部放在双脚之间的沙发上，但不要坐在双脚上。

（4）呼气，身体缓缓向后躺，尽量让背部平躺在沙发上，同时保持均匀呼吸。

这个动作可以缓解脚跟疼痛，有助于治疗膝部由于风湿和痛风引起的疼痛。

4.鸟王式

（1）坐在沙发边沿，双眼平视前方。

（2）双腿缠绕在一起，可将一侧大脚趾勾住对侧脚腕的上半部。

（3）将双臂交叉，弯曲手肘；同时，小臂缠绕，双手合掌。

（4）呼吸要自然均匀，保持30秒。

这个动作可以放松小腿肌肉，有助于消除小腿的抽筋症状，还可以减掉手臂的多余脂肪。

5.脊柱扭动式

（1）端坐在沙发上，双手扶住沙发的一侧。

（2）双眼平视前方，呼气，同时将身体慢慢转向沙发的一侧。

（3）保持均匀的呼吸。

这个动作可以放松各节脊柱，使背部肌肉更加富有柔韧性，同时还可去除腰腹部的多余脂肪。

6.双腿背部伸展

（1）坐在沙发上，将双脚伸直，然后顶住沙发的一侧。

（2）深呼吸，慢慢抬起双臂，然后呼气，双手握住沙发边缘。

（3）慢慢抬起头，双眼向上看，集中注意力，感受脊柱拉伸。

这个动作可以伸展整个背部，从而恢复精力让自己充满活力；另外，这个动作可使腹部脏器受到挤压，有效改善消化功能。

7.眼镜蛇式

（1）俯卧在沙发上，双脚可以自然搭在沙发的一边。

（2）将双手放在双肩下，吸气，缓缓抬起上身。

（3）呼气，慢慢抬起头，放松颈部，保持平缓均匀的呼吸。

这个动作有助于治疗各种背疼，舒缓、消除背部的僵硬和紧张感。

8.蜥蜴式

（1）跪坐在沙发上，双膝并拢。

（2）双臂慢慢向前滑动，同时弯曲手肘，双手握住对侧的肘关节。

（3）缓缓呼气，尽量将胸部贴近沙发，臀部翘起，背部下推。

（4）呼吸平缓，保持15秒。

这个动作可以缓解身体疲劳，去除肩部多余的脂肪。

爬爬楼梯

曾听一位30多岁的白领男士抱怨：“我从事IT行业多年，每天都要加班到晚上10点多，即使每年都办一张健身年卡，可一年到头也用不上几次。”其实健身不必一定要在健身房中进行，科学研究证明，日常生活中的体力活动同样能达到运动健身的效果。经过科学测算，一位体重75千克左右的男性，只要采用爬楼梯的方式，每大上下楼梯各20分钟，即可消耗202.25千卡的热量。

一般情况下，每天健身活动消耗掉约200千卡的能量，就能产生较好的健身效果，因此即使不去健身房，单凭每天坚持爬楼梯，同样可以收到良好的锻炼健身效果。

爬楼梯是一项较为激烈的有氧锻炼形式，锻炼者须具备良好的身体素质和健康状况，并严格遵守循序渐进的原则。爬楼梯的速度与持续时间应掌控好，初练者应采取慢速度、逐渐延长持续时间的方式，随着锻炼水平的提高，逐步加快速度、延长持续时间，当自己的体力能在 1 分钟内登 5 ～ 6 层楼或能持续进行10分钟以上时，即可过渡到跑楼梯。锻炼应始终以适中的强度进行，以不感到吃力为度。爬楼梯锻炼最好与步行、慢跑等健身锻炼相结合，不要以此取代其他锻炼。

上班路上的健身

1. 走路

上下班也是健美塑身的大好时机，如果不借此机会来运动锻炼一下实属浪费。走路本身就是一种锻炼方式，如果能再注意调整一下走路的方式，健身效果将更明显。

走路可以锻炼臀大肌。走路时可以有意识地把重心尽量放在后腿，后腿用力，大腿向后收紧，同时臀大肌上提。这样可以锻炼臀部肌肉，达到提臀的效果。

2. 开车

针对有车一族人群的特点，这里介绍一套简单的锻炼颈部的小方法，可在有限的开车时间内，使颈部得到锻炼。

（1）颈部对抗。头部微向前倾，双手交叉放于脑后向前发力，同时颈部向后发力。每做完一次颔部对抗动作，最好做一个头部上仰的放松动作，这样效果更好。

（2）腹部锻炼。双手握住方向盘，挺直上身，头部自然放松，先大口吸气，慢慢呼气时把所有力量压至腹部，保持一分钟左右即可。

都市中大部分人都缺乏锻炼，而没有时间就成为我们给自己最大的借口。其实，在这些被忽视的时间里，也可以锻炼身体。

3. 等车

在等地铁、公交车，或信号灯时，能做些什么呢？千万别小看这短短几分钟的时间，我们完全可以利用他来做做运动。每天坚持锻炼会收到意想不到的效果。现在就为大家介绍几种运动方法，让等车不再枯燥。

（1）握拳运动：双手用力握拳再张开，使整个手臂肌肉有紧张感。1分钟内重复做30～40次。此动作可美化手臂线条，使手臂更加紧致美观。

（2）收腹运动：将注意力集中在腹部，吸气收腹，用力收紧，默数到5再慢慢呼气并放松腹肌，再吸气收腹。1分钟重复做15～20次，直到腹部有疼痛感为止。这个动作可以有效锻炼腹部肌肉。

（3）单足站立：单足站立，注意提腿要低，动作幅度要小，换腿要频，平均10秒更换1次，重复做12次。此运动可使上臀部肌肉及腹部肌得到有效锻炼。

（4）举臂运动：很多女性外出时都会带手袋，在不妨碍别人的情况下，可以把手袋当成“微型运动器械”来锻炼手臂肌肉。具体做法是双手拿包，抬头挺胸，一边呼气，一边将手肘尽可能抬高，这个动作每次做5遍，重复2～3组。

4.乘车

与其每天在拥挤的公交车（或地铁）上无聊地站着，不如利用这段时间做做运动，虽然公交车上空间有限，但可以利用车上的吊环、扶手、座椅等可以利用的道具做一些针对身体各个不同部位的运动，时间长了能达到意想不到的锻炼效果。

车上有座位时，可以做做腿部运动。将腿呈90度摆好，脚跟固定不动，脚尖上上下下反复摆动，这个动作可以锻炼小腿肚的肌肉，让小腿线条更匀称。同时，坐着的时候还能够锻炼腹肌，将双腿并拢抬至离地面约五公分的高度，使双腿悬空，尽量保持这个姿势，能坚持多久就坚持多久。

车上没有座位时，站着也能做很多的运动。如可以用手抓住车上的吊环，时而用力握紧，时而放松，反复做，可以让手腕变细；双手抓紧吊环，双脚微微打开，将身体慢慢前倾，此时能感觉到腹部肌肉紧绷，这个小动作可以锻炼腹部肌肉；如果够不着车子上面的吊环，可用手握紧栏杆，将脚跟踮高，像芭蕾舞演员一样用脚尖站立，累了放下稍息片刻，如此反复练习，可以美化小腿的线条；再或者用手握住栏杆，心中一边数拍子，一边用力向内收腹，这种方法能有效紧缩腹部肌肉，使小腹平坦紧实。

还可以站成“丁”字步，锻炼身体协调性和腿部肌肉。以左脚为例，身体直立微侧，双腿稍弯，左脚在前，右脚在后，左脚脚后跟与右脚心相对，两脚前后约一脚半的距离。站好后可以根据车厢的晃动，调整发力部位从而达到锻炼身体的效果。每5分钟左右脚交换一次，锻炼时间以感到脚部微酸为止。

针对身体的不同部位，有如下几种锻炼方法：

（1）上臂锻炼：两手抓紧车顶部的扶手，两肘关节向内夹紧，用臂部发力，带动身体向上，但保持脚不离地面。

（2）小腿锻炼：双手扶住车上扶手或者可依靠的地方，脚跟上抬，同时收紧小腿和大腿后侧。

（3）背部锻炼：坐在座位上时，将手臂搭在前椅背，伸直，同时背部向后发力。

（4）胸部锻炼：用靠座位外侧手臂扶住椅背后下方，将两肩肩胛骨外展，挺胸。

第九章

上班族的办公室养生动作

现代的上班族遇到的健康问题非常多，有许多问题已经严重困扰了上班族的工作和生活，其实，这些问题可以通过在上班时间的一些简单易行的小动作来解决，诸如疼痛和压力，疲倦和效率低下，都有相对应的小动作可以有效地治疗。

办公室常见健康问题与解决方法

医学研究表明，如果久坐而少活动，久而久之就会发生许多健康问题。

1. 健康问题

（1）易发消化系统疾病，容易肥胖。久坐者每天正常摄入的食物聚积于胃肠，使胃肠负荷加重，长时间紧张蠕动得不到缓和，容易导致消化系统的疾病。而食物中的脂类、淀粉等也会由于久坐少动，过多地转变为脂肪，堆积在腹部，形成难看的“救生圈”。因此，工作间隙要起身做一些简单的小动作，如果情况不允许，在座位上也可以做一下简单的收腹运动。尤其需要注意的是，饭后不要立即坐下或趴睡，最好能保持站立姿势，可以选择散步或整理一些东西。

（2）颈部、肩部疼痛，易引发颈椎病。久坐者的骨连接处由于无法产生足够的黏液而变得干燥，这就很容易引发关节炎和脊椎病。久坐不动不仅会引起颈椎僵硬，使人体的正常生理弯曲被破坏，出现弓背或骨质增生，而且，还使得整个躯体重量全部压在腰骶部，压力承受分布不均，引起腰、腹和背部肌肉下垂、疼痛，脊椎肌肉也会由于循环欠佳而会出现痉挛现象。

（3）眼睛容易干涩、发胀。如果用电脑时间过长，眼睛容易干涩、发胀。

（4）易导致静脉曲张和痔疮。长时间坐着，会使血液循环减慢，身体内静脉回流受阻，直肠肛管静脉容易出现扩张。血液淤积后，容易导致静脉曲张，并可能引发痔疮，出现肛门疼痛、流血甚至便血等现象。妇女还会因盆腔静脉回流受阻、淤血过多导致盆腔炎等多种妇科疾病。

（5）易出现心、脑血管隐患。久坐少动容易引起血液循环减慢，心脏功能减退，并使得血液在动脉中沉积，导致心肌衰弱，动脉硬化、高血压、冠心病等心血管疾病。同时，久坐还会使精神长期处于压抑、倦怠乏力的状态，有时还会引起烦躁上火，出现牙痛、咽喉疼痛、耳鸣以及便秘等症状。

（6）打字或用鼠标时间长了，手腕疼痛。鉴于久坐不动容易发生很多的疾病，医学专家建议，凡是因为工作需要久坐的人，一次不要连续坐超过8小时，工作中每隔2小时就应起身进行一次约10分钟的活动，或在座位上做一些简单的小动作，同时，在工作之余还应该根据自己的身体状况选择适合自己的运动。

2.解决办法

（1）收腹运动：坐在椅子上，两腿慢慢往上抬，两手轻轻放在小腹上，慢慢地呼气，呼气的同时渐渐收紧小腹；呼气慢慢加快，小腹越收越紧，肩膀保持轻松；当小腹收到最紧的程度时，气也同时呼完；将双腿慢慢放下，肩膀与小腹都放松后，开始缓缓吸气；尽量吸气，此时小腹不用刻意收缩，转而换成腹部向下压的方式。如此重复做上述运动8次。

（2）转颈动作：颈部先顺时针转动，再逆时针转动。首先，让头部尽量后仰，再把下颌俯至胸前，使颈背肌肉拉紧和放松，并向左右两侧倾10～15次，然后，让腰背部尽量贴靠在椅背上，两手颈后抱拢片刻，这样能收到提神的效果。最后，耸肩。反复进行一肩高耸，一肩下降，或者两肩同时向上耸动。

（3）远眺：每隔半小时远望窗外1分钟，再转动眼珠数次，也可以眨双眼数次。

（4）平时多做一些腿部按摩和双腿上下摆动练习：在站立的时候，不要总用两条腿一起支撑全身重量，可以有所侧重，让两条腿轮换休息。另外，站立时应该经常把脚踮起来，做脚后跟起落练习，还可以经常进行一些下蹲练习。因为以上动作可以让小腿肌肉强烈收缩，减少静脉血液积聚。

（5）手掌按住鼻尖做圆周运动，每个方向各5次。捏住耳骨向上、下、外侧各拉3次，然后向前、后各转3次。双手捂住耳朵，用手指弹打头部10～20次，这样可以促进大脑血液循环。右手经过后脑勺，向下扯动左耳垂，然后左手经过后脑勺，向下扯动右耳垂，每次做10～20次。

（6）十指环环紧扣，静气凝神，深深吸气，手臂向外伸直，呼气，手臂向外用力，如此重复三四次。握紧双拳，再松开手指，按顺时针和逆时针转动手腕，放松甩手，使手掌向上，向下弯曲。这样可以使手和手腕关节变得更灵活。

办公室醒脑小动作

作为脑力劳动者，长时间伏案工作少动，使身体血液循环减慢，大脑供血不足，经常感到头昏脑胀，反应迟钝，疲乏无力，昏昏欲睡。遇到这种情况，只要使与大脑连接的部位得到运动，就能够刺激脑部而恢复清醒状态，而这些部位中最有效应的，就是手指尖以及头部。现针对指尖和头部介绍两种醒脑法。

（1）两手握拳，然后从小指开始，逐渐将手指伸展，依次是小指、无名指、中指、食指、拇指。手指伸开时要迅速、有力。拳头打开之后，要用力伸展手指。从小指开始，内收握拳，顺序依旧是小指、无名指、中指、食指、拇指。收拳时要做到缓慢、有力。然后，再依次将手指打开。

（2）用手指代替梳子，从前额的发际处向后梳到枕部，然后弧形梳到耳上及耳后部。如此反复10～20次。这样周而复始，连续三遍，就可以收到促进大脑血液循环、改善人体血液供应、健脑爽神、降低血压的良好的效果。

电脑病与补救动作

据互联网从业人员健康调查结果显示，98%的长期使用电脑的上班族感到身体健康度有所下降，80%以上认为从事互联网行业会导致“电脑脸”等多种相关疾病。

下面就为大家介绍几种常见的电脑病及其防治方法。

1. 干眼症

长时间盯着屏幕导致眼睛干涩。由于看电脑时注意力过于集中，眨眼次数降低，会引起血管神经调节紊乱，导致结膜充血。同时，长期处于空调环境下，眼球水分蒸发过快，冲洗眼内异物的能力随之减弱，极易患上了干眼症。

补救措施：在电脑前每工作1个小时，就应休息10分钟，闭目养神，或者做做眼保健操，放松一下眼部周围的肌肉，或者眺望一会远处的景物；在眼睛出现酸涩、干燥和视力模糊等症状时应该及时就医，在医生的指导下，选用合适的眼药水。

2.颈椎病

颈椎病一般是在电脑前不重视坐姿，压迫脊椎造成的。座位过高、低头看屏幕、跷二郎腿等都是不正确的坐姿。这些不正确的坐姿直接导致脊椎长期受到压迫，继而引发颈椎代偿性增生。

补救措施：正确的坐姿能防止颈椎问题的发生，正确的坐姿应该是：电脑屏幕中心与操作者的胸部处在同一水平线上，腰部挺直，膝盖自然弯曲呈90度，并且要保证双脚着地的坐姿。同时，眼睛与屏幕的距离根据屏幕大小而定。一般情况下14英寸应在50～60厘米，15英寸应在60～70厘米，以此类推，视线应保持水平向下约30度。而且注意每半小时活动一下颈部。脊椎疼痛的初期患者只要适当休息和正确运动就能得到改善了。绕环动作：颈部由前向后，再由后向前做绕环动作，顺时针和逆时针的方向交替。然后交替做上下点头、左右摇头的动作。每隔1～2小时重复几遍。注意动作要缓慢、柔和。

3.肌肉紧张性头痛

长时间在电脑前保持一种姿势，久而久之头部会有沉重感、箍紧感，精力难于集中，疼痛起来甚至影响睡眠质量，这就是肌紧张性头痛。

补救措施：工作两小时左右活动一下颈部，自己用手按摩颈部或双手互相按摩以达到放松颈肩肌肉的目的。一旦发生头痛，应换一个阴凉、安静的环境，还可洗一个热水澡，同时在医生指导下服用一些镇痛剂类药物。在家中休息时可以做脸部和头部的按摩。

4.电脑脸

这是与人交流太少的后遗症。长期与电脑打交道的人，会越来越没热情，甚至固执，有时像电脑一样不通人情。出现这种情况是由于长期打交道的是没有生命、只会执行命令、不会反抗的电脑。聊天用QQ，通知用邮件，与人面对面交流机会很少，久而久之人就会变得自我、封闭。补救措施：应多跟朋友联络，通过面对面的交流增进感情。此外，积极参与体育锻炼能有效缓解、释放心理压力，提高大脑皮层神经的兴奋性、均衡性以及灵活性。

如何防止鼠标手

“鼠标手”，医学上称腕管综合症。腕管综合症是当今社会一种很常见的文明病，其主要症状是手部麻木、灼痛，腕关节肿胀，手指动作不灵活、无力等，而电脑键盘特别是鼠标是最主要的“腕管杀手”。此外，随着开车族的增多，方向盘也成为“腕管杀手”之一。

除此之外，其他频繁使用双手的职业者如教师、记者、编辑、装配工等，患腕管综合症的几率也很高。根据调查显示，女性的发病几率比男性要高3倍，这是由于女性手腕通常比男性小，腕部正中神经容易受到压迫。另外，怀孕妇女、风湿性关节炎患者和高血压、糖尿病、甲状腺功能失调的人得此病的几率也比一般人要大。

预防此病，有效的方法就是自我护理。平时应注意保持正确良好的坐姿，不论工作还是休息，都应注意手和手腕的姿势。

对于早期症状较轻的患者来说，休息是最重要、最有效的治疗手段，必要的时候还可以用石膏板将手腕固定，使其伸直；病情严重者，则需要施行手术治疗。如果长期置之不理，可能会导致手神经受损、手掌发黑甚至肌肉坏死。

这里向大家推荐一套预防“鼠标手”的小体操，在工作间隙时不妨做做这套小体操，可以有效地预防“鼠标手”。

（1）双臂松弛放在两侧，身体直立。右臂向前伸直与肩呈水平状态，手掌朝上，手指分开并指向地面。手指及手腕慢慢向上移动，同时逐渐握紧拳头，屈腕使拳头指向自己。

（2）弯屈肘关节并使拳头指向肩部。将上臂向外旋转，仍保持曲肘及握拳姿势，将头逐渐转向拳头。依次伸直肘关节和手指，使手指指向地面，缓慢将头转向对侧肩部。

（3）两上臂与肩水平，手背相贴，手指伸直指向地面。双手翻向上方，手掌及手指紧贴，手掌及肩部往回收。

（4）手掌及手指仍然紧贴，双手放置在头上方。双手逐渐移向头部后方，肩关节同时向后移动。

（5）双上臂向外伸直与肩关节水平，握拳并使腕关节弯曲。

（6）双上臂逐渐放下至躯干侧方，并伸向身体的后方，手指尽量向上，下颌向上抬起。双上臂松弛放在躯干侧方，轻轻抖动双手。

注意：步骤1～4可随时进行。整套动作应持续，缓慢连贯，每一步应保持5～10秒钟。已患“鼠标手”的人在选用该方法前，应向有关医生咨询，以免造成不必要的损伤。

办公室防背疼

1.观察你的姿势

当脊柱处于自然直立的位置时他是最健康的。那些不良的姿势，例如俯身趴在书桌上，低头垂肩地坐在椅子上，都会使脊柱偏离正常的位置将过多的压力集中在背部肌肉上。因此，我们平时应尽力保持正确良好的坐姿。

2.伸展背部

对于经常伏案工作的人来说，伸展背部可以有效减轻背痛。在工作时每隔15分钟可以站直身体，做做伸展背部的小动作：将双手置于后腰上，向后倾身。伸展时动作应该缓慢而平稳。

3.经常活动

若久坐办公室，需要至少一个小时站起来活动一下。如果无法离开办公室，可将文件夹等物品放在必须站起来才能取到的位置，或者有意识站着接听电话，午饭后休息时散散步。

4.给背部以支撑

另一种帮助保持良好姿势的方法就是坐时将一个小枕头或者靠垫放在背下部的拱柱部位，这可以为背下部提供支撑，减轻对肌肉的过多压力。尤其是当你坐在沙发上看电视或长距离开车时，记着给自己买个腰枕，并经常变换靠背的倾斜度。

5.恰当地提举物品

日常生活中如果不经常锻炼，偶尔提重物就可能引起背痛。这里介绍一种恰当提举重物，避免背痛的小方法。提东西时，将他尽可能与身体接近。不要伸直手臂或弯腰拾起物品，应尽量保持背部竖直，然后弯曲膝部蹲下拾起。手袋不要超重，如果习惯在手提袋里塞满杂志、化妆品、钥匙、钱包等，请减轻手袋的重负。手袋超重会增加背部负担，引起背痛，建议使用双肩背包，他会使重量在背上均衡分布。

6.睡觉中的锻炼

平躺时膝盖下面垫个枕头，以保证颈部和脊椎处于同一水平线；如果是侧卧，保持膝盖弯曲。但无论如何必须使用低厚度的枕头，因为枕头过高会迫使颈部向上形成一定角度，从而导致脊椎弯曲。

女性办公室健美操

简单的办公室减肥操最适合坐班族了，主要有以下几种：

1.美腿操

这种体操简单易学，主要有以下几步：

（1）双腿打开，比肩略宽，脚尖外展，手臂伸直，双手手心相应。收腹挺胸，屈膝下蹲，感觉大腿、小腿及臀部肌肉紧绷。

（2）大腿用力，臀部夹紧，手臂由前向上伸展，手心相对。调整呼吸，保持10秒。

（3）上体姿势保持不动，并拢双腿，挺腰翘臀，膝盖用力，感觉大、小腿肌肉受到拉伸。

（4）屈膝下蹲，将右腿盘起紧贴支撑腿的大腿上侧。初学者可以用手扶住膝盖和脚踝，以保持身体平衡。坚持5～10秒后放下右腿，换左腿重复该动作后回复初始姿势。

（5）将腿放置好后，慢慢将双手延体侧向上举起，在头顶处汇合且手心相对。

这组动作可以每天进行4次，量力而行，注意保持身体平衡。长期进行能够有效地缓解长时间坐姿造成的腿部静脉曲张现象，并能锻炼大腿、小腿和臀部肌肉，减少大腿腿围，令小腿肌肉呈完美的线条状。

2.美腹操

（1）坐与椅上，双手扶在身后，保持身体平衡，双脚并拢，脚尖垫起，收腹挺胸。

（2）屈肘，双腿夹紧，大腿用力使双腿抬起向胸部靠拢，注意身体与椅子最好呈约60度角。注意保持匀速呼吸。

（3）保持上身不动，用力向外伸直双腿，感觉腹部肌肉和大腿肌肉紧绷，坚持5秒后回复初始姿势。

这组动作可以每天进行6次，持之以恒，可以有效锻炼腹部肌肉，练就线条分明的腹肌，消除办公室女性常见的小肚腩。

3.美颈操

（1）找一把结实的椅子，坐稳，双脚脚后跟微抬，吸气挺胸，调整呼吸，双手在体侧张开，注意收腹直背。

（2）吸气，手臂由外向内，从丹田向上伸展，手背相对。

（3）手臂继续向上伸展，在头顶打开，抬头挺胸，尽量伸长颈部，脚后跟始终保持微抬状态。

（4）吸气，放下手臂，向后伸展，注意始终保持头部上扬，腹部收紧，坚持5秒后回复初始姿势，完成该组动作。

这组动作每天进行4次，可以有效地拉伸颈、胸、肩部肌肉，锻炼背部和手臂肌肉，同时有助于放松因长时间坐着而僵化的肩颈部。

4.美胸操

（1）双手合十，并掌，向胸部用力，双脚打开比肩略宽，调整呼吸，并保持收腹挺胸。

（2）腰部挺直，吸气，双手手肘慢慢向一起靠拢，要能感受到胸大肌向中间收紧。注意保持后臂与地面水平，前臂与地面垂直。

（3）保持并肘状态，呼气，慢慢转动身体呈约45度角，感受腰侧肌肉收紧，吸气，调整呼吸，保持5～10秒。

（4）慢慢转向另一侧，注意保持匀速呼吸，手肘始终尽力靠近。

这组动作每天进行10次，可以有效锻炼胸部、手臂及腰侧肌肉，保持胸部坚挺，腰部肌肉有线条感，同时活动脊椎，缓解由于长时间坐在办公桌前造成的弓背现象。

女性办公室瑜伽

办公室瑜伽，健康有益又乐趣无穷，现简单介绍两种。

1. 椅上压头式

坐在椅子上，适时拉伸颈部肌肉，放松大脑，缓解工作中脊柱长期向下弯曲所受的压力与两肩的紧张度。在手臂的抬放、拉伸过程中，更能起到纤瘦手臂之效。注意，在进行上半身小范围侧身运动时，必须保持脊柱直立。

（1）调整好坐姿以后保持脊椎直立，调整呼吸，使呼吸均匀平稳。

（2）吸气，抬左手，扶在头部一侧，呼气，头部向左侧伸展，右肩放松，保持一次呼吸，吸气，头部复原，放低左手。

（3）左右手位置互换，进行相同动作的对侧练习。

2. 椅上肩背式

手臂曲线美尽在此法。相对于椅上压头式，椅上肩背式的气息调整明显增多，而瑜伽正是通过气息运控和动作伸展结合，实现对身体内外的调节。整体上他进一步强化了对手臂的放松———刺激———伸展，而左右手背后交扣，除锻炼脊柱外，还能通过扩胸、挺胸，改善胸部线条。

（1）同样在直立坐姿的基础上，吸气，右手向上伸展，弯曲手肘，左手向下。

（2）双手背后交扣，保持一次缓慢地呼吸，手指轻轻扣稳，肩胛骨要放松。

（3）吸气手放松，呼气手复原，感受身体舒展，左右手交替反复练习。

男性办公室运动

如今的白领男士，平时运动少，应酬过多，上了一点年纪，“啤酒肚”就渐长；还有的坐的时间过多，出现臀部肥大、大腿粗壮，这些都有损白领的形象。15分钟的办公室减肥操，是为体形不佳的男士开出的健身处方，长期坚持的话，在腰、腹及臀部积聚的多余脂肪就会渐渐变少，不仅体形会变好，人也会更健康。

1. 座椅练习

这项练习可以帮助放松脊椎，同时刺激消化系统，避免腹胀。

方法如下：坐在椅子的左侧，让椅背在你的右边，双脚平放在地上，膝盖和髋部保持水平。两手各抓椅背一边，轻柔地向椅背处转动上身，这时拉伸双手，扭动颈部使视线越过右肩，保持这个姿式20～30秒钟，这期间要保持平静地呼吸。接下来再坐在椅子右侧，重复整个动作。

2. 靠垫练习

将一只靠垫（或是一件卷起来的厚毛衣）夹在两个膝盖中间，双脚平放在地面上，同时臀部与地面保持水平，两个膝盖尽量夹紧靠垫，并尽量收缩臀部肌肉，这时会感觉大腿内侧的肌肉和臀部肌肉十分紧张。保持这个姿式5秒钟的时间，然后渐渐放松，但不要让靠垫滑落，重复这个动作6次。长期坚持可以加强大腿内侧肌肉的力量，同时还能使臀部变得更结实。

3. 脊椎拉伸练习

这个练习可以帮助拉伸胸部脊椎。练习时需要把双臂交叉抱在胸前，两脚平放在地面上，身体向椅背倾斜，让胸背部脊椎越过椅背向后倒，举起肘部向上，让头部顺着颈部向下滑，保持这个姿式几秒钟，然后恢复到站立的姿式，再重复一遍。

4. 手臂练习

这个练习对那些整天面对电脑的人尤其有效，可以防止手部因遭受反复的压力而受伤。

用一根有弹性的带子（弹性适中，不要太容易拉断）绑在4手指的中部和大拇指的顶部，让大拇指顶住带子的弹力向外拉，拉4次，重复整个动作5组。交换左右手再练习。

经常使用电脑键盘打字的人腕部和前臂部的压力会很大，在练习时先将右臂水平向前伸出，手掌朝上，然后左手用力把右手的手指向地面方向拉伸，这时可以感觉到右手臂前部下侧和手腕部的拉力。然后再将右手手掌朝下，左手用力把右手的手指向右前臂方向拉，尽量使得手指能够拉到与右前臂垂直的角度，最后交换左右手再练习。

5.多转颈

如果经常打电话，而且不用耳机，颈部柔韧性就会有一侧比另一侧差。这个练习可以有助于拉伸颈部两边的肌肉，同时保持颈椎的关节更灵活。练习时应注意更多地锻炼柔韧性较差的一边。

将左耳向左肩倾斜，以拉伸右侧颈部的肌肉，保持这个姿式20秒种，然后再锻炼左侧颈部肌肉，争取每侧的动作重复2～3次。然后在收低下巴的前提下，慢慢地把头部转向左侧和右侧，每侧转5次。无论每天是否要接听电话很长时间，收低下巴这个动作对于改进上体的姿态和增强颈部肌肉力度都十分有用，练习时可以模仿点头时的动作，抬起和收低连续进行，不要担心这样做会出现双下巴。重复5次，每次收低和抬起时保持10秒钟。

6.多起身

研究发现，英国有32%的办公室工作人员每天坐在座椅上的时间长达10个小时甚至更多，将近一半的人甚至连中午吃饭的时候也懒得离开座位。正确的做法是：无论从事什么工作，一定要注意定期起身活动活动，而且尽量不要保持一个坐着的姿式超过40分钟，中间越多起身越好。当起身休息时，四处走走并伸伸腰会更好。

7.多下蹲

久坐时，脊椎和颈椎始终保持着一个曲度，承受着巨大的压力，腿部关节也特别劳累。蹲一蹲可以活动关节，放松肌肉，有利于全身器官的运动，提高身体平衡能力，改善体形，增强心肺功能，促进全身血液循环。

当人采取蹲姿时，膈肌上抬，可加大胸腔和肺的活动范围。颈椎和脊椎得到了良好的拉伸。一蹲一起，全身肌肉从紧张到松弛，好像做了一次全身的肌肉按摩。由于身体是前倾的，腰椎关节相对松弛，会感到舒适，这也是为什么许多腰椎间盘突出的人采取蹲的强迫体位的原因。

在身体自然放松的前题下做下蹲锻炼，次数不限，可根据自身情况循序渐进地逐步增加。中年人在开始锻炼时，一定要适度，慢慢地下蹲。可以把经常用的文件放在办公桌最下面的抽屉里，在找文件的同时，蹲上那么一下，工作健身一举两得。除了坐班族，对于司机和学生等经常久坐的人，下蹲都是一种很有效的锻炼方式。

办公室隐形小运动

下面的“隐形健身小动作”简便易行，在办公室中就能达到健身的目的。

1.放松眼睛

闭目转动眼球。先按顺时针转动6次，再按逆时针转动6次。然后睁开眼睛向窗外远处绿色草坪或树木眺望2～3分钟。这样有保护眼睛、调节视力的作用。

2.放松颈肩部

坐在椅子上，缓慢地用力挺胸，使双肩向后张开，恢复原状后再反复做10～12次。然后做耸肩动作，左、右肩各做12次，能起到增加肺活量，防治颈椎病、肩周炎的作用。

3.点点头

站立，两脚分开，与肩同宽，两手叉腰，做前屈（下巴贴近胸部）、后伸（抬头后仰）、侧屈（耳朵贴近肩膀）和旋转动作，要求动作要缓慢、到位，到了某一位置，要稍用力拉伸一下，有酸胀感，效果会更好。每节做1分钟左右。

4.拍拍肩

腰部转动和拍肩相结合，右手掌拍左肩，腰向左转，另一手背拍腰骶部，反之亦然。因肩部有肩井穴，拍打此穴可起到疏通气息，行气活血作用。

5.放松手指

双手放在大腿上，掌心向上用力握拳，然后按拇指、食指、中指、无名指、小指的顺序依次伸开手指。反复此动作，左、右手指各做12次。可缓解手部肌肉疲劳、促进血液循环。

6.放松腿部

坐在椅子上，抬起脚尖，同时用力收缩小腿及大腿肌肉，然后用力抬起脚跟，小腿及大腿肌肉保持收缩15秒，然后放松。如此反复做5分钟，可以改善腿部及脚部的血液循环状况。

7.踢踢腿

原地踏步，上肢摆臂，下肢伸直，脚尖绷紧，尽量与下肢呈一直线，踢腿时尽量踢高一些，就像操练时正步走动作。

8.腹式呼吸

吸气时放松腹肌，呼气时收缩腹肌，如此反复做3分钟，可起到增加肠胃蠕动、促进机体新陈代谢、减肥美体的作用。

9.扭扭腰

拇指在前，其余四指在后，叉在腰间，胯部向右、向左顺时针或逆时针转动，转动要缓慢有力。

10.放松全身

将全身分为若干段，然后自上而下进行分段放松。其顺序为：头部——颈部——两上肢——胸腹——背——两大腿——两小腿。接着再采用倒行放松的方式，自下而上分段放松。其顺序依次为：两脚——两小腿——两大腿——臀部——腰背部——腹胸部——颈部——头部。连续做3组，对消除紧张情绪及身体疲劳非常有帮助。

11.梳头、拉耳、拍腰腿

以手指为梳，用指甲梳头，由前向后梳30～50下，然后轻拉耳尖5次，再拉耳垂5次，最后摩擦最外侧的耳轮20～30次。再用双手掌从腰部开始拍打到脚后跟，从小腿内侧到肚脐两侧，拍打2～3次，全套结束。

如今处于亚健康状态的人越来越多，造成亚健康的重要原因之一就是缺乏锻炼。其实，健身不仅可在健身房进行，只要心里有锻炼意识，无论在哪里都能运动，比如在办公室有多种简单的健身运动可以尝试，稍微做几分钟就可能缓解压力、放松肌肉、恢复体力，如可以做几个瑜伽动作，注意力会更集中，疲劳感也会得到消除。

坐得太直不利于健康

“坐直了，挺起胸！”，我们从小就会常常受到大人们的提醒，在绝大多数人的潜意识中，坐得笔直，不仅可以美化姿态，而且对骨骼、体形以及消化系统都是有利的。

但是事实上，坐得笔直，会造成脊椎过度疲劳，使神经受到牵制，导致背部慢性疼痛。对于需要长期保持坐姿的人而言，背部与地板呈135度角是理想的角度，将身体自然放松，脚与地板保持接触，这样的姿势对脊椎的压力是最小的。

英国医学专家曾做过实验，参与者均为没有背部疼痛以及外科手术病史的健康志愿者，让他们分别以坐直、趴着和与地面呈135度角的姿势进行测试，通过对仪器记录结果的分析研究，得出结论：当脊椎承受到压力后，就会偏离自然的方向，结果证实，与地面呈135度角的坐姿是最佳的生理角度，而不是人们通常所认为的90度角。如果坐得笔直，脊椎会被拉紧，连带的肌肉和韧带也会被拉紧，时间久了就会引起背部疼痛、发育畸形以及相关慢性疾病。采用最适合的135度角是利于脊柱健康的，但这实行起来不太容易。

与地面呈135度角的确不太好把握，但也不必刻意追求，只要在坐着时尽量满足人体的正常生理曲线，即颈椎向前，胸椎向后，腰椎向前，身体稍稍向后倾，让肩部靠在座椅背上，将空出的腰部垫个软垫，使身体感觉舒适就可以了。需要注意的是，即使是这种最合理的姿势，也不要保持很长时间，否则还是会对脊柱造成损害。

学生和上班族通常每天有十几个小时是在坐着的。再减去每天8小时左右的睡眠时间，一天就只剩下可怜的一点时间是站立着或运动着的。

从本质上说，坐并不是导致背痛的原因，但长时间持续坐着，或者长时间以错误的姿势坐着都会增加患背痛的危险。坐和站最大的不同是身体的角度。当坐在电脑前或者沙发上时，如果上半身和大腿之间的角度小于90度，那么脊柱就在承受过度的压力。当上半身和大腿之间的角度是80度左右的时候，腰脊柱所承受的压力是身体直立时腰脊柱承受压力的两倍。

脊柱治疗专家给给出的理想坐姿是：大腿和脊柱之间的角度保持在110度，同时将臀部推进椅背里，后背、大腿和臀部都要和椅子完全接触。如果是在汽车里，要尽量把椅背向后倾斜，如果是在办公室，可以把椅子的角度面向下转，并将椅背向前倾斜。但是无论坐姿多么好，坐久了还是应变换姿势，最好的做法是：每隔40分钟站起身来，做一些小动作，伸展四肢，来回走走。

久坐一族应该常做下蹲练习

日常生活中不妨多蹲少坐，这是因为蹲比坐更能消耗热量，可以减少脂肪堆积。而且人在下蹲的时候，心肺血流量相对充沛，能降低心血管疾病的发病率；而且下蹲还能加大胸腔和肺的活动范围，从而改善心肺功能。对“久坐一族”来说，下蹲锻炼简单易行，当伏案超过一个小时，不妨起身做一做下蹲的小动作放松一下身心。

1. 并腿蹲

双脚并拢，双膝弯曲，大腿腿腹与小腿腿腹紧贴在一起。保持1～3分钟。

2. 分腿蹲

两脚分开与肩同宽，两脚平行，双膝弯曲小于90度。注意臀部要保持稳定不要左右晃动，距地不超过10厘米，练习时间为1～3分钟。

3. 靠椅蹲

练习者用自己的背部、腰骶部倚靠椅背，下蹲后保持不动。练习时间可逐渐延长，以2～4分钟为宜。

4. 弓步蹲

练习者迈出左脚，右脚脚尖触地呈脚尖蹲状态，两腿成弓步。将身体重量落到两脚之间，每练习30秒调换一次左右脚。

5. 脚尖蹲

两脚前脚掌着地，脚后跟抬离地面。双膝弯曲，大腿压着小腿，时间控制在

30秒到1分钟即可。

6.脚根蹲

与脚尖蹲相反，让脚跟着地，使前脚掌悬空，如果太难把握，可以让脚底的后2/3部分接触地面。时间控制在30秒到1分钟即可。这几个动作可以分开做，也可以连在一起。但是需要注意的是，做任何下蹲动作时都要求含胸收腹，保持上身挺直，膝关节要对准脚尖。另外下蹲锻炼时既要讲究循序渐进，又要做到坚持不懈，这样锻炼者才能在繁忙之中有效地健身，保持身体健康。

第十章

健身+美体+减肥

有许多女性朋友只注重减肥，不注重美体，更不注重健身，结果，减肥跟健康成了冤家。实际上，减肥并不需要节食或吃减肥药，减肥也可以促进健康，只要你认真去做以下的小动作，那么，你就能得到既减肥，又美体，又健身的结果。

女性要注重肌肉的锻炼

女性通常的保养、护理，大多指的是对皮肤的保养和护理，很少有女性注意到，肌肉也与皮肤一样需要保养和护理。其实，肌肉的美比皮肤的美要为重要。因为如果肌肉松弛了，皮肤也必然会松弛下垂，此时就是花再多的时间，下再大的工夫去美容也无济于事。因此，肌肉的美容是保持青春美丽的首要条件。

肌肉的美容主要有两种：一种是使僵硬的肌肉变得柔软；另一种是使松弛的肌肉变得结实而富有弹性。下面，我们就分别谈谈这两种肌肉美容法。

1.肌肉僵硬美容法

大部分女性出现的肌肉僵硬情况与她们缺少运动、食量不定以及长期操劳家务有关。肌肉僵硬不仅会使身体失去曲线美，而且还会产生一连串的连锁反应：使肌肉韧带变僵硬，血液循环减慢，并导致肌肉疼痛，甚至还会累及内脏。因此，使僵硬的肌肉变柔软的美容保养是相当重要的。方法如下：

（1）进行穴位针灸、电疗和按摩，每次25分钟；

（2）少吃甜食和隔夜的剩饭剩菜；

（3）每天游泳30分钟至1小时；

（4）用肌肉柔软剂来沐浴，配方为粗盐100克、羌活粉50克、面黄粉50克、菊花粉100克，用水煮开后倒进浴盆中，每天浸浴一次，每次20分钟。

2.肌肉松弛美容法

女性的肌肉之所以处于松弛状态，多半是因为经常熬夜、夜生活过多，或饮食不正常，没有规律和有饮酒抽烟的习惯，因此眼部周围会有较多细碎的皱纹，下巴及身上的肌肉会出现不同程度的松弛情况。要想使肌肉恢复弹性，首先必须改变不良的生活习惯，然后，再坚持做下列运动：

（1）每天坚持做20分钟的踢腿运动；

（2）全身涂满收缩膏（或按摩乳），用手掌进行全身拍打按摩，每次进行15

分钟；

（3）在家中适当的地方系两根较粗的橡皮筋，双手分别扯住橡皮筋带用力拉伸，每次做10～20分钟。在拉伸的时候，脚要蹬直，腰椎要挺直，使全身处于紧张状态。

3.高效减肥运动有哪些

（1）最热门的瘦身攻略：经络减肥

经络减肥是通过针灸来疏通经络、调节内分泌、改善脏腑功能、提高基础代谢率，调动体内多余的脂肪自动进行燃烧，从而达到减肥的目的。在经络减肥疗程中，不需要刻意节食，但一日三餐要尽量食用低脂、低糖、低热量的食物。

（2）最先进的塑体秘法：高科技仪器

冷光子减肥仪、光子嫩肤仪等高科技仪器，以其科学、高效、安全等优势受到越来越多年轻女性的欢迎。例如冷光子减肥仪利用肉眼看不见并且不会发热的冷光子，产生感光反应，从而加速新陈代谢及细胞分裂，达到修身美体的作用。

生物基因减肥技术：与中医的经络内分泌减肥相结合，利用微电脑脉冲输出各种生物电磁波，作用于人体，通过修正变异的减肥基因，阻断葡萄糖转化为脂肪，促进脂裂素的分泌，来加速脂肪的分解与代谢，从而消除脂肪，防止肥胖。

（3）最时尚的减肥运动：瑜伽

点一支熏香，放一点轻柔的音乐，在一个很放松的环境里，静静地吸气，呼气，慢慢地做一些伸展的动作，不知不觉中，女性发现自己的身材就这样在慢慢静静之中变得柔软而挺拔了，眼前的世界也变得比以前更加澄明明媚了，心境也比以前平静开阔了。

（4）最优雅的美体妙招：跳舞

看看那些拉丁舞、芭蕾舞演员，柔软的腰身、曼妙的身段，可想而知跳舞对瘦身有多大的奇效，在音乐里舒展自己的筋骨，让脂肪在跳动中一点点燃烧。

针对最易发胖部位的健美操

品位在于细节，会不会因为一些小细节而暴露了美丽外表下自己的“本来面目”呢？肥肥的手指？浮肿的脚踝？抹胸将腋下勒出的两条赘肉？

险情地段一：手指

十指不够纤纤，是许多爱美女性烦恼的事情。看着别人把高脚杯握得风情万种，于自己手中，却引不起半点遐想。即使是戴上卡地亚的戒指，也不够妩媚动人。哪怕是姿色平庸的女子，如果拥有一双柔美纤细的手，也能不经意地把男人的目光吸引过去。看来，塑手计划必须提上日程。每天做做手指操，十指纤纤不是梦。

（1）用力握紧拳头，然后五指同时用力伸出，尽量分开。反复做30次。

（2）以拇指与食指单侧拉伸每根指尖，然后于指甲处按摩1～2秒。每根手指均按摩5～6次反复进行。若按摩前用热水浸泡一下双手，效果更理想。

（3）将拇指与食指由指根至指尖方向拉，至指甲处瞬间离开。每根手指反复5～6次。可促进血液循环，消除多余脂肪。

（4）把双手平放在台面上，柔和地向下压，然后每次举起一个手指，尽量举高，就像正在练习弹钢琴一样，他的功能是充分伸展手掌和手指，能使手指修长柔软。

（5）手背均匀涂上按摩霜和护手霜后，将两手背相对磨擦按摩。从手腕至指尖，10～20次有节奏地进行。

这些小动作都可以在双手空闲的时候去做，不需耗费太多的时间和精力，久而久之，双手就会变得更加美丽修长。

险情地段二：下巴

比较丰满的女性们低头时千万注意，别叫双下巴给容颜打了折扣。下巴上若隐若现的赘肉或是低头时层叠的双下巴让人心生厌恶。去除双下巴刻不容缓！

最简单有效的方法是，运用面部提升动作，增加面部肌肉的韧性及皮肤组织的弹力，预防和消除双下巴。在进行提升运动之前，可以选用一些简单材料做一个紧致肌肤的面膜。准备一个新鲜鸡蛋的蛋清，一勺牛奶和蜂蜜，液体樟脑及薄荷浸液各一勺，快速混合，均匀涂抹在下巴上。也可直接抹上紧肤霜代替。

（1）面部提升动作如下：

①仰面横躺在床上，用肩部支撑，把头悬在床沿以外，然后慢慢将头抬起再下落，反复进行10次。

②不移动肩膀，只将颈部前伸到尽可能远，坚持6秒钟，然后慢慢将下巴尽可能地向下拉到颈部，将此动作保持6秒钟后慢慢放松，再重复多次。

（2）伸舌：

除了面部提升动作，最简单的动作就是伸舌头，若觉伸舌头动作不够雅观，那就把舌头用力抵下颚的牙肉，同样可以收到收紧颈部肌肤的功效，消除双下巴。

险情地段三：大腿内侧

不知从什么时候开始，大腿内侧悄悄增围，走路时都能感觉到摩擦。若穿上材质稍硬的裤子，就会被摩擦得发红。大腿内侧的赘肉使不少美眉少了自由自在的着装感觉，凭空多出臃肿不便的烦恼，着实让人心生不快。热裤断然不敢再穿，生怕被人窥见端倪。

下面两个小方法对紧缩大腿内侧肌肉十分有效，其重点在于身体重心的移动，当上身倾向于往前跨出的那一只脚时，重心被移至前面。注意跨出步伐勿过大，如果步伐太大，恢复原来姿势时容易失去平衡。

（1）两手各拿一个饮水瓶，两手臂自然下垂于身体两侧，两腿并拢，挺直背脊站立；上身保持正直，一面吐气，一面慢慢地将左脚往前跨出一大步，同时慢慢将重心移至左脚，弯曲左膝，慢慢下蹲，以半蹲姿势维持数秒静止不动，注意右脚跟不可着地，接着一面呼气，一面慢慢恢复到原来的站立姿势，再将右脚向前跨出，重复上述动作，左右脚各重复10次。

（2）两腿分开与肩同宽，双手轻放于头上，向前弯腰，与腿成90度直角，注意上身挺直不可弯曲，双眼尽量向前看，动作要慢，每天重复15次。

险情地段四：脚踝

修长的双腿只为了裙裾而生就。可是，长时间缺乏锻炼，脚踝处堆积了脂肪，尽管大腿和腿肚部位都很细长，突出的脚踝却让腿部的美丽线条不复存在。

在日常生活中就可以完成美化脚踝的运动。

（1）刷牙的时候：双腿开立，这样利于保持平衡，踮起脚尖，停留约1～2秒，放下，如此反复做直到刷完牙为止。这个小运动可以让你的小腿到脚踝的部位变得结实紧致。

（2）躺着敷脸的时候：仰卧，拿开枕头，两腿并拢后，膝盖屈起，然后慢慢向上抬，用力将双腿伸直，静止约1～2分钟，然后再回到前一个动作。反复做，脚尖要尽量绷直，腰部无力的美眉，可以把手垫在臀下，这样做起来比较轻松。

（3）洗澡的时候：在浴缸内用脚抵住毛巾，拉住毛巾用力伸展背部，约10秒，这个动作不但可以消除疲劳，还可以纤细脚踝。

（4）坐着看书的时候：将双脚并拢抬起，在脚尖处交叉，用力互压，持续6～8秒；交换左右脚，重复动作。

险情地段五：腋下

也许是长时间穿着不当，也许是缺乏锻炼，腋下到胸部之间在不经意间逸出来一些赘肉，形成了“副乳”!难道，从此要与吊带长裙和无袖衫绝缘，与游泳说再见？难道面对今后每一个激情夏日都将度日如年？夏天是女人最美好的季节，当然不能善罢甘休!

（1）选择合适的内衣：选择可以完整包覆乳房的内衣，可以有效消除“副乳”。买内衣时，以侧边加高加宽且完整包覆为原则，或是选择具有矫正效果的调整型内衣，要记得每去一次洗手间，就把跑出去的赘肉再往内拨，久而久之，腋下的脂肪就会转移到胸部，瘦身与丰胸两全其美何乐不为。

（2）坚持胸部按摩：注重捏与推的技巧，身体保持直立，即可看见腋下到胸部的内凹及突出部分，在内凹部分，左胸用右手中指和大拇指适当的力量反复捏，右胸则反之，每日数次即可;关于突出部分，左手握拳以指关节的力量，将左胸突出的副乳由外向内推，右胸则反之即可。

（3）利用哑铃运动：身体立正站直，正握哑铃于腹部前方，与身体平行后拉起哑铃至下巴处，然后吸气，再放下至原处，吐气，做15～25次，为1轮，每日做3～5轮，每轮之间可以休息1～2分钟。

全身瘦身操

在训练前后，可以喝杯柠檬茶来帮助排除体内的垃圾和毒素，以巩固瘦身效果。将柠檬在热水中稍微浸泡一下，然后切片泡水，若口感不好，可以添加一些蜂蜜，晚上在做操前喝，早晨在做操后喝，减肥的效果将事半功倍。

1. 拉伸运动

这种运动对腰椎、颈椎和腿部的拉伸都有帮助。

采取跪坐的姿势，用两手五指撑地，臀部上翘，腰部呈S形。注意脖子挺直不要弯曲，抬头平视前方。这个姿势保持十几秒钟。

2. 抬腿运动

这种运动对粗状的树腿、腿形不好的萝卜腿、赘肉太多的膝盖都有纠正的作用。

双腿前伸，两手撑地，右腿慢慢抬起，同时上体保持正直，双眼向前平视，右腿由上向右侧慢慢下压，脚掌由向下翻转成向左。整个过程要慢，保持十几秒钟。然后，换左腿进行。

3. 抬小腿运动

这个运动可以消除下腹部的小肚腩，对腿部的雕塑效果也很明显。

正直站立，双臂自然下垂，左腿抬起，大腿和地面保持平行即可。整个过程要慢，保持十几秒钟。然后，换右腿练习。

4. 紧腹运动

这个运动可以消灭腹部“救生圈”，塑造结实平坦的小腹。

平躺在床上，双腿弯曲，双臂平伸，手掌向下，上身尽量上抬。整个过程要慢，保持十几秒钟。重复5次。

5.翘臀运动

这个运动对小腿线条的雕塑和背部臀部的雕塑效果明显。

站立，双臂向前平伸，眼睛平视，双脚脚尖向上抬，尽量保持平衡，腰部用力，臀部上翘，使腰臀部呈S形。整个过程要慢，保持十几秒钟。重复5次。

美丽女性不宜的运动

1.大运动量运动

如果运动量过大，人体所需的氧气、营养物质以及代谢产物也就相应增加，这就需要心脏加强收缩力度和收缩频率，心脏要增加输出血量来保证运输。做大运动量时，心脏输出血量不能满足机体对氧的需要，使肌体处于缺氧的无氧状态。而无氧运动不是动用脂肪作为主要的能量释放，而是主要依靠分解人体内储存的糖原作为能量释放。在缺氧环境中，人体的脂肪不仅不能被利用，而且还会产生一些不完全氧化的酸性物质，如酮体会降低人体的运动耐力。血糖降低是引起饥饿的重要原因，短时间内进行大强度的运动以后，血糖水平会降低，往往使得食欲大增，这对爱美女性减脂是非常不利的。

2.快速爆发力运动

人体的肌肉是由许多肌纤维组成的，主要可以分为两大类：白肌纤维和红肌纤维。在运动时，如果进行快速爆发力锻炼，那么得到锻炼的主要是白肌纤维，白肌纤维横断面变粗，因此肌群发达粗壮。用此方法减肥只会越练越“粗壮”。想要达到全身减肥的目的，应做心率每分钟在120～160次的低中强度、长时间(至少要1个小时以上)、需要耐力的有氧代谢全身运动。例如慢长跑、健身操、长距离长时间的游泳等。

3.短时间运动

在进行有氧运动时，首先动用的是人体内储存的糖原来释放能量，在运动30分钟以后，便开始由糖原释放能量向脂肪释放能量转化，大约运动一个小时以后，运动所需要的能量便以脂肪供能为主。因此只有长时间的运动才有利于减脂瘦身。

瘦脸成功按穴位

虽然拥有窈窕的身材，但是如果配上一张圆嘟嘟的脸，还是会给人丰腴的感觉。于是，脸部变小也就成了爱美女性关注的“热点问题”。我国传统中医学中的“颜面针灸”，可以有效地帮助脸部“减肥”。在颜面针灸中，刺激脸部以及耳部的穴位，可让疲劳、浮肿的脸恢复活力。只需每天1次，每次1个小时，2个星期以后，就会收到明显效果。但要注意，刚开始针灸减肥时要慢慢来，适应一段时间以后，甚至可以一边敷面，一边做针灸。

1.攒竹穴

眉头下方凹陷之处即是攒竹穴。眼睛疲劳以及头痛，都会引起眼部四周的浮肿。点按此穴位可缓解眼睛的疲劳和浮肿。

2.承泣穴

位于眼球正下方，约在眼廓骨附近。患有胃下垂的人眼袋容易松弛，所以点按此穴能增强胃部机能，防止眼袋松弛。

3.球后穴

位于眼尾正下方，脸颊下部。点按此穴能调整小肠机能，帮助食物消化吸收。

4.太阳穴

处于眼睛与眉毛间的侧面，向后约1横指处，接近发际处。点按此穴位可促进新陈代谢，消除眼睛疲劳、浮肿。

5.迎香穴

眼球正下方、鼻翼的旁边即是。点按此穴位不仅可以消除眼部浮肿、预防肌肤松弛，还能减轻肩膀酸痛感及鼻塞症状。

6.颊车穴

沿脸部下颚轮廓向上滑，就可发现一凹陷处，即为此穴位。点按他可以有效消除因摄取过多的糖分所造成的肥胖，消除脸颊浮肿。

7.承浆穴

下唇与下颚的正中间凹陷处即是。点按他能控制激素的分泌，保持肌肤的张力，预防脸部松弛。

8.地仓穴

嘴角旁约0.5厘米处即是。胃部如果持续处于高温状态，就会促进食欲，所以点按此穴的功能是降低胃温、抑制食欲。

9.天突穴

位于喉斜下方肌肤的内侧。点按他能刺激甲状腺，促进新陈代谢和脸部多余水分的排除。

10.百合穴

左右两耳洞向上升，在头部连结后的那条线的顶点，即是百会穴。点按他可以起到安定精神、预防饮食过量及便秘的功效。

5分钟面部瑜伽操

只需依靠自己的双手，就能DIY一堂脸部瑜伽课，促进脸部血液循环，减去脸部多余脂肪，提升脸部轮廓。

除了专门的脸部按摩霜，质地厚而润滑的面霜和晚霜用来配合脸部瑜伽运动的效果也很好，面部瑜伽既运动了脸部肌肉，又促进了面部肌肉对按摩霜中的营养成分的吸收。另外，脸部瑜伽操最好在清洁了脸部、手部之后再进行，并且要先将乳霜、按摩霜在手上搓热。特别提醒留指甲的女性，最好将指甲修剪到适宜的长度，以免阻碍了脸部运动或刮伤皮肤。

1.1分钟舒展眉间纹

眉间纹是由额肌、降眉肌和眼轮匝肌内侧缘肌引起的。这些眉间的纵向皱纹让人看起来缺乏亲和力。学会这套消除眉间皱纹操，就可以轻松将眉间纹赶走。

（1）牵拉、平展眉间肌：用双手根部压紧两侧的太阳穴，将手指并拢放在前额上，平稳地压住，此时可试着先将前额向上面的发际推拉，然后再向双眼部位牵拉。每一部位可保持10秒钟，反复进行5次。接着再用一只手按压住一侧的太阳穴，另一只手绕过头部，用中指同样放在该太阳穴的位置，两手用力将眉间的肌肉向两边太阳穴牵拉伸展，力图把眉间纹压平展，反复进行5次即可。

（2）按摩、舒缓眉部穴位：攒竹穴、鱼腰穴、丝竹空穴是聚集在眉部的三大穴位。攒竹穴位于眉头之间稍浅的凹陷处，鱼腰穴在眉中心凹陷处，眉尾部分稍稍凹陷的部位就是丝竹空穴所在。按摩这些穴位，能够通过促进血液循环来达到缓解眉间纹的效果。按摩方法是用中指和无名指的指腹按住眉两边的相应穴位，再一起向内侧推揉，一边按，一边揉，指腹做圆圈运动，默数到10，放松，再按摩，重复5次。

需要注意的是，这两个动作主要针对眼眶周围的肌肉，运动时要目不斜视，否则容易生成鱼尾纹。

2.1分钟收紧脸颊

（1）弹动脸颊：吸气，鼓起双颊，双手四指分开，以轻弹的方式按压双颊，5秒后呼气放松，重复数次，换另一侧进行。

（2）横向提升：只用一边脸微笑，开始时右侧脸的嘴角上扬，用左手由右嘴角自上拉升到脸侧后停住，右手将脸部多余的肌肉轻轻地横着拉向右侧的太阳穴，注意要集中精力向着太阳穴的方向拉伸，保持30秒后，换另一侧进行。

需要注意的是，动作过程中应避免侧脸下垂、脸部轮廓渐趋模糊，平时也要养成良好的生活习惯，不要趴着或侧着睡觉，不要用手撑面，睡前勿饮水。

3.1分钟挺拔鼻梁

医学研究表明，由于软骨是由肌肉支撑的，所以由软骨组成的鼻子易因重力的影响而衰老变长，有些人还可能变歪。为了保持挺直的鼻梁，防止鼻子变形，锻炼鼻子的肌肉非常重要。

（1）滑动按摩：用两手中指和无名指指腹由鼻尖至前额交替地轻轻向上滑动按摩，按摩过程中注意用力拉起鼻尖肌肉，到前额后保持10秒，恢复自然，重复数次。

（2）向上提升：将两手置于额头上方，两个食指做V字形，再用中指置于鼻部，轻轻提起鼻翼，保持10秒后，恢复自然。

需要注意的是，这两个动作是在锻炼上唇鼻翼提肌，运动时不要借助鼻翼的力量上提，要全靠手部的肌肉使力。

4. 1分钟提升下巴

随着年龄的增加，下巴位置很易积聚脂肪，形成难看的双下巴或下坠肌肉。学会运用面部提升动作，增加面部肌肉的韧性及皮肤组织的弹力，不仅可以有效预防双下巴的产生，还能延缓容貌衰老的进程。

（1）拇指提升：四指置于下颌下，紧贴下巴和颈部肌肉。用双手拇指将下巴的肌肉用力向两侧尽可能远地推开，感受下巴的肌肉被拉紧。放松，手指回到原位，然后再次提升。

（2）循环提升：不移动肩膀，用左手的中指和无名指点按住位于下巴中心的地仓穴，用右手的中指和无名指沿顺时针方向滑动到嘴唇上方的人中穴，坚持6秒，然后再慢慢将右手中指和无名指沿逆时针方向滑动到初始位置。重复5次，换另一侧进行。

需要注意的是，在每个动作交替的时候，建议做一个深呼吸，在一收一放、一紧一松之间，增进下颌肌肉的紧实度，并达到增强淋巴循环功能的作用。

5. 1分钟推升脖子

颈部的皮肤很薄而脆弱，而且没有支撑点，很容易下垂，再加上经常受到衣物的摩擦，如果忽视保养的话，松弛的脖子会让年龄无所遁形，那就赶快来学学颈部按摩吧。

（1）四周扭动：用右手的拇指轻轻托住下额，带动颈部进行上下左右的扭动，让颈部的肌肉得到充分的舒展和活动，每天8～10次即可。

（2）四指推升：双手四指伸直并拢，左手自耳根由上而下慢慢轻抚至脖根后回到耳根，右手以同样方法按摩右侧。如此反复10次，最后双手手指轻拍颈部皮层半分钟，注意用力不要过猛。

除了养成好的颈部按摩习惯，平时还要注意睡眠姿势，尽量不要枕过高的枕头睡觉，因为高枕会使颈部弯曲从而产生皱纹，最好尽可能枕比较低一些的枕头。

健美动作提升乳房

加强胸部运动，可以促使胸肌发达，常做健美动作，可以提升乳房。如果你是一个非常注重胸部保养的人，那么平时除了注意一些保养事项外，还要多做一些有针对性的运动，提升胸部，防止乳房下垂。

1. 上托动作

张开右手虎口，将虎口插在左侧胸部的下凹槽处。接着，一边做往上托起的动作，一边轻轻收拢虎口。向上、收拢，动作别太用力，有向中心集中的感觉即可。重复10次，随后换左手，按摩右边的胸部，亦重复10次。

这个动作对于胸部有承托的功能，可以防止其下垂，为其“锥形”的完美状态做定型。

2. 内收动作

将四指放于左胸的外侧，大拇指放于胸部上侧，将胸部“包裹”起来。随后，四指轻轻向内部拉收。重复10次，随后换左手，同样向内拉收右侧胸部，亦重复10次。

这个动作能够防止胸部的外扩，很多女性胸部不好看，不单是因为下垂的关系，也由于向外延伸而形成了“副胸”，这样就显得身材臃肿，而胸部也没有形状。

3. 固肩式

跪坐在垫子上，腰部挺直。双手放于身体两侧，深吸气，同时将双手放在头部后方，十指相扣。手肘尽量左右打开，扩胸，做深呼吸，然后吸气，双手左移，右手上，左手下，慢慢呼气，呼气时左手用力往下拉右手。停留5秒。做深呼吸。然后换侧重复。

这个动作可以消除手臂的赘肉，同时还可以防止胸部下垂，一举两行。做第二步扩胸的时候，一定要感觉扩展的时候胸部有所提升；做第三步左、右手互相牵拉的时候，要仔细感觉手臂因此而慢慢变纤细，同时胸部在牵拉时也有所提升。

4.胸部和乳房按摩

将双手四指并拢与拇指分开，轻轻按在胸部上，有节奏地自我按摩，由轻到重，反复进行。每次3～5分钟。

按摩可以加强胸部的血液循环，提高代谢能力，促进局部骨肉丰满且富有弹性。同时，按摩乳房能促使交感神经和副交感神经系统活跃，从而促进乳腺的发育，使乳房变得坚挺丰满，曲线优美。

5.扩胸运动

每天早晨坚持做扩胸运动，将两臂或两肘平展，尽力向后扩张，然后将双臂上举，掌心向前，用力向后运动。加强胸部锻炼，促进胸部血液循环，可促进乳腺发育，使胸部丰满挺拔。

6.游泳

由于水对胸廓的压力不仅能使呼吸肌得到充分锻炼，胸肌也会格外发达。在日光的温和刺激下，乳房韧性和弹性的增强，会使乳房结实、坚挺、饱满、秀美。

平时走路和坐立时，一定要养成挺胸收腹的正确姿势，俯卧撑、单杠引体向上、双杠的双臂曲伸及各类球类运动都可以加强胸部肌肉的锻炼，使胸部肌肉结实，丰满挺拔。

手臂操

吊带衫和连衣裙的魅力谁能抗拒？但一照镜子，粗壮的手臂却又让不少美眉望而却步。那么赶快练习手臂操来迎接美好的夏日阳光吧！

很多女性抱怨自己的手臂太粗，又不敢轻易去健身房进行锻炼，怕一旦赘肉变成肌肉后想减都难以减掉。下面这些简单的动作，无需去专业健身房，在办公室或者家里就能轻松完成。

（1）将双手放在膝盖上，臀部坐在椅子的1/3位置。吸气的同时抬起握有小哑铃的左手，弯曲手臂向身体方向慢慢靠拢，直到肩膀位置。呼气的同时慢慢放下，回到膝盖位置。整个动作重复20次后，换另一边的手臂进行。

（2）身体保持直立，手中握重量约为500克的东西，可以是矿泉水，也可以是小哑铃。开始时手臂自然靠近身体，接着沿着身体一侧慢慢抬起，与身体呈90度角，然后再慢慢放下。重复20次后，换另一边的手臂进行。

（3）坐在椅子上，背脊挺直，挺胸收腹，注意背部不要倚靠椅背。呼气时慢慢抬高双手，与身体呈水平后停顿1～2秒，吸气的同时将双手慢慢放下回到膝盖的位置。这个动作可以起到燃烧大臂脂肪的作用。

（4）握小哑铃慢慢上举，举过头顶后慢慢向后弯曲，手臂靠近耳朵。接着，再慢慢向上举，直到手臂完全伸直。整个动作重复20次后，换另一边的手臂进行。全套动作完成后，手臂上各个部位的肌肉就都能得到锻炼。

肩线塑造动作

很多女性认为自己肩部曲线不够美，非常苦恼，其实只要多做下面的美肩运动，美人肩并非梦想！利用哑铃来做侧举的动作，可以运动到肩部的三角肌，消除多余赘肉，使肩部呈现迷人的曲线，穿上亮眼的露肩礼服去“秀”一下吧！

1.画圆动作

将双手放于肩上，以肩为中心，手肘由前向后在空中划一个圆圈，上半圆时吸气，下半圆时呼气。连续5次，再反方向画圆。

2.哑铃动作

双脚合并站立，背部自然放松无需挺直，上半身微微前倾，双手握哑铃，自然下垂。一边呼气，一边将双手向两侧慢慢抬起，手肘微弯，抬起至与肩同高即可。吸气时，将双手放下，回到预备动作。每做10下后，休息一会，共做3组。

女性睡前瘦体动作——腰

腰部是身体的中心，与体型的美丑有很大的关系。要想使腰部匀称纤细，给人一种柔美的感觉，可以进行以下腰部健美动作，只要每天临睡前做一组，简简单单的一个月就可瘦掉4千克，腰围减少2.5～3厘米。

1.收臀抬腰

收臀，将两腿分开，两手平放在身体两侧，腰部抬起。重复4次。

2.转腰运动

平躺，将膝盖弯起，脚板着地，手指放于耳边；仰卧起坐后上身转向左面（此刻吐气，肩膀放松），再转回正面，缓缓躺下。右侧的动作也一样，各重复10次。

3.侧卧紧腰

用一只手支头，一只手扶床，做侧抬腿。注意，脚尖向下，脚跟向上，另一条腿慢慢蜷起来。做完这组动作，臀部侧面应有酸胀感。

4.躺卧曲膝

平躺，将双手平放于两侧，膝盖呈90度角，吐气并将膝盖慢慢拉往右肩，回复，再拉往右肩，重复10次。

5.侧弯曲膝

平躺、将双手平放于两侧，膝盖呈90度角。用双脚力量将身体往右侧压至距地板15厘米处，呼气，回复，再吸气,往左侧压。每边重复10次。

十招美臀操

如果自已不是天生丽质，但又非常渴望希望拥有美丽上翘的臀型，那不妨做一套行之有效的美臀操。

第一招 臀部“行走”

伸直双腿，双手扶脚背并抬头，进行同侧走，如此交替向前运动5～10米。每日两次，逐增距离。

第二招 单腿下蹲

左腿直立，右腿伸直，两臂侧平举，左腿弯曲并尽量下蹲，然后再站直。此动作至少完成两组，每组8次。

第三招 仰卧抬臀

仰面平躺，双脚及肩部支撑于地面。提臀弯曲双膝，使小腿直于地面。双臂两侧平举。收臀并将臀部上抬，使膝部与肩呈斜面。此动作至少完成两组，每组8次。

第四招 登台阶练习

面对台阶，右腿登上台阶。左脚跟上，双腿站稳，然后退下右脚，左脚跟下。换腿做。此动作至少完成两组，每组8次。

第五招 身体慢转

端坐于地上，双手双脚分开，双手前伸向左、向右反复转动，各转10～15次。仰卧，肌肉完全放松，整套动作重复3～5次，这个练习可逐日递增。此动作至少完成两组，每组8次。

第六招 半蹲、前蹲

双脚分立与肩同宽，背部挺直，屈膝下蹲，使大腿与小腿呈90度角。此动作至少完成两组，每组8次。

第七招 前跨步

单腿向前跨步，双膝弯曲，前跨大腿与地面平行，小腿直于地面。后腿弯曲角度大于90度。前腿收回，并拢站立时尽量收臀。换腿做。

第八招 深蹲

两腿分开，与肩同宽，挺胸拔背，屈膝下蹲，直至大腿与地面平行。此动作至少完成两组，每组8次。

第九招 踏蹬运动

仰卧做蹬自行车动作。蹬腿速度要快，开始做40次，逐渐增至150次。此动作至少完成两组，每组8次。

第十招 双腿频举

仰卧，双腿举起呈直角，双膝微屈，然后全身肌肉放松。快速做100～180次(每日逐增)。此动作至少完成两组，每组8次。

完美臀线的塑成

臀部是健美训练中很重要但又经常被忽视的一个部分。原因很简单：自己不容易看到，这并不意味着我们可以不重视臀肌的训练，因为他处于背与腿之间，对整个身体背侧起着衔接的作用。

臀肌的主要训练方式是与腰背和大腿联系在一起的，例如下蹲与硬拉。但也有一些专门练习可以用来“精雕细刻”臀部肌肉。以下这些练习能够单独用，也可以作为下蹲硬拉的辅助练习。每周做2～3次，加上4～5次有氧运动(45分钟1次)，7天之后，就可以拥有完美的臀部曲线了。

1. 下蹲跳起

双脚站距同肩宽，双臂抱于胸前。下蹲至膝关节呈90度角，垂直向上蹬起。此时大腿用力，臀部收紧。每组10次左右，做3组。由于这个练习跳起落地时与地面有冲击力，最好在胶垫、木地板或草地上做，并注意保持身体平衡。

2. 后踢运动

四肢着地，双膝并拢，双掌与肩同宽，大腿、手臂与地面垂直。慢慢抬起左膝，同时提胯，并且向后伸展右腿，右脚脚背弯曲。伸右腿时，臀肌收缩，并将腿稍稍向外送。胯部保持平衡，身体重心放在双掌和左脚上。停留1秒，然后将右膝向胸部收缩。做15～20次，换左腿做。整套动作重复2组。

3. 仰卧单腿抬臀

仰卧，屈右腿，左腿架于右腿上。双手掌心向下置于体侧。慢慢向上抬臀，尽量收紧臀肌，直到腰背挺直。还原后重复此动作。每侧做3组，每组20次左右。

4.剪刀腿（使用健身球）

俯卧在健身球上，前臂撑于地面，双手的手指相接，球撑在身体中心。腿部慢慢向上抬，与地面呈45度角，使身体呈一条直线。然后收缩腹肌，脚趾向外，双腿向外分开，呈V字形。最后收缩臀肌，同时脚后跟慢慢收拢。颈部保持平直（不要低头或抬头）。每套动作重复15～20次，反复做2组。

5.L型抬腿

脸向右侧卧。双腿向前伸直，与身体成L形（或尽量接近）。右臂枕于头下，双腿叠放，脚背自然弯曲。左手撑于地面，辅助平衡。轻轻将左腿向上抬起，高度以感觉舒服为准，然后再将腿放回原处。做15～20次，然后换另一侧做。整套动作重复2组。

6.俯身屈膝举腿

双手双膝着地，膝关节呈90度。单腿慢慢上举，脚跟垂直向上，但膝关节角度保持不变。大腿上抬到最高处时恰好与地面平行。注意动作不要太快，臀肌收紧。每侧3组，每组20次。

7.俯身负重屈小腿

双手双膝着地同时练习，沙袋绑于脚踝处（注意不要过重）。先把一条腿向后伸直，大约与地面平行，然后用力屈膝成90度。还原后重复这个动作。每侧3组，每组20次。注意动作始终要有控制，不能“甩”。

8.平衡桥

仰卧，双膝弯曲，并且将双足放于不稳固的物件上，如皮球、枕头或卷起的毛巾(8～15厘米高)。左腿伸直，收缩臀肌，抬举胯部，然后再将胯轻轻放回地面。做12～15次，然后换另一侧做。整套动作重复2组。

竹竿型美女后天改造平板臀

1.挺就翘臀运动

（1）吸气，身体躺在运动垫（或床）上，两膝紧紧夹住能量瑜伽砖（或用其他类似物品代替），双腿屈起，脚掌贴地，双手放置于臀部两侧，手心向下。

（2）臀腔夹紧并将身体慢慢抬起，双膝紧紧夹住瑜伽砖，加强翘臀效果，此动作停于空中15秒，此时可自由呼吸。

2.抬就翘美臀运动

（1）吸气，身体趴跪在运动垫（或床）上，手肘弯曲90度，掌心向下，同时右膝弯曲90度，跪靠在瑜伽砖上，左腿伸直，脚尖点地，此时身体和脊椎保持一条直线，或穿戴整脊消腹带，以免身体左右摇晃或呈U字型。

（2）呼气，伸直的左腿，由地面往上慢慢抬高。此时注意不要出现背部下凹，肚子前凸的现象。

这个动作由步骤1到步骤2为一次标准动作，左右腿每回做10次。

3.夹就翘美臀运动

（1）吸气，双手插腰，将能量瑜伽砖夹在大腿内侧（最靠近臀部的大腿腿根处），脚尖自然向前。

（2）呼气，将双手向后伸直，并由臀腔及大腿施力，将能量瑜伽砖持续用力夹紧，此夹紧翘臀的时间秒数等于体重千克数，例如42千克的女性正确翘臀秒数为42秒。

美腿速成

1.美腿动作一：侧身划腿

侧躺于地板上，用左肘支撑身体，左腿放于地上，右腿往前伸，脚趾放于地上。保持腹部紧绷，固定身体和左腿，右腿在空中划弧，慢慢伸到身体上方。接着旋转大腿继续向后打开，右腿与地面平衡。保持这个动作几秒钟后，按照相反的步骤将腿放回原来的位置。每条腿重复10次。

2.美腿动作二：腿部环绕

左膝跪地，左脚放于膝后。左手放于地上，在左肩的正下方即可。伸直右腿，让右脚趾触地。身体不要晃动，腹部收紧。抬起右腿与地面保持平衡，向前慢慢划圈。右腿回到原位后，再慢慢向后划圈。完成后换腿重复动作。

3.居家每日美腿动作

（1）将右脚放于左腿左侧，抬起左臂慢慢伸过头顶。深呼吸，身体轻轻向左侧倾斜，同时向侧面挤压右侧臀部，这时右腿外侧会有被拉伸的感觉。保持动作30秒，然后换另一侧身体重复做。

（2）刻意翘起臀部，左腿向前90度跨在板凳上，身体微前倾，双手放于膝盖上。双手自然垂下，左腿站直，将身体重心放在左腿，右腿向右后方拉直。左右各拉抻20次。

（3）上半身保持挺直，双手在胸前交叉，收下巴，左脚向前大步跨出，曲膝，收臀，不要让右脚的膝盖触及地面。站起来，双手保持原状，但身体微微后倾，同时左脚的脚趾用力张开。左右各张大40次。

（4）侧躺，将两腿略微打开，左腿用力伸直。左腿慢慢用力抬起，右腿向前拉直，支撑约3～4秒。左右各拉抻20次。

按照上述的练习次序每周做3～5次。前2项练习是为后面的难度练习热身。每项练习以规范的动作姿势做10组。如果哪项不容易做到位的话，可以先做4～6组，再逐渐加到10组。

4.瘦腿黄金搭配

（1）跪在床上，俯身，双手撑住，将腿向后上方踢，做15次。做完后换腿。运动后轻揉，按摩双腿，以加快局部血液循环，促进新陈代谢，提高脂肪分解速度。

（2）在床上把脚抬起与身体呈90度角，双脚做蹬自行车状，做300下，腿部会有酸胀感。或把脚抬起与身体呈90度角，然后分开到双腿呈80度角左右，做80次。运动后，轻揉，按摩双腿。

中國臺灣網 www.chinataiwan.org

新闻 评论 台湾新闻 部委 各地 视频 论坛 博客

图片 娱乐 两岸旅游 时尚 体育 文化 读书 求学

岸文化网

特别推荐 | 名人堂 | 交流与合作 | 品牌项目 | 文化杂谈 | 历史追闻 | 大陆文化看点 | 台湾文化动态

位置：中国台湾网 > 两岸文化 > 总览

“寻找最美七律”：王子居挑战杜甫

时间：2015年01月28日 15:59 来源：南方网

news.hebei.com.cn

长城网 河北新闻 news.hebei.com.cn 2019年02月05日 星期二

长城原创 长城全媒体 领导活动 时政要闻 经济快讯 社会万象 大众娱情

您当前的位置：长城网>>新闻频道>>24小时即时新闻

“寻找最美七律”：王子居挑战杜甫

来源：光明网 作者： 2015-01-28 16:00:13

【字号：大 | 中 | 小】 【背景色 □□□□□□□□□】

“寻找最美七律”：王子居挑战杜甫

由中国言实出版社、中国纺织出版社、北京共赢时代文化传媒有限公司、北京万卷图书宣传策划中心联合国内古体诗爱好者开展的“寻找最美七律”活动自去年下半年启动以来，受到各诗歌研究机构、各大学诗歌研究专家、民间诗歌研究人员、诗歌爱好者和热心读者的热烈响应和积极支持。

该活动发起方和组织方先邀请国内相关专家和诗人30余人遴选出李商隐和杜甫的“最美七律”各十首，并已在媒体上公布。接下来，活动组织方又约请当代知名古体诗诗人王子居拿出自己最好的十首“七律诗”与杜甫的十首“最美七律”相比较，活动以盲选和问卷调查的方式在清华大学、青岛农业大学、鲁东大学、曲阜师范大学等四所高校学生中进行。活动组织方要特别感谢青岛农业大学的王宝海副院长、刘学忠督导、丁慧圆老师，鲁东大学的何志钧教授、涂荣臻老师、徐谱老师，曲阜师范大学的潮声文学社及李蕊老师，谢谢你们所付出的辛勤劳动。

王子居著作书目

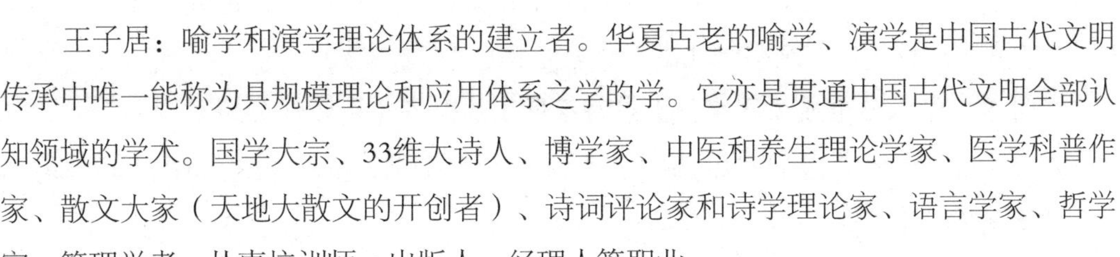

王子居：喻学和演学理论体系的建立者。华夏古老的喻学、演学是中国古代文明传承中唯一能称为具规模理论和应用体系之学的学。它亦是贯通中国古代文明全部认知领域的学术。国学大宗、33维大诗人、博学家、中医和养生理论学家、医学科普作家、散文大家（天地大散文的开创者）、诗词评论家和诗学理论家、语言学家、哲学家、管理学者，从事培训师、出版人、经理人等职业。

喻文字理论体系的创立者、喻诗学理论体系的创立者，还建立了局演论、诗演论、琴演论、文演论、体演论、德演论、智演论、美演论、礼演论等诸多演学理论体系（具体皆见下文诸图书简介，目前已经出版相关著作十一部）。

呼吸术理论领域的集大成者和创新者，平衡养生学、国喻养生学、喻医学理论体系的创建者（具体皆见下文诸图书简介）。

2020年出版的由温雅主笔的《王子居诗词：喻诗浅论》《龙山》给我们显现了单句33维诗境的极限境界，并让我们看到了真实的王子居诗词：

2021年可以说是世界文化史上的喻诗学年，在这一年里喻诗学取得了诸多纪录，它在所有具诗词版块的4家国家级平台及其他平台成功发布，并取得了精华比例、精彩推荐等项的各种最高纪录，它甚至在理论版块获得了时数比是过去10年时数比10倍及更高的纪录。**这些成就和纪录是历史上任何其他诗歌名作及理论著作都未能达到的。**

这个小册子只能举出喻学所取得成就的一小部分。

我们现在能看到的已出版著作中，他对喻学的实际应用在医学尤其是诗歌方面的成就极为突出，在12岁他的第一首诗《鸿》中，他就写出了一句四维的诗境；然后在《十六岁词集》中他写出了“一象三喻境”“印象流”等具突破性、创造性的作品，并实现了古人梦寐以求的“天人合一境”；而在17岁的《涛雒将别》中，他建立了一个博大精深的混融多维境（见《王子居诗词：喻诗浅论》）；24岁创作的《紫薇》实现了“单句九重天”的多维胜境（在《古诗小论》里讲九重境，事实上有49重左右，具体可见新出版的《王子居诗词：喻诗浅论》）；26岁创作的五绝《相思》，创造了4千年人类文学史上唯一的一个双重阴阳子母喻，并创造了一句五字具十四种诗学殊胜的纪录；2019年创作《龙山》，实现并超越了“一字一修辞，一字一诗境，一字二指喻”的诗学奇迹，并最高达到乃至超越了一句33维的不可思议的诗境。

而盛唐大诗人一般是二三维的诗境，极少作品能达四维。

《龙山》在闲闲书话等论坛发表后（贴名《千古第一雄诗龙山》）在2019年一整年点赞率保持在最低70%左右，无一差评。成为世界文化史上唯一一个没有任何反对的世界第一（对于这一点，读者可参考论坛中无论说李白第一或杜甫第一都会有很多人反对的现实，且此贴非常明确地讲李杜差得很远却未被质疑）。

同时**这一学术贴也成为网络史上点赞率最高的贴子**（可以仔细想一下你的记忆中可有无一反对、点赞率达到70%的贴子？有疑问的读者可以进天涯去尝试能否找到另一个点赞率过5%的贴子……）

而且，天涯的点赞率跟诸多论坛及自媒体是不一样的，天涯的点赞要满足很多条件，一是必须是注册会员，二是必须会员登录，三是登录者手里必须有能量。而且天涯的点赞是有货币值的，它是可以当钱花的。

所以《龙山》的这一纪录是极为难得的。

因为《龙山》的维度很高，所以事实上喻诗学四部曲都是为讲清《龙山》的维度而创作的，以此而言近八十万字的著作，只为了讲清一首《龙山》，而且它事实上并未讲完。

魔方之书：

由于王子居的学术通常读起来都很简单，但看似简单，实则博大精深，为了照顾部分读者的理解能力，我们通常在不同的网文前都会附一段相同的按语，免得这些读者等闲错过价值极高的知识。

王子居在治学时，经常运用到的方法有排列组合，我们在《龙山》《喻诗浅论》两部书里，也经常讲王子居的喻诗学用一个书系结构是无法表达的，也就是说他的喻诗学是立体的，用图书这种平面视图的目录纲目，是无法真正体现喻诗学的全体的。

为什么这么说呢？目前喻诗学四部曲的章节次序，是为了讲清《龙山》的，是一步一步、一层一层讲喻诗的维度的，它是一个为了讲清《龙山》而选取的平面纲目。

但在喻诗学四部曲里，其实还讲到中国诗学的基础理论的革命，当我们将其中章节重新提取出来时，就形成另外一个完整的诗学理论革新的纲目，它大约可分十几个大章，在这个纲目中，喻诗学四部曲的次序就完全改变了。当然还有喻诗学九度33维这个体系结构，还有一个可提炼出来的体系就是以诗学讲的语文学、文字学，为什么喻诗学四部曲可以变化出一个文字学、语文学的知识体系？因为中国自古以来传承的修辞学、文法、文字运用，在喻诗学四部曲里都被改变了、发展了、拓宽了、升华了，**你以前所学到过的语文，已经是落后了、低档了……**

打个比方，王子居的**喻诗学尤其是喻学和演学就像一个变化的魔方，它可以变化出各种各样的知识体系和架构**，而不是一个固定的平面的知识次序。

如果要讲解得更深刻一点，我们看到的大多数的图书，就像一座山或一条河，内容都已固定，不能再产生深刻的变化，但王子居的喻诗学是基础理论，什么是基础理论？基础理论的构成要素一定是最基础的因而也一定是最原始的，那么喻诗学就好像最原始的日月虚空、金木水火土，它可以通过各种排列组合，完美地形成另一个知识体系。

而这就是基础理论的强大之处。对一个读者来说，他可能一生中的任何阶段都能从喻学著作中领悟出道理，越是年龄增长就越会如此。

挑战杜甫

高二时王子居在班上进行了小规模的匿名与杜甫名诗名句做比较的测试，他的“晚风声小人对月，池塘摇影泛黄昏”“晨光静海日，遥山微曙拥”等句子胜过杜甫在课本中的名句。从此以后他放弃了对杜甫的学习和模仿（更多见《王子居诗词：喻诗浅论》）。

2012年底或2013年，他创立《礼道》的基础理论，对中国的礼文化进行了颠覆性的革命和创新。正是此时他较深入地发现了中国国学中存在着的诸多问题。由于《礼道》超越了孔子对礼学的认知范畴，他担心这样的学问很难被人所理解，于是王子居决定挑战杜甫的最强七律，以便给诸多学子、读者一个心理准备和缓冲。两年间他先后在北京和西安的党校、报社、出版社、图书公司等进行了小规模的挑战杜甫李商隐最强七律、王维最强五绝的测试，其中王子居的《相思》对王维的《相思》具有压倒性的优势（详情请见《龙山》一书）。

于是在2014年末，由中国言实出版社、中国纺织出版社、北京万卷联合开展“寻找最美七律，王子居挑战杜甫最强七律”的活动，先由数十家国内知名媒体、杂志的诗人们选出杜甫最强十首七律，再由四所院校千余学生参与。青岛农业大学、鲁东大学文学院、曲阜师范大学由校方组织本次活动，在清华大学由北京万卷组织活动。他成为有史来敢于挑战杜甫最强七律和王维巅峰五绝而不败的诗人。

此次活动腾讯读书、新浪读书、中国网、中国日报网、中国台湾网、光明网、新民网、南方网、长城网、鲁东大学官网（义博国闻）、哎奇头像网、最济源……皆有报道。

这些网页在2017年王子居出版《唐诗小赏》《读你千遍也不厌倦》等作品时，出版社的编辑还曾全部打开并一一检验过（因为作者简介需要核实）。不过由于新闻的时效性，现在还能打开的网页已经不多，再过几年也许就看不到这些曾经的报导了。

http://news.hebei.com.cn/system/2015/01/26/014832557.shtml

这是目前唯一能打开的，但也不知道能保留多久。

http://www.360doc.com/content/14/1205/09/450087_430524197.shtml

http://www.xq0757.com/read.php?tid=912828

作者相关资讯

新浪博客：王子居的博客

微信公众号：紫薇国学馆

大鱼号、一点号、头条号：王子居的国学前沿

快传号：王子居

腾讯内容平台：我看我思我行，微信公众号：紫薇国学馆。

豆瓣：一羽卒来

知乎、简书：温雅的毒舌

已出版著作简介

王子居的著作大多是以最简单的语言写出来的，他的《发现唐诗之美》语言简易到小学生都爱读，但它里面的知识和维度，可能要很多年才能认知。

他的著作有一个特点，就是带序的著作往往是次要的，无序的著作反而是突破性作品，而维度特别高的著作，其前面都有《本书的读法》，《本书的读法》出现时就

意味着这本书具有超多的维度，而这些维度并不是可以在书中明言的，这就像《王子居诗词》在2016年出版，“王子居挑战杜甫最强七律在2014年举行”，但没有人认知到他的诗是喻诗具有多维诗境一样，王子居其他著作具有更多维度，并不是他的著作所彰显的那样能轻易领悟。《王子居诗词》只是一本书，诗的字数不过一两万字，但它的维度却需要用喻诗学四部曲乃至更多著作超百万字来阐释，而仅《龙山》一首诗，就阐发出了诗演论、喻诗学、多维诗境论、多维修辞……并为我们展现了“一字一修辞，一字一诗境，一字双指喻”的多维奥秘……这也意味着，王子居已经出版的一些著作，如果他要对你讲明这部著作对你的好处的话，可能要再写几部哲学性的著作才能讲得清。

所以他的一部作品，足够普通读者反复参悟很久才可能领会。而他的著作里的有用的知识点，无论是数量还是密度都是前所未有的。而它的用处正如上面所讲的，要再用几部书才可能对你讲清。

这是因为他的书是一个超多维哲学世界的投影，就如同他的诗歌中具有33维诗境一样，他的喻学是一个超多维的学理世界，他用这个学理世界认知、著述出的著作，亦是多维的，如果有读者没有读出在他书中隐藏的维度，那就是因为没有真正读懂，并且不会更大限度地利用。

对于大多数读者来说，想透彻他书中知识的真正价值是很难的，这就好像《射雕》中的郭靖，马钰教他时，他不知道自己学的是中神通的最强内功心法，周伯通教他时，他不知自己学的是武林最强五绝都在抢夺的《九阴真经》，郭靖很笨，不懂武学理论和奥妙，学得很慢，只会练招式，但他只学了降龙十八掌的一招，就将以前打得他满地跑的王府高手和欧阳克打得满地跑了。

“寻找最美七律”：王子居挑战杜甫

王子居书中的维度其实他是有暗示的，比如《职业三字经》的封面上讲“一本书，六堂课”，其中有一门语言课，为什么一本讲职场修养的书会是一门语言课？因为它是喻文字运用的巅峰之作，对这一点，你只有读完喻诗学四部曲和《喻文字：汉语言新探》才能理解。这就好像他的喻诗中一句七字，表面看只是写了一个景象，但它却蕴含三十三重维度，如果说《龙山》是七字语言的巅峰，那《职业三字经》自然是三字语言的巅峰，它的创作、运用的奥妙，当然称得上是一门语言课了。

《职业三字经》是一门“至阳，至刚，至正”的书中“九阳真经”，它的真实维度并不止图书封面上的“六堂课”，它还有更多的更重要的维度，只不过王子居没时间给你讲清楚。要知道，仅仅两三万字的王子居诗词，就已经用超百万字的篇幅来讲其中的维度了。

《射雕》里面的欧阳克、杨康、黄蓉，一个比一个聪明，可为什么最后学成各家绝技的，却偏偏是只会练招式的郭靖呢？如果读者没读出王子居书中的奥妙，那不如像郭靖那样老老实实地练一辈子招式。

一句简单的话，背后可能有数维、数十维的喻学思想做支撑，就好像“寻找最美七律”活动中，33维的王子居得票不如多数单维偶尔一二维的杜甫一样，谁能在七个字里看出33维的诗学世界呢？还是那句话，看不出奥妙，就学郭靖。

《古诗小论2》

《古诗小论》的续篇，喻诗学四部曲里的第二部。1.他指出了中国诗歌史上的两条不同道路， 与此同时，他提出了喻诗学的发展道路。2.全面、彻底、根本性地批判了杜甫，从基础理论层面终结了杜甫的文学史。3.全面、彻底、根本性地批判、否定了中国一千年的近体格律诗道路，从基础理论上终结了近体诗。

用数理思维创新中国诗学，用数学方法解决中国诗学难题，令中国诗歌进入喻诗的时代！指出中国诗歌的特质和特色。揭示了神秘喻诗的独有高度和维度，

《王子居诗词：喻诗浅论》

开启喻诗学时代，平均超过一字一修辞、一字一诗境、一字双隐喻的至高诗学。打开一个全新的诗学世界，展示全新的诗歌维度，树立全新的诗歌巅峰。从诗骚汉唐的二三维诗境向9维、33维的升华和飞跃。

作为用数学方法建立起来的的喻诗学，在评判标准上有了数学的标准，从而解决了很多诗学史上不能够解决的问题。

你在网上搜诗学，能搜出亚里士多德的《诗学》，也能搜出后现代诗学、超文本诗学等。

从维度上来讲，亚里士多德的《诗学》是单维理论，喻诗学是多维理论、高维理论，是33维理论。

从时间上来讲，后现代诗学等是近代诗学，而喻诗学贯穿了四千年中国诗歌史。

从内容上来讲，喻诗学是由喻文字贯通出来的喻诗学，是基础理论，而后现代诗学等的概念本身就显示了它们不是一个基础理论。

从篇幅上来讲，喻诗学是篇幅最长的诗学，因而它的内容更丰富、结构更坚实、内涵更深刻、体系更博大，维度更多更高。

从概念上来讲，喻诗学是创新概念最多的诗学，仅仅是对修辞格的创新，就是单人著作中最多的。

从理论基础来讲，中国当代所讲诗学无非两个源流，一是来自中国古代的诗学片断论述，一是来自西方诗学，而喻诗学是建立在新理论喻学和喻文字学的基础上的。

这个论断意味着，无论中国古代诗学还是西方诗学，它们都不是基础理论，而喻诗学是一个基础理论。

《龙山》

每个知识领域都需要读《龙山》，文明史上仅此一例的超33维构建模型，几乎突破了所有诗歌的瓶颈，超越平均一字一修辞、一字一诗境、一字双隐喻的极限，5千年人类文明史上仅此达到33维的超级怪物！……

喻诗学四部曲的第四部，它为我们展示了难以想象的33维诗境。这部书究竟如何，读者只要想一下李白的诗歌单句最高是三四维诗境就可以了。

诗中至尊，化诗为演。浓缩一个文明的精粹，构建中华文明独一无二的超33维文明模型。世间仅有的要用几十万字来讲析的古诗！

没有人能在万字篇幅内准确地介绍好《龙山》，因为它太过博大精深了。

无论是在修辞、诗法、文法，还是在哲学、美学、喻学层面，它都超越了历史的过往。

《十秒入戏：中国本土的墨菲定律》

贻误终生！只需十秒。关键时刻智力不可缺席！保证大脑不被诱拐！揭开认知心理的真相，打开认识世界的心理迷局！扯断捆缚智慧的绳索！沉迷一世，缘起一念！我们都活在别人导演的戏里，不知不觉成为戏中人。

为何你成为百茬老韭菜？为何读很多书却一成未改？为何喝很多鸡汤却依然如昨？为何导师指引下依旧无成？为何看遍世界你还是你？为何努力多年还在原地转圈？指出人类认知迷局！不再交智商税！认清那些迷惑了你的……

它超越同类图书的特点在于，它是一个创立喻学理论体系的大学者用喻学视角创作的一部类墨菲定律图书。十秒入戏的最大价值在于，它通过日常生活的小事来论证一个你很难相信的事实：**你学到的社会知识可能大多是错误的，而你意识不到这点。**

《唐诗小赏2》

这是第一部以喻诗学的视角，用多维诗境论来解读的诗词赏析类著作，是第一部喻诗学意义上的唐诗赏析。

以当代大诗人的诗心，印证唐朝大诗人的诗心。

解读到痛处、痒处、深处、高处、妙处的唐诗赏析读本。

《古诗小论》

33重天的诗帝论诗，其实已不必多讲。

此书初步提出了喻诗学、多维诗境论、诗演论……

《古诗小论》作为喻诗学四部曲的首部，它所讲的主要是喻诗的基础维度，如气象、气象、气韵、印象等，都是基础的单维度。

不读《古诗小论》，你永远也不会真的懂诗。

《读你千遍也不厌倦》

唯一一部文学传记作品。

多情多才的诗人，铭心刻骨的爱情，销魂无奈的结局

多情多才的诗人，铭心刻骨的爱情，销魂无奈的结局

这里有风流不羁，这里有愁肠百转，这里有豪放和热血，这里有寂寞和凄伤。我们解读的不只是动人的古诗词，更是珍贵的情感和光辉的人性。

《王子居诗词》

33重天诗帝的诗，想来无需多说，诗词的高度和秘密还有美，都在这里面。

对于一个喜欢诗歌的人来说，如果没有读过33重天诗帝的诗歌，那简直不能说自己喜欢诗。而且强大无比的喻诗学也一定得从王子居的诗词中去体会，因为盛唐三四维已经是极限，真正的突破性高维诗境，只有王子居的喻诗做得到。

目前能看到的较全的王子居诗词版本。

《唐诗小赏》

读诗不读王子居，千篇万首也枉然。

33重天诗帝的解读，会一样吗?

不读《唐诗小赏》是不可能真正懂唐诗的，其他的著作，大多错谬连篇。与所有赏析都不同的一部唐诗鉴赏著作。以当代大诗人的诗心，印证唐朝大诗人的诗心。解读到痛处、痒处、深处、高处、妙处的唐诗读本。

历经二十载，写诗数千首，通阅900卷《全唐诗》，增删润色数十次！对《人间词话》指出了诸多不足，对杜甫的诗作多有批评，对王国维、苏东坡等人的诗论也多有

指摘。对李白、王维、孟浩然等大诗人的佳作有独到解析。

与狂放不羁的李白一同挥洒“天生我材必有用，千金散尽还复来”的豪情；与悲愤沉郁的杜甫一同感受“出师未捷身先死，长使英雄泪满襟”的悲壮；与“诗中有画”“画中有诗”的王维一同欣赏“明月松间照，清泉石上流”的美景；

以当代大诗人的诗心，印证唐朝大诗人的诗心。

解读到痛处、痒处、深处、高处、妙处的唐诗赏析读本。

如果一个诗评家诗写得不好，那他能不能把诗讲好呢？其实，盛唐诗最难解，因为大多数的诗人都处在宋元明清的水平线上，能解好盛唐诗是不太可能的。王子居解唐诗，自然是与众不同，因为他不仅仅是诗评家，更是实现单句9重天、单句33重天诗境的大诗人。而且还是有史来唯一一个挑战过杜甫和李商隐的最强七律，及王维最强五绝的大诗人。

那些只有大诗人才能领会的古诗的奥妙，也只有在王子居的赏析中才可能被读者读到。王子居的《唐诗小赏》，是一个真正客观，为我们介绍了真正的唐诗。许多我们不知道的诗歌“不传之秘”“家传绝学”，都在《唐诗小赏》中讲了出来。

《喻文字：汉语言新探》

这是一部比33重天《龙山》更强大、秘密更多的著作！

这一句话，顶得上千言万语的介绍了吧？

它是全新的汉文字基础理论。

《论语原解》

我们是应该相信一个能将中国文化从3维境推高到33维境的人呢？还是应该相信那些并无创造实证、只能信口胡言的人呢？

此书纠正了自郑玄以来至朱熹乃至近代诸注家的诸多错误。

你从前所读过的《论语》读本，有80%是错的，没有错，无论你读的是郑玄朱熹还是杨伯峻。越是古老的典籍，你读到的错误就越多，比如《论语》你可能读到的80%都有错，而唐诗宋词你读到的解析可能50%都有错。

事实上，如果你想学好古文，那么以目前说，只有一本书可以信任，它就是《论语原解》（除此之外的任何一本古文著作或古文注释著作，都有严重的问题或者有各种问题，就连教材也不可避免，《论语原解》不能说毫无问题，但它一定是问题最少的那一部）。

这是因为，王子居是唯一发现了喻文字秘密并创建了喻文字理论体系的人。

用喻的方法注解《论语》！开启中国古籍注释新天地。

让我们对汉语言的认识从象文字升华到喻文字的奇书。

从小就写诗写古文的王子居，在古文方面造诣究竟有多强？其实你只要读过《古诗小论》中的《东山诗话》部分，大体上就会有一个了解。从某种意义上说，王子居的古文比他的白话文要更强，他其实更喜欢也更习惯用古文创作。

读完《论语原解》，古文基本就不会有障碍了。此版本纠正了自汉郑玄以来直至民国诸大师的诸多错解。（这个民国诸大师包括钱穆也包括杨伯峻）改变了两千年来诸注家过半义理注释的全新注本。纠正了数万处错解、臆解、曲解。

《你的呼吸还好吗》

从非典到雾霾到新冠还有每年的流感，为什么你从来没想过要健肺？

这个问题真的应该好好思考一下。

这是能给你带来无穷好处的一部奇作。

诸多健康问题的背后都有呼吸问题！

百病之生，根源在气。种种疾病，呼吸可防。

吸天地之精以养生，呼百脉之陈以却病。

病毒变异时代的良选！强体增精，提升免疫力，禅定瑜珈核心，调心理控情绪，变聪明长智慧，人类历史醉悠久的养生术。上古人类均寿百岁时少有的保健驱病之法。如果没有调整好呼吸，一切健康努力都将白费。

调身驱病，养精全神，耳聪目明，智力超常，可调抑郁失眠、便秘干结、感冒受寒鼻炎鼻塞、各脏腑器官功能失调、倦殆乏力气虚缺血、体弱多病、受凉腹泻、阳根不举举而不久、怪异难言之病、心情烦燥情绪紧张、气短气弱、忧思伤神、空气干燥……

诸多健康问题的背后都有呼吸问题！百病之生，根源在气。种种疾病，呼吸可防。吸天地之精以养生，呼百脉之陈以却病。长智慧的聪明呼吸术！

世界疫情常态化，你还未关注你的呼吸？强化呼吸系统，更好应对病毒袭击。

中印呼吸术理论的集大成之作；化医释道密瑜珈等呼吸术源流的特色和特长，验诸脉之呼吸法，融会贯通出全脉之鼻尖式呼吸术的妙道；科学正确地讲出了数千年呼吸术的奥妙所在。

是全球首部具有理论体系指导的呼吸术类著作。

王子居的诸多作品，就好像他的《千古第一雄诗龙山》一样，是有着各种奥秘的，《你的呼吸还好吗？会呼吸才能不生病》的名字看起来要更为普通，但它一样隐藏着各种奥妙，有些奥妙是无法讲出来的，就如日本那个诺贝尔奖获得者所感叹的，日本的学术期刊只能发表一些普通的学术文章，真正创造性的、超前的理论在日本的包括全世界的期刊中都很难发表出来。

王子居的呼吸术也一样蕴含着“不能说的秘密”。

但这不妨碍它同“立道九重天”的《龙山》一样，蕴含着佛、道、医、武、瑜珈、生命科学的种种秘密。

你认为王子居的职业培训作品就不是养生书了吗？错，《职业三字经》乃是一本至刚至阳的书，有什么比至刚至阳之气更能驱病尤其是心理疾病的呢？就如同没有人读出《职业三字经》《龙山》等著作里的秘密一样，《你的呼吸还好吗》蕴藏着很多的生命密码，不过既然是密码，就需要读者自已去解读，去发现。

作为能达到单句33维的人，王子居的作品有很多鬼斧神工之处，《职业三字经》的封面上写着一本书六门课，事实上这本书有更多的课未曾解秘。《你的呼吸还好吗》隐藏的秘密比《龙山》《职业三字经》还要多。

虽然很多秘密不能说，但他依然在序言中讲到了两个最重要的逻辑！记住，是最重要的逻辑！读王子居的呼吸术，可以打一个比方，就好像别人给你一颗神树的种子，但只告诉你它很神奇，如何神奇？你需要把它种下去，栽培它，浇灌它，直到它开花结果，你只有在尝到果实后才明白什么叫神奇。

好的呼吸术可以调身、驱病，可以治失眠便秘等诸多病患，能养精、全神，让人耳聪目明、智力超常。强体力，增精力，提升免疫力，还能变聪明，长智慧，呼吸术是人类历史最悠久的养生术。呼吸术是上古人类均寿百岁时少有的保健驱病之法。如果没有调整好呼吸，一切健康努力都将白费。呼吸调神，通过吸天地之精华而长养精神思想。

呼吸作为人体的主要运输工具，为身体输送氧气和精微营养物质。呼吸是人类稀有的一种内脏运动保健手段。呼吸鼓动全身器官的机能，只有呼吸才能做到全身肌肉的联动。呼吸支撑空间，我们平时都以为，我们的身体是由实在的物质，骨和肉来支撑的，这是错误的，呼吸是支撑身体空间的重要物质，连肌肉都需要呼吸的支撑。空气是生命的第一要素，呼吸是自然疗法的第一选择项，是人体的第一补品。如果没有调整好呼吸，一切健康努力都将白费。呼吸不良可导致一切疾病，许多怪病都与呼吸有关。呼吸术是人类历史最悠久的养生术。

吸入雾霾：呼吸道疾病——心血管疾病——癌症——多种疾病。

呼吸不足：细胞缺氧——细胞丧失活力——细胞病变——多种疾病。

呼吸术（呼吸锻炼）具有很多效果，对于很多疾病都有治愈疗效或者辅助效果，但这本小书无法一一统计并列举出来。即便是医药治疗中已经完全验证的呼吸能治好的那些疾病，也已经非常之多了。小到我们平常经常有的头疼感冒、腹泻、便秘、神经性的轻微牙疼、腹疼，大到癌症、心血管疾病……以至于到心理问题，呼吸都有不可替代的疗效，乃至于像几十年都治不了的运动遗精等怪病、疑难杂症，最有效的呼吸疗法都有可能治愈。也就是说，呼吸能治疗的疾病和问题，远远比这本小书中列举出来的要多得多。所以无论你身体怎么样，是强健是孱弱，是无病是多病，你都可以试试呼吸。

在这个新冠未尽的时代，通过呼吸术强健你的肺，是明智的选择。

《大秦帝国》

从政者必读！经商者必读！治事者之鉴，管理者之鉴！

一个承前启后，开创两千年政治文明的朝代。一个值得我们借鉴、思考的朝代！王子居用独特的视角、全新的方式为我们解读一个承前启后、独一无二的朝代。

秦始皇真是吕不韦的儿子？嫪毐政变太后站哪边？秦王政靠谁掌握了大权？大秦真的亡于法治和残暴吗？李斯为何杀韩非？秦二世如何失败？朝廷舌辩、宫庭阴谋、合纵连横、权力嬗变、战争决胜、庙堂筹谋、朝廷内斗……

33维大学者的历史洞察，绝不与人相同；大博学家的广博学见，更是变化莫测。治事者之鉴，管理者之鉴！深刻根本地战略剖析、一针见血的谋略解读、根本性的成败总结、全局性的博弈得失、还有治国举措、人才管理……

秦朝是独一无二的王朝，在中国历史上拥有无法替代的地位，无论是政治、军事、还是文化，都放射着灿烂的光芒。作为一个承前启后的时代，秦朝对我们来说充满了神秘、未知、疑惑，太多的批评和指责，给这个短命却伟大的朝代蒙上了层层迷团？秦朝究竟是怎样的？王子居潜研历史，为我们献上《大秦帝国》一书，用与众不同的视角，**用现代治理学理论剖析大秦国**，给了我们一个与众不同的答案。

《天地中来》

33重天诗帝的思维之道、思考技术……

天地间第一智慧！德演论、智演论的通俗读本。

法天则地大智慧，中华文明最初源头！易经缘起！智开于此，情陶于此，德生于此，美染于此，性治于此。

我们的智慧，我们的修养，我们的道德，中国文化的深度、广度、厚度、高度、精度，由此而来！

33维国学大宗以天地大智，开喻学之门！一滴水，明世间相续；一弯月，见天道圆行。一花中，悟世界真相；一叶中，见智慧菩提。万卷山水涵气质，三千花月养精神。

王子居《更好的学习》系列著作的第一部，喻学和演学的入门之书。

我们的智慧，从何而来？我们的修养，从何而来？我们的道德，从何而来？

智开于此，情陶于此，德生于此，美染于此，性冶于此。

中国文化为什么博大精深？中国文化的深度、广度、厚度、高度、精度，从何而来？中国人的德、智、性、美，中国人的气质和修养，从何而来？

王子居首创的天地大散文！洞见人生大智慧！智开于此，情陶于此，德生于此，美染于此，性冶于此。如何以天地山水作为自己的老师？（中国人的德、智、性、美，中国人的气质和修养，从何而来）

《天地中来》是一部充满着人生大智慧的好书。在这部书里，无论是辽阔的高天，还是浑厚的大地，无论是雄奇的大山，还是幽幽的曲巷，无论是浩荡的江河，还是宁静的潭水，亦或是清澈的小溪，哪怕小到一草一木，一鸟一兽，一花一叶……这世间所有万相，都在王子居的笔下，绽放出了深厚的人生哲学和智慧！

它是创造性极强的“天地大散文”“哲理大散文”“道德大散文”！

《局道》：围棋圣典，中国博弈学，军事谋略学的奇兵！当代鬼谷术！谋略哲学树！

书中的“九阴真经”，与《职业三字经》配套的一部著作，阴阳合璧才是王道。

一局棋演天地玄妙，现中华哲学深秘，开谋略布局大道，弈道谋略巅峰作品，阴谋阳谋布局运谋，翻云覆雨任你施为。讲透局道才能讲透谋略之道，才能讲透博弈之道，强化哲学思维，增益计算运筹能力，常昊、李世石、古力、石佛、柯洁、檀啸……无不该捧读！

一手谈演人生百事，一坐悟演天地玄机！全新思维锻炼模式：悟智慧、修人生、化天地、练政治、强军事、升商道的演学！如何谋篇布局？顺境如何开局壮局？逆境如何变局破局？如何识破别人的局？当代鬼谷术、孙子法……

《局演》能带给你什么好处？显然王子居在《局道》里并没有明言，作为从尧帝时就传承下来的一门强大工具，无论是政治谋略、军事哲学、博弈之术、经商之道……《局演》中都藏有在这些领域致胜的大道。

只不过王子居只讲大道，不屑于讲细节，所以能于其中得到多少玄机，就看个人造化了。王子居的《局道》给我们讲了多少谋略哲学？就像33重天的《龙山》一样，根本不是几万字能讲明白的。

通过围棋讲哲学、博弈学、军事、智谋，主体是讲局演论。天地人生，皆如棋局，博弈智慧，尽在此书。一部将中国围棋从国术的高度升华到国道高度的奇书！一局棋，演人生百事，一本书，演天地玄机！揭示一种全新思维锻炼模式——化天地、练政治、强军事、悟智慧、修人生的演学！将围棋从国术升华到国道！

天地人生一棋局，纵横经纬智慧出。

妙数奇谋演千古，和中博弈知不足。

天地阴阳五行，政治军事人生，皆如棋局，博弈智慧，尽在此书。对五赋三论《棋经》的少有正确解读。

中国文化无小事，无小技，关键在于你怎么看，会不会看，看不看得懂。比如对中国的围棋，如果你以游戏的思维方式来看，它就是消磨时光的工具；如果你以竞技的思维方式来看，它包括目标、规则、方法、技术，可以锻炼智力；如果你以文化的思维来看，它是“手谈”“坐隐”“雅戏”，是用来修身养性的；如果你以军事家的角度来看，它是一种更高形式的“棋盘推演”；如果你以哲学的角度来看，它是一门练习如何竞争和共存的哲学；如果你以喻的思维来看，它是一种局演，是演化宇宙万象、人类社会发展变化的一种思维锻炼模具。

围棋其实是一门局演，演化的是整个华夏文明中最根本的东西，它们是对华夏文明的一种再创造和概括浓缩，既是华夏文明中基础原理的概念模型，也是一种天地运行规律、社会运动形式、人类活动形式的抽象的动态模拟和演练。在局演中，既有天道和天象，也有军事政治外交经济的规则，它既蕴含了这些规则的名称，也可以衍化、推演、展示，既可以从中学习，更可以从中思考、领悟、创造，局演中的喻，是一个概念群、知识群。局演不仅仅是天地奥义的推演和展现，它还可以不断创造新的概念，新的喻义，产生新的理论。

局演是适合各个知识领域的人的一种学习方法和工具，它是可以令人学到各个领域的知识的一种学习方法和工具，它是一门贯通性的学习方法和工具，而不是单一性的学习方法和工具。局演既是最好的知识载体，也是最好的学习工具，也是最好的学习方法，它是一门亟待开发的知识，如果我们运用演的思维来对待围棋等局演，那么它们将会对我们的学习思考带来革命性的改变，这对于我们当代的国学教育，是有着深远的意义的。因为局演所采用的本喻都是最根本的、最普遍的，所以局演是具有领域的贯通性的，从局演中学到的知识和理论也将是最普遍的、贯通性的知识和理论。局演之喻的普遍性和根本性决定了局演中所蕴含的知识是极其丰富的、无穷无尽的。

围棋是具有美学因素的，首先太极图本身就具有神秘的美，而围棋中的黑白两色，是天地中的基本色，它们在棋局中互相追逐，构成无数幅美丽的画面，这些画面都是太极图的变体。而方圆两种基本图形，也是形象中的最基本因素，它们和变化的棋阵共同演绎了围棋之美。

围棋可以帮我们拓展思维广度、增加思维深度、强化思维的敏捷度和灵活度、强化思维的逻辑严密程度、开发思维的批判性和创造性，增强思维的爆发力和灵感的诱发力。

围棋锻炼我们的很多能力，如观察力、洞察力、计算力、记忆力、记忆储存能力、应变能力、统筹能力、判断能力、运筹能力、逻辑和推理能力、分析能力、总结能力、技巧掌控能力、直观形象思维能力、发散思维能力、比较能力、抽象能力、具体化能力、运用实践能力、理解能力、想象能力、概括能力（概念能力）、归纳系统化能力、发明创造能力（经历过分析、整理、鉴别、消化、综合等能力阶段）、抽象感知能力、思维控制调节能力、情绪控制能力、直觉思维能力、创造性思维能力、决策能力、战略思维能力、战术思维能力、哲学能力、解构能力和构建能力、快速处理信息能力、高效高质处理信息能力、辩证思维能力、喻的能力、思维层次递进（进化）能力、推演能力……

比如说观察力，它有一部分是观察对手，这在《演喻1》中已经提到过，如："随手而下者，无谋之人也。不思而应者，取败之道也。"观察棋局的形势变化，观察双方棋局的整体布置，这是锻炼观察力，同时，观察棋形在几处重要区域的分布，从而判断出自己的优势是在哪几个区域，这时候从观察力就转换到了判断力，而洞察力则是观察力的升级，称观察力也不是不可以，比如洞察对手的图谋和打算，从而判断出他将在哪一块区域加大经营力度，它将会对我方哪一组棋进行攻击等，这都是从观察力到判断力的转换，而要观察敌人整体的和局部的虚实，则需要用到计算力，计算敌人各组棋之间的呼应能力、我对敌人不同棋组的隔断能力，一块区域中敌我双方的棋路的多少，这个时候观察力就要和计算力相结合，当我们观察整体的虚实，并运用计算能力做出基本的判断后，我们同敌人在局部展开搏杀，这时候我们的记忆力就很重要，因为如果以前的计算随着棋局的演化而变化，前面的计算记不准确，就会给对手以可乘之机，如果没有强大的记忆储存能力，就只能不断地重复计算，所以记忆力是贯穿棋局的始终的。

单以一个计算能力而言，围棋局演的计算是非常立体，非常复杂的，比如刚开始要计算气，计算目，然后要计算死活、杀气、棋路，还有官子的计算、胜负的计算，还有利弊得失、势的增减、棋路的增减、变化可能性……在这些计算中，既有微观的应对局部的计算，也有宏观的掌握全局的计算，既有具体的计算，也有抽象的计算，而这就是军事中所说的筹算，也就是运筹的能力，所以说，围棋对我们计算能力的锻炼可不是一道数学题所能够相比的。

七百年来第一经《职业三字经》

作为王子居最重视的两本书之一，《职业三字经》拥有很多秘密，而且它也不仅仅是封面上所讲的六堂课那么简单，而是内藏更多的课程。

《三字经》之后，无论从篇幅规模还是哲学内涵角度，《职业三字经》都远胜《三字经》，它堪称七百年来第一经。

中国人恪守的职业守则、人生守则。公司需要的，管理者渴望的，员工必须的。职业伦理、职业道德、职业精神的浓缩精华。职业三字经（增强事业信心，加强职业修养，完善职业道德。公司需要的，管理者渴望的，员工必须的。中国人恪守的职业守则、人生守则。职业伦理、职业道德、职业精神的浓缩精华。）

一本书，六门课。励志课、国学课、语言课、职业修炼课、管理课、哲学课。史来篇幅居首的三字经。本书是王子居从事工作二十年，一线管理十余年，对职业伦理成系统的总结。本书的特点：丰富、凝炼、概括、创造性、深刻性、知识性、针对性、实用性。本书是王子居从事工作二十年，一线管理十余年，对职业伦理成系统的总结。是中国人恪守的职业守则、人生守则。是职业伦理、职业道德、职业精神的浓缩精华。职业三字经从道德、规则、职场环境、技能、技巧、禁忌等多个方面讲解了我们职业生涯中必须遵守的规则，必须坚持的操守，可以运用的方和法技巧等，对于初入职场的大学生等年轻人非常重要。

《平衡的，才是健康的》

这就是王子居步入喻医学殿堂的第一部著作的升级版……

它将中国医学带入到喻医学的时代！它将中国养生学带入到体演论的时代！为你找到健康的幕后操盘手！阴阳平衡、脏腑平衡、饮食平衡、寒热平衡、动静平衡……为你揭示一个神秘而博大的人体世界、哲学世界、医学世界

平衡则调、平衡则和、平衡则安、平衡则顺、平衡则健、平衡则美……

失衡则乱、失衡则攻、失衡则危、失衡则逆、失衡则病、失衡则丑……

最健康的人，身体平衡不被任何事物打破，善于养生的人，身体平衡偶尔会被外界因素打破，但很快就会调节。

ISBN 978-7-5101-5232-0

9 787510 152320 >

动一动，保健康